Después de la tumba

El regreso inesperado

Stephen Austin

Copyright © 2025 by Steve Austin

Printed in the United States of America

All rights reserved. No part of this publication may be reproduced, stored in a retrieval system, or transmitted in any form or by any means—for example, electronic, photocopy and recording— without the prior written permission of the publisher. The only exception is brief quotations in printed reviews.

Paperback ISBN 978-1-64917-504-5

eBook ISBN 978-1-64917-505-2

Maps and Images in the Mapas section are used with permission from BiblePlaces.com and *Satellite Bible Atlas*.

ÍNDICE

Nota del autor	vii
Nota explicativa sobre las fuentes utilizadas	ix
Prefacio: El tercer omer	xi
Mapas	xiii

Viñeta 1 — 1
El centurión cree

Viñeta 2 — 3
José de Arimatea y Pilato

Viñeta 3 — 7
Caifás celebra

Viñeta 4 — 11
De la cruz a la tumba

Viñeta 5 — 15
La noche oscura de Pedro

Viñeta 6 — 19
Angustia en Betania

Viñeta 7 — 23
La confesión de Nicodemo

Viñeta 8 — 27
El momento en que el mundo cambió para siempre

Viñeta 9 — 31
Jesús y María Magdalena

Viñeta 10 — 35
«No nos trata conforme a nuestros pecados»

Viñeta 11 — 39
La mejor lección de Torá de la historia

Viñeta 12 — 47
¿Quiénes son estas personas? (1ª parte)

Viñeta 13 — 51
Celebración en Betania

Viñeta 14 — 55
El intrigante caso de Lázaro

Viñeta 15 — 61
Una caminata inolvidable hacia Belén

Viñeta 16   65
Reviviendo la tragedia de Belén

Viñeta 17   69
Jesús se enfrenta a Caifás

Viñeta 18   73
El «hombre del sueño» visita a Pilato y Procla

Viñeta 19   77
¿Quiénes son estas personas? (2ª parte)

Viñeta 20   83
Regreso al Gólgota

Viñeta 21   91
Una nueva visión para Bartimeo

Viñeta 22   97
Un nuevo comienzo para Zaqueo

Viñeta 23   101
Una mujer transformada, un pueblo transformado

Viñeta 24   107
El leproso agradecido

Viñeta 25   111
Dos viajes al cielo, dos resurrecciones

Viñeta 26   119
Confesiones durante el desayuno

Viñeta 27   127
Día de testimonios

Viñeta 28   133
Cena en casa de Mateo

Viñeta 29   139
Una nueva celebración

Viñeta 30   143
La solemne entrega de José de Arimatea

Viñeta 31   147
Domando a los Hijos del Trueno

Viñeta 32   153
La vida en Caná después de la boda

Viñeta 33   159
La hora de la verdad para Antipas

Viñeta 34   165
Una segunda oportunidad de seguir

Viñeta 35   173
El endemoniado de Decápolis liberado

Viñeta 36   179
El círculo se cierra: Acercándose de nuevo a Dios

Viñeta 37   187
Almuerzo con el rabí de Nazaret

Viñeta 38   193
Historias bajo el olivo

Viñeta 39   199
¿Les gustaría escribir un evangelio?

Viñeta 40   205
¡Salgan de la barca!

Viñeta 41   211
Una boda especial en Cesarea de Filipo

Viñeta 42   219
Más de 500 - Los creyentes galileos

Viñeta 43   225
Les doy mi mente y mi Espíritu

Viñeta 44   229
Beberán la copa que yo bebo

Viñeta 45   235
El testimonio de los santos resucitados

Viñeta 46   245
Estábamos ciegos, pero ahora vemos

Viñeta 47   251
Dejó de pecar y le ocurrió algo mejor

Viñeta 48   257
Nueva vida después de ser rescatada

Viñeta 49   261
Palabras finales y último milagro

Viñeta 50   265
Pentecostés en el Templo - Nace la Iglesia

Apéndice A: Notas, Escrituras y Referencias   277
Apéndice B: Recursos consultados   301
Agradecimientos   313
En Cuanto Al Autor   315

Nota del autor

Como cristiano, profesor de estudios bíblicos y ministro, he estudiado y enseñado sobre la vida de Cristo durante más de cuarenta años. Hace unos doce años, mientras leía los relatos de las apariciones de Jesús después de su resurrección, empecé a preguntarme qué habría ocurrido durante esos cuarenta días en la tierra antes de su ascensión. Tenemos relatos bíblicos de quizás cinco de esos días.

¿Adónde fue? ¿Qué hizo? ¿Con quién habló? ¿Qué temas trató? La Biblia dice muy poco sobre estas cosas. Y aparte de las lecciones sobre las pocas historias que tenemos, nunca he escuchado ningún sermón o clase, ni leído ningún libro, ni visto ningún video sobre esta parte de su ministerio.

Una vez leí la explicación de un erudito sobre el relato de Marcos en cuanto a Jesús orando en el Huerto de Getsemaní. Dijo que, puesto que nadie estaba con Jesús cuando oraba (aparte de los discípulos que dormían), Marcos debió haber inventado esa parte del relato.

¡Qué conclusión tan desafortunada! Más bien, creo que es mucho más probable que Jesús haya hablado en detalle con sus discípulos

Nota del autor

sobre los acontecimientos de su arresto y juicio durante los cuarenta días que estuvo con ellos después. Si yo fuera apóstol, esa hubiera sido una de las primeras preguntas que le habría hecho después de su resurrección.

Creo que durante esos cuarenta días, Jesús sembró la semilla de muchas cosas que sucedieron después, como el comienzo de la iglesia, los evangelios y los ministerios de los apóstoles. Hechos 1:3 dice que Jesús habló con ellos durante este tiempo sobre el Reino de Dios. Todos estos temas llegarían a formar parte de su Reino.

También creo que habló con su madre y su familia, que visitó a las personas a las que había sanado o ayudado, y que les enseñó y animó sobre el papel que tendrían en el Reino.

Creo que fue un momento de alegría y celebración después del sufrimiento y la tristeza de su juicio y su muerte.

En este libro, he comenzado con el relato bíblico, y luego he añadido mi descripción de lo que Jesús podría haber hecho o dicho durante esos cuarenta días. Intenté utilizar la «imaginación bíblica», basando a menudo mis ideas en principios bíblicos o en acontecimientos mostrados en otras partes del ministerio de Jesús. He incluido muchas referencias a acontecimientos y principios bíblicos que aportaron información a mi pensamiento y mi escritura, además de consultar muchas otras fuentes históricas y culturales.

No afirmo que los hechos sobre los que escribo hayan sucedido, pero creo que son posibles, e incluso probables.

Es mi oración que este libro ayude a sus lectores a reflexionar profundamente sobre el carácter y el ministerio de Jesús, y sobre cómo pueden seguir sus pasos.

Stephen Austin
Agosto de 2025

Nota explicativa sobre las fuentes utilizadas

Lamentablemente, muchas de las fuentes citadas en este libro —ya sea en las secciones *Reflexiona* o *Aprende*, en las *Notas/Escrituras/Referencias*, o en la sección de *Recursos*— no se encuentran disponibles en español. No obstante, a continuación propongo opciones de métodos que pueden facilitar su consulta y proveer el máximo aprovechamiento:

1. Si se trata de un sitio web, es posible que el propio navegador, como Google Chrome, te ofrezca la opción de traducir automáticamente la página completa al español.

2. En caso de que dicha función no esté disponible, puedes copiar el texto de la fuente original que deseas traducir y pegarlo en una herramienta de traducción automática como Google Traductor, o utilizar un modelo de inteligencia artificial como ChatGPT, Claude o Gemini para obtener la traducción.

3. Si no es posible acceder al texto completo de la fuente, recomiendo copiar el título de la obra y solicitar a un modelo de inteligencia artificial (como los mencionados anteriormente) un resumen de sus ideas principales. Incluso se le puede pedir que

amplíe o desarrolle dichas ideas. Además, estos modelos pueden sugerir otras fuentes o recursos para consultar en español sobre el mismo tema. Por supuesto, cualquier consulta que realices en español será respondida también en ese idioma.

Prefacio: El tercer omer

Cuando los israelitas viajaron de Egipto al monte Sinaí para recibir la Ley, el Señor comenzó a proveer alimento para ellos en el desierto, lo que continuó hasta tres días después de que llegaron a la Tierra Prometida. Todos recogían cada día su *omer* de maná para su sustento físico en el desierto. Dios también les dio un segundo tipo de *omer*, un juego de palabras deletreado un poco diferente en hebreo pero que suena igual. Este *omer* era la Ley de Dios (sus promesas, mandamientos y palabras) que los sostenía espiritualmente a través del desierto. Jesús es el primer y el segundo *omer*: El Pan de Vida, la Palabra de Dios, la Promesa de Dios. A través de estas cosas, Él puede sostenernos para siempre.

Los judíos también celebran un tercer *omer*, los cincuenta días entre Pascua y Pentecostés. En el libro de Éxodo, este fue el tiempo en que los israelitas esperaban recibir las leyes y promesas de Dios en el monte Sinaí. Con el paso de los años, se ha convertido en un tiempo en el que se espera al Mesías, que algunos judíos creen que llegará en Pentecostés. El año en que murió Jesús, este *omer* comenzó el domingo de Resurrección y terminó el domingo de Pentecostés con el establecimiento de la Iglesia.

Prefacio: El tercer omer

Este libro rastrea lo que Jesús pudo haber hecho durante el tercer *omer,* preparando la venida completa del Espíritu y el establecimiento de la iglesia. Para esto, presento cincuenta viñetas —una por cada día del *Omer*— que ofrecen un camino cronológico y un itinerario que Jesús *podría* haber seguido. Te invito a realizar este viaje para reflexionar conmigo sobre cómo pudieron ser aquellos días, aprender más sobre Jesús y sobre Israel, y considerar qué propósitos tiene para ti y para mí mientras esperamos su regreso.

Mapas

Esta sección incluye los siguientes mapas:

- Topografía de Israel
- Fronteras políticas en tiempos de Jesús
- El ministerio público de Jesús en Galilea
- Jesús en Jerusalén

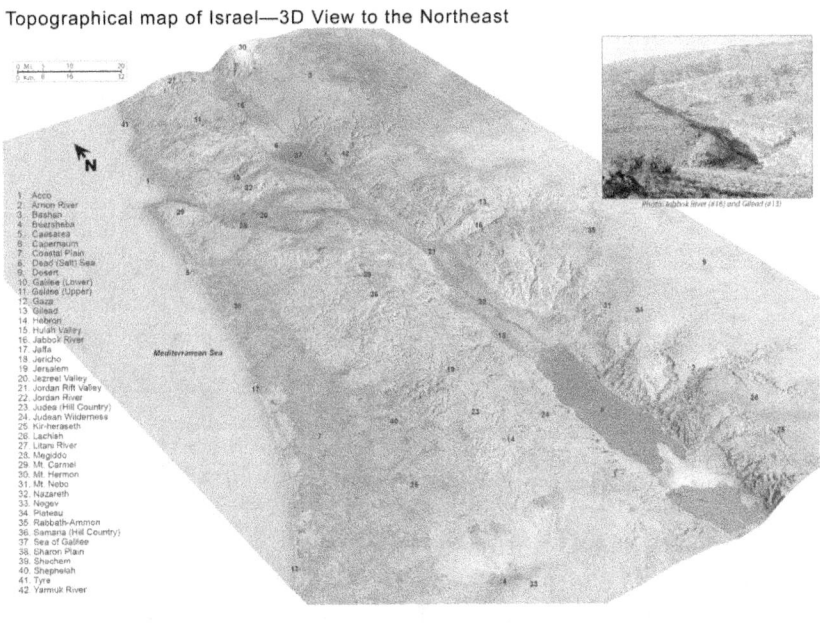

Topographical map of Israel—3D View to the Northeast

1. Acco
2. Arnon River
3. Bashan
4. Beersheba
5. Caesarea
6. Capernaum
7. Coastal Plain
8. Dead (Salt) Sea
9. Desert
10. Galilee (Lower)
11. Galilee (Upper)
12. Gaza
13. Gilead
14. Hebron
15. Hulah Valley
16. Jabbok River
17. Jaffa
18. Jericho
19. Jerusalem
20. Jezreel Valley
21. Jordan Rift Valley
22. Jordan River
23. Judea (Hill Country)
24. Judean Wilderness
25. Kir-heraseth
26. Lachish
27. Litani River
28. Megiddo
29. Mt. Carmel
30. Mt. Hermon
31. Mt. Nebo
32. Nazareth
33. Negev
34. Plateau
35. Rabbath-Ammon
36. Samaria (Hill Country)
37. Sea of Galilee
38. Sharon Plain
39. Shechem
40. Shephelah
41. Tyre
42. Yarmuk River

Photo: Jabbok River (#16) and Gilead (#13)

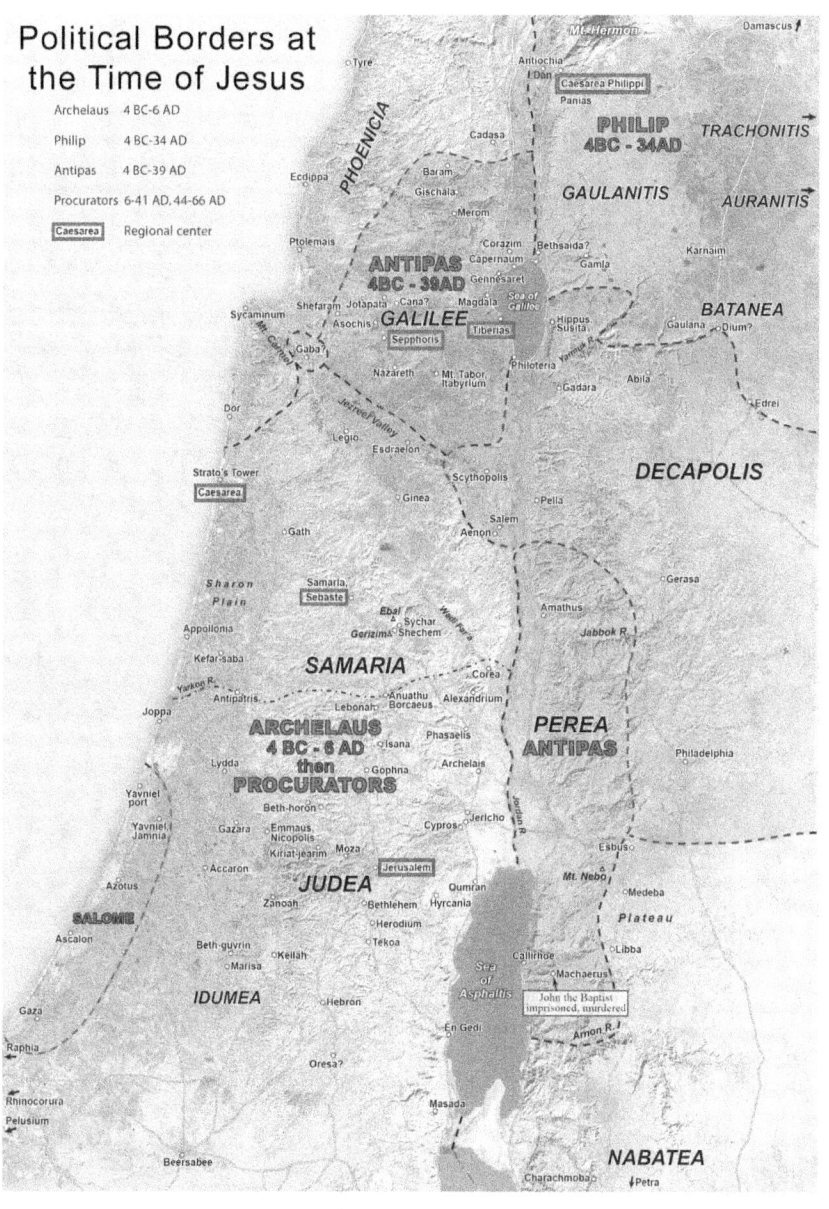

Jesus' Public Galilean Ministry

Jesus in Jerusalem

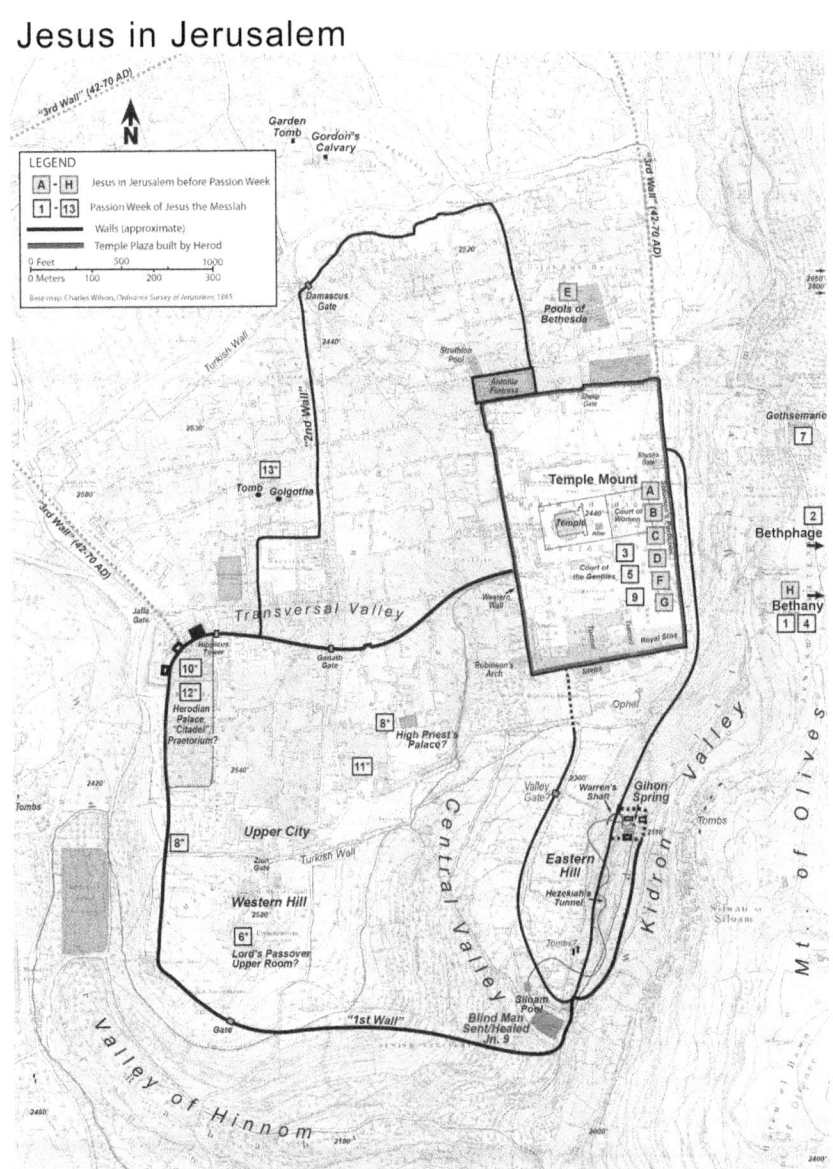

Viñeta 1

El centurión cree

Juan 19:17-37; Mateo 27:51-53

«Todo se ha cumplido», exclamó Jesús, y su cabeza se desplomó sobre su pecho. El pequeño grupo de mujeres al pie de la cruz de Jesús gemía.

El centurión alzó su mirada hacia el hombre y sintió que la tierra empezaba a temblar bajo sus pies. Grandes rocas de la cantera cercana se quebraron y cayeron estrellándose en el suelo.

Los dos criminales gritaban mientras el temblor sacudía sus cruces.

Los soldados romanos apostados junto a la cruz empuñaron sus espadas, dispuestos a luchar o a huir.

Los espectadores huían dando alaridos y buscando ponerse a salvo.

Una serie de fuertes crujidos surgieron de varias tumbas del jardín cercano a las cruces. Muchas piedras que cubrían las entradas de las tumbas se derrumbaron; líneas dentadas se abrieron a lo largo de la superficie de las rocas. A través de la penumbra, el centurión vislumbró movimiento. Figuras amortajadas salían de las tumbas y se acercaban a las cruces.

Reprimiendo un grito de terror, el centurión se echó a correr, con sus hombres corriendo tras él por el sendero hacia la muralla cercana. Irrumpieron por la puerta de Genat, huyeron a toda prisa por las calles y finalmente llegaron a la puerta de la Fortaleza Antonia, donde se apoyaron en los muros, jadeando. El centurión miró hacia el Gólgota, recuperando lentamente la lucidez y calmando su corazón que latía acelerado; luego respiró estremecido y declaró: «¡Ciertamente... ese hombre era el Hijo de Dios!»

Reflexiona

1. ¿Por qué crees que hubo tal variedad de respuestas por parte de las distintas personas presentes al pie de la cruz aquel día?
2. Si eres seguidor de Jesús, ¿qué te convenció de que era el Hijo de Dios? Si no lo eres, ¿qué crees que te convencería?

Aprende

Para comprender mejor los evangelios, estudia un buen mapa de Jerusalén en tiempos de Jesús. (Véase mapas de Jerusalén en las páginas 10-13)

Viñeta 2

José de Arimatea y Pilato

Juan 18:33-38; Mateo 27:57-61

«Todo se ha cumplido». Aún conmocionado por el último grito de angustia de Jesús en la cruz, aún temeroso por el aterrador terremoto y la oscuridad, José de Arimatea se apresuró a ir tras el centurión hacia la Fortaleza Antonia, con la esperanza de que, por su riqueza y su posición en el Sanedrín, pudiera obtener una audiencia con Pilato.

En la puerta de la fortaleza, José preguntó a los guardias si podía hablar con Pilato; tras vacilar brevemente, lo condujeron al recinto de Pilato. Los gritos de terror procedentes de la calle penetraban en los muros y se mezclaban con los gritos de confusión dentro del patio de la fortaleza.

Volviéndose bruscamente hacia José, Pilato le gritó: «¿Qué quieres?»

«Procurador, como usted probablemente sabe, aquel hombre, Jesús, ha muerto», respondió José. «Con su permiso, me gustaría llevarme su cuerpo y darle un entierro apropiado».

«¿Ya está muerto? Los delincuentes suelen durar días».

«Sí, pero yo lo vi morir, y los soldados lo confirmaron atravesándole el costado con una lanza».

Mirando al centurión, quien había seguido a José al recinto, Pilato preguntó: «¿Es cierto?»

«Sí, Procurador. También nosotros lo vimos morir», confirmó.

Pilato se detuvo un momento y luego preguntó a José. «¿Pero por qué quieres *tú* el cuerpo?»

José esperaba que Pilato no supiera que era un discípulo secreto de Jesús. «Señor, es un sincero maestro de la ley, además de un buen hombre. Como usted mismo dijo hoy, no parece que haya cometido un crimen digno de muerte. ¿Puedo serle útil a usted haciéndome cargo de su cuerpo?»

Pilato dio su aprobación con un seco movimiento de cabeza, y José salió apresuradamente de la sala, aliviado.

De todas las situaciones irritantes, confusas y problemáticas a las que Pilato se había enfrentado con los judíos, esta era la peor. José tenía razón, Pilato aún no estaba convencido de la culpabilidad del nazareno. ¿Cómo se había dejado atrapar por Caifás — el sumo sacerdote sediento de poder— y sus cómplices? Es cierto que era bueno evitar un motín que podría haberle causado problemas en Roma y dañado su carrera. Pero no podía eludir el recuerdo del rostro de aquel prisionero con una tranquilidad sobrenatural mientras afirmaba: «Mi reino no es de este mundo... Todo el que está de parte de la verdad escucha mi voz... No tendrías ningún poder sobre mí si no se te hubiera dado de arriba».

Incluso en esa etapa tardía, Pilato había estado seguro de que, dada la opción de liberar a un prisionero, los judíos le habrían pedido que liberara a Jesús, si realmente era su rey, en lugar del asesino Barrabás. En cambio, el mismo pueblo que insistía en su único Dios soberano lo asombró con la descarada mentira: «¡No tenemos más rey que el emperador romano!»

Pilato estaba atrapado. Si la multitud reconocía la autoridad del César, el representante del César no podía ir contra ellos. La decisión le había sido arrebatada de las manos, así que dándose vuelta se lavó las manos de aquel lamentable asunto.

Reflexiona

1. ¿Cómo desafió Jesús la percepción de poder y control que tenía Pilato?
2. Pilato ignoró las palabras de Jesús y las claras pruebas de inocencia para evitar problemas políticos. ¿Qué te llevaría a ti a ignorar y desobedecer a Jesús?

Aprende

Mira cómo el trasfondo geográfico de los Evangelios puede influir en tu comprensión de los relatos. Bargil Pixner escribió un libro fascinante y bien ilustrado sobre el ministerio de Jesús en Jerusalén: Pixner, B. (2005). *With Jesus in Jerusalem: His first and last days in Judea* [Con Jesús en Jerusalén: Sus primeros y últimos días en Judea]. Corazin Publishing.

Viñeta 3
Caifás celebra

Mateo 26:57-68; Lucas 22:50-51; Juan 7:45-49; 8:59

«Se ha terminado. ¡Por fin!», exclamó Caifás triunfantemente. De regreso en su casa al suroeste de Jerusalén, acababa de recibir la noticia de la rápida muerte de Jesús. «Después de tres años de constantes problemas por parte de ese galileo, nos libramos de él»

Su criado, Malco, que había estado inusualmente callado todo el día, murmuró: «Sí... nos libramos».

Caifás continuó: «Muchas veces estuvimos cerca, pero él desaparecía entre la multitud del Templo. Incluso pareció convencer a algunos de los guardias del Templo, o a los sacerdotes; y José de Arimatea se mostró reacio a hablar en su contra anoche».

Malco se frotó la oreja. «Era un hombre fuera de lo común. Hasta parecía que pensaba que realmente era el Mesías...»

«¡Y ésa fue su perdición!», declaró Caifás. «Si yo no lo hubiera obligado a admitir quién era, habríamos tenido que dejarlo en libertad. Pero los tontos como él siempre se engañan a sí mismos. Tuvo la osadía de decir que era el Mesías, que cumplió la profecía de

Daniel de ser el Hijo del Hombre. Después de eso, fue fácil para el Concilio declarar la blasfemia y condenarlo. Luego, cuando arrinconamos a Pilato, tuvo que enviarlo a la cruz».

Caifás sonrió con satisfacción, saboreando su victoria. «Uno de mis mejores momentos como Sumo Sacerdote. Un solo hombre murió en lugar de que toda nuestra nación pereciera».

A esto le siguió el silencio, en lugar de la aprobación aduladora que Caifás esperaba. Echando una mirada a Malco, le preguntó «¿Qué te pasa? ¿Por qué sigues tocándote la oreja?»

«Es que... anoche ocurrió algo extraño», se arriesgó a decir Malco.

«Todo fue extraño anoche», bramó Caifás con impaciencia. «¿A qué te refieres?»

«Cuando me enviaste al huerto de Getsemaní con los soldados para arrestarlo», dijo Malco, «primero Judas identificó al rabí. Jesús ni siquiera intentó negar quién era, o escapar; más bien, preguntó a quién buscábamos. Cuando los soldados dijeron que lo buscaban a él, simplemente nos dijo que dejáramos ir a sus otros discípulos».

«¿Y qué? Probablemente se dio cuenta de que su farsa estaba a punto de terminar».

«Bueno, justo en ese momento uno de sus discípulos se abalanzó sobre mí y sacó su espada. Intenté agacharme, pero el filo de la espada me atravesó la oreja y una oleada de dolor me recorrió la cabeza. La sangre me corría por la cara y el cuello. Me caí tambaleando ¡y vi mi oreja en el suelo a mi lado! Fue una pesadilla...»

Caifás se burló: «¡Pero Malco, eso es ridículo! Veo que tus dos orejas están bien. No estás recordando bien lo que pasó».

«No», contradijo Malco, mirando rápidamente a Caifás, «sí lo recuerdo, pero no puedo creerlo. Mientras tanteaba aturdido el suelo para encontrar mi oreja, Jesús le dijo a su discípulo que guardara la espada. Entonces se arrodilló a mi lado y puso suavemente su mano sobre la herida.

«Por un momento fue como si él y yo fuéramos los únicos que estábamos allí; los sonidos de los demás se apagaron. Sus ojos irradiaban compasión y preocupación por mí, incluso mientras los soldados lo detenían. Mi dolor y mi pánico fueron sustituidos poco a poco por una paz que no podía comprender. Jesús me dio una leve sonrisa y se levantó.

«Cuando toqué el lugar donde la espada me había cortado la cabeza, me di cuenta de que no sangraba. Ya no había herida... ¡Jesús me había sanado!»

«¡No me mientas, Malco!» respondió enfurecido Caifás. «¿Tú también te has convertido en su seguidor? ¡Fuera de mi vista!»

Reflexiona

1. ¿Puedes pensar en otros momentos durante el ministerio de Jesús en los que pudo haberse desviado de los propósitos de Dios, pero eligió obedecer?
2. ¿Cuál es la motivación más útil que utilizas para recordarte que debes obedecer, cuando sería más fácil o seguro desobedecer?

Aprende

Para más información sobre la ilegalidad del juicio de Jesús con Caifás, se puede consultar un excelente recurso en inglés del autor James Bishop: Bishop, J. (1957). *The day Christ died* [El día que Cristo murió] (p 219-224ss). Harper and Brothers.

Viñeta 4
De la cruz a la tumba

Marcos 15:42-47; Salmo 116:3, 7, 15; Juan 19:25-42

Una inquietante oscuridad seguía cubriendo la ciudad cuando José salió de la fortaleza y se abrió paso entre la gente que abarrotaba las calles. Cuando llegó al Gólgota, encontró a las mujeres fieles y a Juan acurrucados llorando al pie de la cruz.

Con gran esfuerzo, los tres hombres lograron arrancar la cruz de su lugar y la depositaron sobre el suelo. Aflojaron los clavos y José los guardó en su bolsa. Entonces las mujeres tomaron la mirra y el áloe que Nicodemo había traído, cubrieron con ellos el cuerpo destrozado de Jesús y lo envolvieron en un sudario de lino. El silencio era profundo, sólo interrumpido por los sollozos ocasionales del grupo mientras las lágrimas corrían por sus rostros.

Entre José, Juan y Nicodemo cargaron el cuerpo, y pronto llegaron a la tumba nueva de José que estaba cerca. Se agacharon para entrar, colocaron el cuerpo en una plataforma que había hacia a un lado y luego el grupo se quedó contemplando el cuerpo inmóvil.

Nicodemo rompió el silencio, recitando parte de un salmo

pascual: «Los lazos de la muerte me enredaron; me sorprendió la angustia del sepulcro y caí en la ansiedad y la aflicción. ¡Ya puedes, alma mía, estar tranquila! Mucho valor tiene a los ojos del Señor la muerte de sus fieles».

Inclinaron la cabeza durante un largo momento, luego Nicodemo y José salieron y se dispusieron a cerrar la tumba. Con sus hombros temblando, María se acercó a Jesús y puso la mano sobre la cabeza de su hijo. Juan la abrazó y ella se inclinó hacia él. Luego respiró hondo y se volvió hacia la puerta. El grupo salió de la tumba, y José y Nicodemo sellaron la entrada con la piedra.

Juan guió a María mientras avanzaban tambaleando por la oscuridad de regreso a Betania. María se apoyaba pesadamente sobre el brazo de Juan.

¿Había pasado sólo un día desde que se reunieron todos en torno a la mesa de la Pascua? Lo que había empezado como una comida normal del Séder había cambiado de repente: Primero, la inquietante acusación de que uno de ellos traicionaría a Jesús; luego, las serias palabras de Jesús sobre un nuevo mandamiento y una nueva alianza; después, Jesús le dijo a Pedro que negaría a Jesús antes de que el gallo cantara tres veces.

Y Juan lo había visto con sus propios ojos. Pedro, el líder impetuoso, el de la respuesta rápida, el primero en salir de la barca, dispuesto a dar la vida por Jesús, ¡este mismo Pedro se había convertido en un cobarde! De pie junto al fuego en el patio de Caifás, Juan había observado cómo los criados y los funcionarios interrogaban a Pedro sobre su relación con Jesús. Pedro bramó enfurecido y maldijo, pero el canto del gallo lo hizo callar. Una mirada de horror se dibujó en su rostro, y se escabulló por la puerta hacia la oscuridad. Juan no lo había vuelto a ver desde entonces.

El Sanedrín emitió el veredicto de culpabilidad, sellando el destino de Jesús y enviándolo precipitadamente a la cruz. Juan siguió a Jesús desde la casa de Caifás hasta la Fortaleza Antonia, esperando afuera en la oscuridad. Luego vino el rápido trayecto a la ciudad occidental y a la fortaleza de Herodes, donde los soldados se burlaron de Jesús poniéndole un manto y golpeándolo, y lo arrastraron de regreso a la fortaleza.

Juan se estremeció al recordar el cruel grito de la multitud, con sus rostros retorcidos por la ira. Algunas de esas mismas personas habían celebrado con los discípulos su llegada a Jerusalén desde el Monte de los Olivos apenas cinco días antes. ¿Cómo pudieron cambiar tan fácilmente de «¡Hosanna, Hijo de David!» a «Crucifícalo»?

Luego vino el rugido sanguinario y victorioso de la multitud, los rostros de salvaje regocijo de los líderes judíos, el horrible tajo del látigo desgarrando la carne del cuerpo de Jesús.

Fue en ese momento cuando María se desplomó sobre Juan, y éste casi tuvo que cargar con ella por las calles siguiendo a su hijo Jesús hasta el Gólgota. Ella enterró la cara en su manto mientras sonaban los martillazos, mezclados con los gritos y gemidos de Jesús. Durante las largas horas que siguieron, Juan le suplicó que apartara la mirada, que se marchara, pero ella se negó.

Hacia el final, Jesús pareció despertar del sopor del dolor. Miró a María y a Juan, y jadeando le dijo a su madre: «Mujer, aquí tienes a tu hijo». María asintió, con lágrimas silenciosas cayendo por su rostro. «Juan... aquí tienes a tu madre.» Juan la atrajo hacia sí, ella apoyó la cabeza en su pecho y sollozó. Se había formado un nuevo vínculo que nunca se quebraría.

Ahora a Betania ... pero luego, ¿qué? ¿Adónde van a ir? ¿Qué deben hacer? Llenos de dudas y tristeza, Juan y María se tambaleaban por el camino.

Reflexiona

1. ¿Qué cualidades ayudaron a Juan a ser el único apóstol que permaneció cerca de Jesús durante su arresto, juicio y crucifixión?
2. ¿Cuáles son las responsabilidades más importantes que Jesús te puede haber dado por ser su seguidor?

Aprende

El Salmo 116 es uno de los salmos *Halel* (Salmos 113-118) utilizados durante la semana de Pascua. Lee esto y considera cómo podría haber encajado con la crucifixión de Jesús, y posiblemente haber sido la canción que Jesús y los discípulos cantaron al final de la Última Cena.

Viñeta 5

La noche oscura de Pedro

Lucas 22:31-34, 54-62

Desde aquella extraña oscuridad del mediodía, Pedro se había quedado cerca de la casa donde los discípulos habían compartido la última cena la noche anterior. Durante las últimas doce horas, aquella terrible conversación en el patio de Caifás con el soldado y las criadas se le había grabado a fuego en el corazón.

Las preguntas de aquellas personas lo apuñalaban con acusaciones: «¡Tú también estabas con ese nazareno!»

«¡No, no lo estaba!»

«Tú también eres uno de sus discípulos, ¿verdad?»

«¡No lo soy!»

«¿No te vi con él en el jardín?»

«¡No conozco a ese hombre del que hablas!»

Las palabras de Jesús martillaban la mente de Pedro: «Antes de que cante el gallo, me negarás tres veces...»

Luego vino el lento giro de la cabeza de Jesús, la mirada que se clavó en el rostro de Pedro. Pedro apenas podía mirarle; ¿era desilusión lo que veía en los ojos de Jesús? ¿Ira? ¿Tristeza? Ciertamente no era... ¿compasión?

A Pedro le ardían los ojos y nuevas lágrimas corrían por sus mejillas. Sintió desprecio por sí mismo por su precipitada promesa, por la debilidad que le hizo desmoronarse horas después.

Se le quebró la voz: «¡Dios mío! ¿Cómo puedo enfrentarme a Juan y Santiago? ¿Cómo voy a soportar volver a mirar a María?»

El recuerdo lo acosaba: «Simón, Simón, mira que Satanás ha pedido zarandearlos a ustedes como si fueran trigo...»

Tal vez sería mejor dejar Jerusalén ahora en esta oscuridad, escabulléndose de regreso a Galilea. Ahora todos lo despreciarían. Nadie consideraría seguir a un cobarde.

Pero se aferró obstinadamente a las palabras de esperanza de Jesús, por improbables que fueran: «Pero yo he orado por ti, para que no falle tu fe. Y tú, cuando te hayas vuelto a mí, fortalece a tus hermanos».

No huyó.

Sin embargo, se sentía miserable, desolado y devastado.

Reflexiona

1. ¿Cómo podría entender un judío las palabras de Jesús: «Satanás ha pedido zarandear a Pedro como trigo»?
2. Teniendo en cuenta tus respuestas, ¿de qué maneras puede Satanás estar tratando de zarandearte?

Aprende

¿Cómo podría ayudarte Amós 9:9 a entender esta frase? ¿O Nehemías 5:13, Job 38:13 o Hageo 2:6?

Viñeta 6

Angustia en Betania

Lucas 9:52-56

Marta abrió la puerta cuando Juan y María llegaron el viernes por la tarde. Sin decir palabra, las dos mujeres se fundieron en un abrazo. Después, Marta llevó a la agotada madre a su habitación, la ayudó a recostarse y fue a la cocina. Cuando regresó varios minutos después con una cuenca con agua tibia y un paño, los ojos de María se habían cerrado. Marta oró pidiendo que el sueño le proporcionara al menos algo de sanidad física.

Marta se sentó junto a la cama y lavó suavemente la cara de María, luego con los ojos rebosando de lágrimas posó un momento la palma de la mano en la mejilla de María mientras estudiaba su semblante. Tomando las manos de María, limpió las manchas de sangre y luego lavó sus pies. Reflexionó sobre el paño ensangrentado que tenía en las manos y murmuró: «No me puedo imaginar... Oh, Dios, ¡dale fuerzas! ¿Qué va a hacer ahora?»

Lázaro abrazó a Juan y lo llevó a la sala. Agotados, se sentaron en un sofá y se quedaron mirando al suelo. Entonces Lázaro preguntó en voz baja: «¿Cómo fue todo hoy allá afuera?»

Juan suspiró. «Fue terrible... ya nos había dicho que sufriría, pero ninguno de nosotros pensó que sería tan cruel, tan injusto.

«Recuerdo cuando Santiago y yo quisimos hacer caer fuego del cielo sobre una aldea samaritana porque nos rechazaban... pero Jesús nos reprendió. Seguramente *hoy* hubiera sido el momento para que el fuego de Dios consumiera a estos hombres que lo crucificaron. Se lo merecían. Y sin embargo... desde la cruz Jesús los perdonó... ¡los *perdonó*!

«Creo que Jesús estaba orando un salmo cuando clamó '¡Dios mío! Dios mío, ¿por qué me has abandonado?' Lázaro... ese salmo habla de villanos que se reparten la ropa y echan a suertes las prendas. Y lo peor de todo es que el salmista dice, 'Porque Él no desprecia ni tiene en poco el sufrimiento del afligido; no esconde de él su rostro, sino que lo escucha cuando a él clama'».

Juan respiró entrecortadamente y una lágrima rodó por su mejilla. «Pero hoy Dios no escuchó a su propio hijo. Escondió su rostro, y Jesús murió. Y ahora nuestra esperanza se ha desvanecido».

Reflexiona

1. El viernes y el sábado, ¿qué crees que hizo y pensó María? ¿Piensas que creía que Jesús resucitaría? ¿Qué veía en su futuro?
2. ¿Qué cosa imposible podría Dios estar dispuesto a hacer por ti, si estás atrapado en ese tipo de situación desesperada?

Aprende

Tres veces en el texto hebreo del Salmo 22 (el texto masorético de los vv. 13, 17, 22), los leones amenazan y atacan al justo de Dios, que originalmente era el rey David. Los cristianos relacionan esto con la experiencia de Jesús en la cruz, la muerte del León de Judá. Dios rescata tanto a David como a Jesús, aunque en el caso de Jesús es después de la muerte, mediante la resurrección.

Viñeta 7

La confesión de Nicodemo

Deuteronomio 6:4-9

Gamaliel se sentó junto a su amigo Nicodemo durante la cena de Shabbat, con mantones de oración sobre las cabezas inclinadas y con velas encendidas. Gamaliel recitó el Shemá del Shabbat y la tradicional bendición del vino y el pan: «Oye, Israel, el Señor nuestro Dios, el Señor es uno. Bendito sea su glorioso nombre, cuyo reino es eterno.

«Alabado seas, Adonai, Dios nuestro, Soberano del Universo, Creador del fruto de la vid. Bendito seas, Adonai, Dios nuestro, Rey del Universo, que has hecho brotar pan de la tierra».

Mientras su esposa servía una sencilla comida sabática, Gamaliel estudiaba a su amigo Nicodemo. «Ha sido un día estremecedor», se aventuró a decir. «Sabíamos que podría terminar así; viste cómo Caifás se obsesionó con deshacerse de Jesús. Él cree que el traidor Judas fue un don del cielo».

Nicodemo respondió: «Pero somos cómplices en este asunto, Gamaliel. Aunque Jesús fue arrestado, nunca debería haber sido condenado, y mucho menos asesinado. Fue vergonzoso cómo Caifás manipuló al Concilio. Si Jesús hubiera guardado silencio, podría haber sido liberado. Pero ahora nosotros también somos en parte culpables».

«Sólo hicimos lo que nos pareció necesario como líderes», argumentó Gamaliel. «¿Y si este galileo no era el Mesías? Tal vez hayamos preservado nuestra religión y protegido nuestra nación».

Nicodemo guardaba silencio y jugueteaba con su vaso.

Gamaliel preguntó: «Nicodemo... ¿hay algo más?»

Nicodemo se enderezó, como si se quitara de encima una pesada carga. Respiró hondo y miró a Gamaliel a los ojos. «He sido un seguidor secreto de Jesús durante casi tres años. Sus enseñanzas, sus milagros, su carácter me convencieron. Pero durante las últimas horas, ayudé a sentenciar, crucificar y enterrar al verdadero Mesías». Dejó caer la mirada hacia la mesa y le temblaron los labios. «¿Qué clase de seguidor traiciona a su rabí?»

Reflexiona

1. ¿Cómo pudo influir en la Iglesia primitiva la relación de Jesús con Nicodemo, José de Arimatea y Gamaliel? ¿Podría la relación de Gamaliel con José y Nicodemo haber influido en su advertencia de no castigar a Pedro y Juan (Hechos 5:35ss)? ¿Podría esta relación haber influido en la instrucción que Gamaliel dio al apóstol Pablo en los años siguientes? ¿Alguno de estos tres posiblemente sufrió o murió por Jesús más tarde como seguidor suyo?
2. Si eres cristiano, ¿tu relación con Jesús te ha puesto en peligro de alguna manera? ¿Cómo enfrentarías esa situación?

Aprende

Gamaliel, Nicodemo y José de Arimatea eran miembros del Sanedrín. En este artículo de Britannica se puede obtener más información en inglés sobre la historia y las funciones de este grupo. https://www.britannica.com/topic/Judaism/Biblical-Judaism-20th-4th-century-bce

Viñeta 8

El momento en que el mundo cambió para siempre

Mateo 28:1-7

Tras una segunda noche desperdiciada vigilando la tumba, Rubén estaba impaciente por regresar a su cuartel en Jerusalén. Se levantó y se estiró en el aire fresco de la mañana. Cuando el cielo empezó a clarear hacia el este, Gad llegó de la ciudad para relevarlo.

«Parece que nos espera otro día aburrido», observó Gad. «¿Cuánto tiempo tendremos que vigilar a un muerto?»

«Probablemente al menos tres o cuatro días», respondió Rubén. «Entonces tal vez Caifás se olvide de la amenaza de este galileo, y no tendremos más disturbios...»

Un violento terremoto arrojó a ambos hombres al suelo, lejos de la tumba. En medio del estruendo, un destello brillante como un relámpago salió de la tumba. Levantando la cabeza del suelo y entrecerrando los ojos, Rubén vio lo que parecía un hombre vestido con una túnica blanca que aparecía junto a la piedra y la hacía rodar.

Rubén cerró los ojos, sin poder creer lo que veía, y luego

vacilando los volvió a abrir; ahora el hombre estaba sentado encima de la piedra. Un viento fresco salió de la tumba y a Rubén se le erizó la piel, como si la brisa llevara consigo algo intangible.

Todo su cuerpo temblaba mientras se esforzaba por comprender lo que estaba ocurriendo. Gad tenía la cara enterrada en el suelo, con los brazos sobre la cabeza para protegerse de la amenaza desconocida. Poco a poco el suelo dejó de temblar, pero Gad y Rubén seguían postrados, y el hombre de blanco permanecía sobre la piedra, con la mirada hacia la ciudad, como si esperara a alguien.

María Magdalena, María la madre de Santiago, Juana y Salomé avanzaban lentamente por el camino de Betania al Gólgota. Los sucesos del viernes y la desolación del sábado seguían pesando sobre ellas. Conversaban en voz baja.

«He oído que Caifás pidió a Pilato que sellara la tumba y pusiera allí un guardia», dijo Juana. «Me pregunto si nos dejarán ungir el cuerpo».

«¿Quién podría ayudarnos a hacer rodar la piedra? Dudo que los soldados de Caifás lo hagan».

Doblaron por la última curva del camino y se detuvieron bruscamente: La tumba estaba abierta y la piedra ya había sido removida. Incluso desde lejos vieron las vestiduras funerarias que yacían en la plataforma donde había estado Jesús, y el paño que habían envuelto alrededor de su cabeza... pero no había ningún cuerpo. Las sábanas estaban dobladas como si ya no se necesitaran.

María Magdalena era la última en el sendero. Cuando vio la tumba vacía, dio un grito ahogado y se quedó inmóvil. Entonces dio la vuelta y empezó a correr de regreso hacia Jerusalén, a la casa donde se alojaban Pedro y Juan.

Casi al mismo tiempo, las otras mujeres vieron al ángel sobre la piedra y cayeron de rodillas. El ángel dijo: «No tengan miedo, porque sé que buscan a Jesús, el que fue crucificado.

«No está aquí; ha resucitado, tal como dijo. Entonces, ¿por qué buscan a los vivos entre los muertos? Acuérdense de lo que les dijo, estando aún con ustedes en Galilea: 'Es necesario que el Hijo del hombre sea entregado en manos de pecadores, sea crucificado y resucite al tercer día'».

Las palabras del ángel tranquilizaron a las mujeres. Juana sintió un vislumbre de increíble esperanza. ¿Podría ser cierto? Ahora recordaba que Jesús lo había dicho, pero por alguna razón ninguno de ellos había entendido lo que quería decir.

«Vengan a ver el lugar donde lo pusieron. Luego vayan pronto a decir a sus discípulos, y a Pedro, que Jesús va delante de ustedes a Galilea. Volverán a verle allí, tal como lo dijo».

Eufórica de gozo, Juana dio la vuelta y salió corriendo de la tumba, seguida de cerca por las demás mujeres.

Una vez más solos junto a la tumba, Rubén y Gad se levantaron y huyeron.

Reflexiona

1. Aunque Jesús había predicho su resurrección varias veces (Mateo 16:21, 17:9, 23, 20:19), ¿por qué la gente no lo esperaba?
2. ¿Cómo habría sido tu reacción diferente a la de los protagonistas de esta historia?

Aprende

Los relatos evangélicos de los acontecimientos del domingo de Resurrección varían en algunos detalles. Este artículo en inglés con sus gráficos es útil para sintetizar esos acontecimientos. https://answersingenesis.org/jesus/resurrection/christs-resurrection-four-accounts-one-reality/

VIÑETA 9
JESÚS Y MARÍA MAGDALENA

Marcos 16:9; Lucas 8:2; Juan 20:11-18

En su primer encuentro con Jesús, María Magdalena estaba sentada fuera de su casa en las afueras de Magdala. Cuando Jesús entró en la aldea, los demonios de su cabeza a los que tanto aborrecía le gritaron frenéticamente: «¡Estás en peligro, María! ¡Huye de ese hombre! Quiere destruirte».

Sacudida, María se puso en pie y retrocedió contra la pared; el rabí Jesús ya casi estaba en su casa. No parecía peligroso, pero las voces gritaban aún más fuerte. Con su corazón acelerado, se dirigió hacia la puerta dispuesta a esconderse.

Pero entonces una voz suave y tranquilizadora dijo: «María... María...» De repente, las voces de los demonios se desvanecieron mientras una extraña sensación empezaba a filtrarse en su alma. Como en un sueño, levantó lentamente los ojos hacia Jesús, que le sonreía amablemente. «Shalom, María. La Paz de Dios esté contigo».

Entonces, con voz firme, Jesús declaró: «¡Espíritus! ¡Les ordeno que salgan de ella y no vuelvan a molestarla!»

Los espíritus que la habían atormentado durante años la apuñalaron con un último destello de rabia, y luego se marcharon para siempre. Una bendita tranquilidad llenó su mente y su alma, trayendo sanidad y descanso. ¡Ya era libre!

Dio un paso vacilante hacia Jesús. Él extendió los brazos y la abrazó suavemente. «Eres la hija de mi Padre, María. Puedes seguirme, si quieres». Ella enterró la cara en el pecho de Jesús y comenzó a sollozar.

Ahora María estaba apoyada en el muro exterior de la tumba, y el recuerdo le hizo llorar. Se oyó un crujido en la tumba y, al mirar adentro, vio a dos ángeles vestidos de blanco.

Le preguntaron: «¿Por qué lloras, mujer?»

«Es que se han llevado a mi Señor y no sé dónde lo han puesto», respondió abatida, y se dio la vuelta, encontrándose con otro hombre allí de pie. No podía distinguir su rostro debido a la penumbra y a las lágrimas en sus ojos.

El hombre preguntó: «¿Por qué lloras, mujer?» Miró a los ángeles que estaban detrás de María y les sonrió.

«Señor, si usted se lo ha llevado, dígame dónde lo ha puesto, y yo iré a buscarlo».

Jesús mismo le dijo: «María».

¡Esa *voz*! La de aquel primer día, la voz en la que había confiado durante tres años mientras lo seguía a todas partes. Pero... ¿no era que Jesús estaba...?

Con los ojos desorbitados, la boca abierta sin poder emitir sonido, y el corazón dando saltos, María miró al hombre. Imposible, pero allí estaba Jesús, con la misma sonrisa llena de bondad e incluso una chispa de humor. «¡Maestro!» exclamó, y se aferró a su bata, con los ojos escrutando su rostro.

Él tomó las manos de ella entre las suyas, todavía sonriente. «Ve a mis hermanos y diles: 'Vuelvo a mi Padre, que es Padre de ustedes; a mi Dios, que es Dios de ustedes'».

Luego apoyó su mano cálida en el hombro de María. Con otra

larga mirada de incredulidad, ella dio la vuelta y echó a correr alegremente hacia la ciudad.

Reflexiona

1. ¿Por qué crees que al principio varias personas no reconocieron a Jesús después de su resurrección? (Juan 20:15; Marcos 16:12; Lucas 24:16)
2. Al comienzo de su relación con Jesús, María Magdalena fue sanada. Si eres cristiano, ¿qué recuerdas de los inicios de tu relación con Jesús? ¿De qué manera cambió tu vida?

Aprende

A pesar de las novelas y las películas, no hay pruebas de que María Magdalena tuviera relación alguna con Jesús, salvo como discípula agradecida y entregada. La tradición oriental afirma que fue con el apóstol Juan a Éfeso y murió allí. Otros creen que pudo evangelizar parte de la Galia (la actual Francia). Pero nada de esto ha sido comprobado.

Viñeta 10

«No nos trata conforme a nuestros pecados»

2 Crónicas 33:6; Hechos 1:15-19; Salmo 103:8-12

Después de que las mujeres salieron de la casa, Pedro se paseaba inquieto, tratando de encontrarle sentido a estas noticias. Finalmente, la casa le quedó pequeña y se abrió paso por el vecindario hasta salir por la Puerta de los Esenios, situada en la muralla suroeste de la ciudad.

El valle de Hinón se extendía ante él. Como judío, Pedro recordaba historias sobre cómo Manasés y otros reyes malvados venían aquí a encender hogueras a dioses como Moloc o Baal, y luego sacrificaban a sus hijos a los dioses. A menudo era un lugar de horror y muerte.

Pedro descendió al valle y caminó por la base de sus escarpadas murallas del sur. Más adelante vio buitres reunidos en torno a lo que probablemente era algún animal muerto. Sin embargo, al acercarse, se dio cuenta de que era un cuerpo humano muerto. Y con creciente horror, reconoció parte de la túnica... ¡Judas!

Pedro cayó de rodillas y cerró los ojos con fuerza, con lástima y repulsión marcadas en su rostro. Una cuerda rota colgaba de un árbol al borde del barranco, justo encima del cuerpo destruido que había debajo. Se estremeció al darse cuenta de lo que había ocurrido. Aunque sabía que Judas había traicionado a Jesús, fue un final trágico.

«Su historia no *tenía* que terminar así», dijo una voz suave detrás de él. Pedro inhaló bruscamente, se puso en pie y se dio vuelta. Jesús, el Hijo de Dios, vivo nuevamente, se quedó mirándole. Sin palabras, Pedro se acercó tímidamente a su rabí. Jesús le dedicó una pequeña sonrisa y lo estrechó entre sus brazos.

Pedro apoyó la cabeza en el hombro de Jesús, con sollozos que sacudían todo su cuerpo. Después de unos segundos, dijo con voz entrecortada: «Lo siento tanto... no fue mi intención abandonarte... tenía miedo». Jesús se limitó a estrechar su abrazo, le dio una o dos palmaditas y dijo simplemente: «Lo sé».

Pedro dio un paso atrás y se secó los ojos. Jesús puso las manos sobre los hombros de Pedro y suavemente le recordó: «Satanás te ha zarandeado como trigo. Pero he pedido por ti, para que tu fe no desfallezca».

Jesús acercó a Pedro al cadáver de Judas. Y repitió: «Su historia no tenía por qué terminar así. Si se hubiera arrepentido, yo también lo habría perdonado». Sus ojos buscaron fijamente los de Pedro. «¿Entiendes?»

Pedro se quedó atónito. ¿Jesús habría perdonado al hombre que lo había traicionado, al que el propio Jesús había llamado demonio, destinado a la destrucción?

Jesús añadió: «Incluso ahora, sólo mi Padre sabe lo que había en el corazón de Judas durante esos últimos minutos desesperados de su vida: Su frenética carrera hacia el Templo, su intento de corregir ese pecado, la huida final hacia la oscuridad. Y su destino descansa en las manos de mi Padre».

Tardíamente, Pedro se dio cuenta de que Jesús había dicho 'también'. Y dos verdades se estrellaron contra él: Que tanto él como

Judas eran culpables, y que 'también' significaba que Jesús había perdonado también a Pedro, ¡quien lo había negado públicamente tres veces! Inclinó la cabeza y las lágrimas volvieron a correr por sus mejillas.

Entonces Jesús dijo: «Ven, Pedro. Necesito tu ayuda». Y juntos, el Perdonador y el perdonado levantaron el cadáver, lo llevaron a una tumba cercana poco profunda y comenzaron a sepultarlo.

Mientras cavaban, Jesús dijo: «Mi Padre es clemente y compasivo, lento para la ira, y grande en amor... No nos trata conforme a nuestros pecados ni nos paga según nuestras maldades. Tan grande es su amor por los que le temen como alto es el cielo sobre la tierra; tan lejos de nosotros echó nuestras transgresiones como lejos del oriente está el occidente».

Jesús hizo una pausa hasta que Pedro lo miró: «Pedro... puedes estar seguro de que estas palabras son también para ti».

Reflexiona

1. Lucas 24:34 dice que Jesús se apareció a Simón (Pedro) antes de aparecerse a los apóstoles aquella noche del domingo de Resurrección. Además de la posibilidad anterior, ¿dónde más podrían haberse encontrado Jesús y Pedro aquel día? ¿Qué se habrían dicho el uno al otro?
2. ¿Hay algo en tu vida que crees que Jesús no podría o no querría perdonar? ¿Te da esperanza el hecho de que Jesús perdonó a Pedro y podría haber perdonado a Judas?

Aprende

El valle de Hinón desempeñó un papel importante y a menudo negativo en la historia de Jerusalén (2 Crónicas 28:3, 33:6, Jeremías 7:31-35 y Jeremías 19). También puede estar relacionado con las historias del alfarero de Jeremías 18, 19, Zacarías 11:13 y Mateo 27:7-10.

Viñeta 11

La mejor lección de Torá de la historia

Lucas 24:13-35
(Y ver las referencias de Jesús al Antiguo Testamento en la sección de aprendizaje)

Cleofas y su esposa María se quedaron a comer el almuerzo dominical con los demás discípulos en la casa. La trascendental noticia que habían traído las mujeres dominó la conversación. Aunque las mujeres eran dignas de confianza, aun así, que alguien hubiera resucitado de entre los muertos era un salto demasiado fantástico.

Levantándose de la mesa, Cleofas y María se despidieron silenciosamente del grupo y se dirigieron hacia el noroeste, saliendo de Jerusalén para recorrer las siete millas que los separaban de su casa en Emaús.

Retomando el hilo de la conversación que tuvieron durante el almuerzo, María insistió: «Sé que todo el mundo estaba agotado por todo lo que ha pasado esta semana, y luego por la muerte de Jesús. Pero la historia de las mujeres parece diferente, no parece en absoluto un sueño o una alucinación. Ellas conocen a Jesús. Y María

Magdalena dijo que vio al propio Jesús, no sólo ángeles. No creo que nos estuvieran mintiendo».

Cleofas suspiró. «Lo sé... yo tampoco me las imagino mintiendo. Quiero creerlo, pero ¿y si estuvieran equivocadas? ¿Y si alguien robó el cuerpo? Entonces, ¿no querríamos volver a Jerusalén y ayudar a los discípulos a buscarlo?»

En la pausa que siguió a esta pregunta, María y Cleofas oyeron unos pasos detrás de ellos, y al mirar hacia atrás vieron a un hombre que los alcanzaba rápidamente.

El hombre se les unió, diciendo: «¡Shalom!» Luego preguntó: «¿Qué vienen discutiendo por el camino?» Cleofas y María vacilaron y luego se detuvieron. Cleofas respondió con tristeza: «¿Eres tú el único peregrino en Jerusalén que no se ha enterado de todo lo que ha pasado recientemente?»

«¿Qué es lo que ha pasado?» preguntó.

«Lo de Jesús de Nazaret. Era un profeta poderoso en obras y en palabras delante de Dios y de todo el pueblo. Los jefes de los sacerdotes y nuestros gobernantes lo entregaron para ser condenado a muerte y lo crucificaron».

María añadió: «Pero nosotros abrigábamos la esperanza de que era él quien redimiría a Israel».

Cleofas continuó: «Es más, ya hace tres días que sucedió todo esto. También algunas mujeres de nuestro grupo nos dejaron asombrados. Esta mañana, muy temprano, fueron al sepulcro, pero no hallaron su cuerpo. Cuando volvieron, nos contaron que se les habían aparecido unos ángeles quienes les dijeron que él está vivo. Algunos de nuestros compañeros fueron después al sepulcro y lo encontraron tal como habían dicho las mujeres, pero a él no lo vieron».

La pareja esperó a ver cómo reaccionaba el forastero. Para su asombro, su boca se curvó en una sonrisa apenada y sacudió lentamente la cabeza. «¡Qué torpes son ustedes, y qué tardos de corazón para creer todo lo que han dicho los profetas! ¿Acaso no tenía que sufrir el Cristo estas cosas antes de entrar en su gloria?»

María y Cleofas estaban desconcertados y un poco ofendidos. ¿Torpes? ¿Tardos para creer? Habían seguido al rabí Jesús durante años, aún hasta el amargo final. Sin embargo, ¿estaba afirmando este hombre que el amigo de ellos, Jesús, era el Mesías? ¿Quién era él para afirmarlo con tanta autoridad?

«¿Qué quieres decir?» preguntó María.

«Oyen, pero no entienden; ven, pero no perciben. Si de verdad vieran y oyeran, entonces podrían entender con el corazón».

La pareja escuchó, escarmentada pero aún confusa. Se atrevieron a decir: «Queremos entender, ¿podrías ayudarnos?»

El hombre les extendió una cálida sonrisa. «¡Es un buen comienzo! Vengan, caminemos juntos».

Comenzó diciendo: «Tienen razón cuando dicen que Jesús fue un profeta; de hecho, es el 'profeta como Moisés' mencionado en Deuteronomio, a quien el pueblo debe escuchar.

«Ustedes han visto a Jesús y lo que él hizo, pero ¿realmente han *visto* quién es? Le han oído enseñar, pero ¿realmente han *oído* lo que dijo?» Una pequeña sonrisa se dibujó en los labios del desconocido.

«¿Qué dicen Moisés y los profetas sobre el Mesías? Que una virgen concebiría y daría a luz en la ciudad de Belén de Efrata. De este pueblo que provee corderos para el sacrificio pascual saldría el Cordero perfecto; de estos pastores que cuidan los rebaños saldría un Pastor con el corazón de Dios.

«¿Recuerdan cómo, hace años, las madres de Belén gritaron angustiadas cuando los soldados de Herodes mataron a sus hijos, tal como Raquel lloró por sus hijos? Les digo que en aquel tiempo el Mesías era un bebé en Belén, pero el Señor lo envió a él y a sus padres sanos y salvos a Egipto. Más tarde Dios llamó a su hijo, el Mesías, a salir de Egipto en un segundo éxodo de aquella tierra; el Mesías y sus padres regresaron a un pueblo cuyo nombre proclama que uno de los suyos sería un día el Renuevo que daría fruto para el Señor.

«El Mesías sería el Siervo sufriente, sobre el que Dios pondría su Espíritu. Repararía cañas rotas y reavivaría llamas vacilantes; sanaría a ciegos, cojos y sordos, y liberaría al pueblo de Dios de todo tipo de opresión.

«Él alimentaría a la gente con pan en el desierto, pero también se convertiría en el pan espiritual con el que la gente podría vivir para siempre.

«Como Aquel que lo envió, el Mesías sería la Roca en el desierto de la que manaría Agua viva para la vida eterna. Él mismo los sostendría hasta que llegaran a la Tierra Prometida. Este Mesías viviría entre su pueblo y sería su Rey».

El forastero analizó los rostros de María y Cleofas mientras recordaban sucesos y profecías que se les habían enseñado desde la infancia, aunque se esforzaban por examinar esas profecías a través de una nueva lente. Poco a poco, las antiguas palabras de la Ley y los Profetas adquirieron un sabor diferente al cambiar su perspectiva. El Mesías prometido en las Escrituras comenzó a revelarse y a adoptar el rostro de Jesús. Los milagros que habían presenciado de Jesús se fusionaron gradualmente con las acciones profetizadas del Mesías, el Ungido, el Cristo.

El acompañante de María y Cleofas soltó una risita disimulada al ver que la comprensión empezaba a asomar en los ojos de ellos, confirmando que ¡Jesús es el Cristo!

Mientras se acercaban a Emaús, el viajero acompañante continuó: «El profeta Zacarías dice que el Mesías vendría a ustedes, manso y montado en un asno. ¿Recuerdan algo así durante los últimos días?» María contuvo el aliento.

El hombre añadió: «Pero Zacarías también dice: 'Justo y dotado de salvación'. ¿Qué nombre viene de la palabra salvación?»

La pareja respondió al unísono: «¡Jesús!» Él asintió con la cabeza.

«Zacarías describe más tarde cómo las ovejas y el pastor se cansaron el uno del otro, y las ovejas le dieron al pastor su paga para librarse de él: ¡Treinta monedas de plata! Y finalmente esas treinta piezas de plata fueron arrojadas en la casa del Señor.

«Isaías dice que el Mesías será una piedra que hará tropezar a la gente y una roca que le hará caer. El salmista añade que la piedra que desecharon los constructores se ha convertido en la piedra angular».

Los miró inquisitivamente para ver si estaban captando lo que quería decir.

«Con voz unánime, cada parte de la Escritura testifica que el Mesías debe sufrir estas cosas y luego entrar en su gloria.

«En los Profetas, Isaías le llama varón de dolores, habituado al sufrimiento, herido, traspasado, aplastado, cordero llevado al matadero.

«En la Ley, Moisés lo presenta como el cordero pascual cuya sangre protegerá al pueblo de Dios, como el chivo expiatorio que recibe todo el pecado de Israel y es desterrado fuera del campamento. Como en el caso de la serpiente de bronce, el pueblo miraría al Mesías levantado, y se sanaría.

«En los Escritos, el salmista describe su angustia y dice que el siervo acusa a Dios de abandonarle, de negarse a responderle o a salvarle. La gente lo rodea, se burla de él, lo insulta, se reparte sus ropas y las echa a suertes. Sin embargo, el salmista también dice que, a los ojos de Dios, la muerte de su santo es preciosa y muy valorada. Y Dios no permitió que su santo viera la corrupción».

Su compañero les dirigió una mirada penetrante. «¿Lo entienden ahora? Consideren lo que hizo su amigo Jesús esta última semana a la luz de lo que les he dicho».

En ese momento, Cleofas y María llegaron a su pequeña casa en las afueras de Emaús. El desconocido actuó como si fuera a continuar por el camino, pero María lo tomó de la manga. «Quédate con nosotros que está atardeciendo, pronto será de noche. Sería un honor compartir nuestra comida contigo esta noche».

Él asintió; entraron en la casa y se reunieron alrededor de la mesa. María trajo una comida sencilla a base de pan, aceitunas, higos y vino. Cleofas lo invitó a decir la bendición antes de la comida.

Sin embargo, el hombre no recitó la bendición tradicional. Más bien, como concluyendo los pensamientos que compartió en el camino, dijo: «Su amigo Jesús fue crucificado en la cruz a la misma hora en que los sacerdotes sacrificaban el cordero pascual en el Templo por la nación de Israel. Murió en la misma montaña donde Dios proveyó un sacrificio para Abraham, en sustitución de su hijo Isaac.

«Jesús fue bajado de la cruz y enterrado en la víspera de la fiesta de los panes sin levadura, el día en que la gente planta semillas de trigo y ruega a Dios que le dé pan de la tierra para dar vida.

«Y Jesús fue resucitado de entre los muertos por Dios en el día de la cosecha, el día en que las primicias surgen de la tierra.

El forastero volvió a sonreírles, tomó el pan en sus manos, levantó el rostro hacia el cielo y orando dio gracias: 'Bendito seas, Señor, Rey del Universo, por darnos este pan y esta vida... ahora y siempre».

Partió el pan y se los dio. Cuando levantaron la cabeza, sus ojos se abrieron de verdad; esperando ver al forastero, ¡vieron a su Jesús! Se quedaron boquiabiertos, preguntándose si era un sueño.

Exclamaron: «¡Jesús!» y corrieron a abrazarlo, pero él desapareció de su vista. Se miraron fijamente, aturdidos, boquiabiertos, mirando primero donde Jesús se había sentado, luego el uno al otro, con la misma pregunta en sus ojos.

Cleofas preguntó a María: «¿Fue real? ¿Tú también lo viste?»

Ella respondió: «Creo que sí... ¿no ardía nuestro corazón mientras conversaba con nosotros en el camino y nos explicaba las Escrituras?»

Con repentina certeza, creyeron. Exclamaron al mismo instante: «¡Vamos a decírselo a los demás!» Salieron corriendo de la casa con energías renovadas en dirección a Jerusalén, sabiendo que su mundo había cambiado para siempre.

Reflexiona

1. ¿Qué otras conexiones ves en el Antiguo Testamento con Jesús y su ministerio?
2. Si Jesús es quien dice ser: Hijo de Dios, Salvador, Mesías, Cordero, Señor y más, ¿qué tipo de respuesta de tu parte crees que sea apropiada?

Aprende

Echa un vistazo a estas posibles referencias del Antiguo Testamento en la lección de Jesús en el camino.

1. Moisés habla del profeta, Deuteronomio 18:15
2. Una virgen concebirá, Isaías 7:14
3. El Mesías nacerá en Belén, Miqueas 5:2
4. Los pastores de Belén, Lucas 2:8ss
5. La matanza en Belén, Mateo 2:16ss, Jeremías 31:15
6. La familia de Jesús enviada a Egipto, Mateo 2:13-15
7. El segundo éxodo de Egipto, Mateo 2:23
8. La palabra hebrea para Nazaret viene de *ntzer*, Rama, Isaías 11:1
9. El siervo sufrido Isaías, 42:1ss
10. Repara las cañas y alimenta las llamas, Mateo 12:20
11. Todo tipo de sanación, Lucas 4:18-19
12. Ciego, sordo, cojo, Isaías 35:5-6
13. El pan del cielo; Éxodo 16, Mateo 14:14ss
14. Vivir del pan físico y espiritual; Mateo 4:4, Deuteronomio 8:3
15. La roca en el desierto; 1 Corintios 10:4, Éxodo 17:1ss
16. Tanto la palabra hebrea, *mashiach*, como la palabra griega *Christos*, significan «Ungido».
17. Rey, gentil, montado en burro; Zacarías 9:9, Mateo 21:5

18. El pastor despedido por ovejas, 30 piezas de plata; Zacarías 11:12ss, Mateo 27:5
19. Piedra de tropiezo; Isaías 8:14, Salmos 118:22-23; Mesías sufriente, Isaías 53
20. El cordero pascual cuya sangre protege al pueblo, Éxodo 12:21ss
21. El chivo expiatorio desterrado del campamento, Levítico 16:20ss
22. Mirar la serpiente de bronce para ser salvado, Números 21:9
23. Angustia en la cruz, abandonado por Dios, Salmos 22
24. Preciosa es la muerte de los santos, Salmos 116:15
25. El Santo no vería la corrupción; Salmos 16:10, Hechos 2:27
26. El casi-sacrificio de Isaac, Génesis 22.

Se puede también consultar la enseñanza en inglés de Ray VanderLaan sobre Jesús y las fiestas judías. https://www.thattheworldmayknow.com/jewish-feasts

Viñeta 12

¿Quiénes son estas personas? (1ª parte)

Mateo 27:51-53

A última hora de la tarde del domingo, Tomás y Mateo habían ido a las tiendas cercanas al Monte del Templo a comprar comida para los que se alojaban en la casa. Conversaban sobre los sucesos de la mañana, incapaces de dilucidar lo que podía ser cierto.

Tomás se burló: «En serio, ¿con qué frecuencia una persona vuelve a la vida después de tres días?» Mateo levantó una ceja y frunció los labios.

Tomás admitió con pesar: «Está bien. Sé que Lázaro resucitó de entre los muertos al cuarto día. Pero Jesús fue quien lo resucitó. ¿Cómo va a resucitarse Jesús a sí mismo de entre los muertos?»

Justo entonces se acercó a una pareja. Mateo se dio cuenta de que sus ropas parecían bastante viejas, de un estilo que nunca había visto antes. La pareja se detuvo al acercarse a ellos.

Mateo los saludó con cortesía. «¡Shalom! ¿Están aquí para la Pascua?»

Sus ojos brillaban. Parecían estar reprimiendo a duras penas una gran emoción. «¡No! Acabamos de llegar a la ciudad hace varias horas».

Mateo preguntó, «¿Ah, sí? ¿De dónde son?»

Se miraron el uno al otro, y entonces el hombre declaró: «Venimos de las tumbas en las afueras de la ciudad».

«¿Visitaban la tumba de familiares o amigos?» preguntó Tomás.

Mirándole fijamente, el hombre dijo en voz baja: «Estábamos muertos, en una tumba». Mateo y Tomás se les quedaron mirando, boquiabiertos.

«Lo último que recordamos es estar muy enfermos en casa de nuestra familia. Los médicos habían venido, pero no podían hacer nada. La gente oraba y lloraba por nosotros.

«De repente, estábamos despiertos en la tumba. Oíamos gente gritando afuera. No entendíamos qué estaba pasando ni dónde estábamos exactamente. Así que, como la piedra que sellaba la tumba se había roto en pedazos, nos aventuramos a salir de la tumba y miramos hacia la ciudad. Pensábamos que era Jerusalén, pero no era como la recordábamos».

Tomás apartó la mirada y sacudió ligeramente la cabeza.

La mujer se dio cuenta y dijo: «Sé que parece una locura. Nosotros mismos aún no lo entendemos».

Mateo preguntó: «¿Esto acaba de pasar hoy?»

«No», respondió el hombre. «Han pasado dos noches y dos días. Hemos pasado los dos últimos días escondidos en los olivares de la ladera de la montaña. Hoy por fin nos hemos animado a entrar en la ciudad y hemos paseado por ella. La última vez que la habíamos visto, cuando aún vivíamos, era más pequeña, con menos edificios. Y el Monte del Templo y el patio son mucho más grandes de lo que recordábamos.

«Preguntamos a alguien si esto era Jerusalén. Nos miraron con extrañeza y dijeron: '¡Por supuesto!' Cuando les preguntamos quién era ahora el rey, parecían exasperados y siguieron caminando sin respondernos.

«Por fin, alguien nos dijo que el tetrarca de Galilea, Herodes

Antipas, estaba en la ciudad. Decían que Tiberio era el César del imperio romano. Cuando les preguntamos quiénes eran los romanos, esa gente también se alejó».

Tomás objetó: «¿Cómo es *posible* que no sepan nada de los romanos? ¿Quién esperaban que fuera rey?»

La pareja se detuvo, seguros de que dos hombres más estaban a punto de abandonarlos. «Puede ser que no tenga sentido, pero cuando nosotros morimos, Ezequías era rey».

Tomás y Mateo entrecerraron los ojos e inclinaron la cabeza, pero guardaron silencio.

La mujer se encogió de hombros, extendiendo ligeramente las manos. «¡Es verdad! De alguna manera, Dios nos ha vuelto a la vida. Estamos hablando con todos los que podemos para averiguar qué está pasando. ¿Pueden decirnos qué está sucediendo?»

Tomás se volvió abruptamente hacia Mateo. «Necesito alejarme de todo esto y pensar solo. Tú lleva la comida a la casa. Volveré más tarde esta noche». Y partió, dirigiéndose al huerto de Getsemaní.

La pareja esperó a ver si Mateo les contestaba. Suspirando, Mateo se volvió hacia ellos y les dijo: «Ha sido un día extremadamente inusual, y sinceramente, nosotros tampoco sabemos qué está pasando. Permítanme contarles una historia».

Reflexiona

1. ¿Has visto u oído alguna clase, sermón, artículo, libro o video sobre estos santos? ¿Quiénes podrían haber sido? ¿Qué hicieron después de entrar en Jerusalén? ¿A quién más se habrían aparecido?
2. ¿Cómo les habrías respondido en esa conversación?

Aprende

La Biblia deja huecos provocadores en las «historias de salida» de personas como Enoc, Moisés, Elías, el hijo de la viuda de Naín, la hija de Jairo, Lázaro y los santos de Mateo 27:52. ¿Qué se puede saber de sus muertes o de sus salidas y reentradas en el mundo? ¿Qué puede significar para ellos Romanos 2:9? Aunque «las primicias de entre los muertos» se escribió con referencia a Cristo, ¿podría aplicarse también a estas personas?

Viñeta 13

Celebración en Betania

Lucas 10:38-42; Salmo 27:4-14

Al llegar Jesús a la calle donde vivían Lázaro, María y Marta, los llamó exclamando: «¡María! ¡Marta! ¡Lázaro!»

Los tres hermanos estaban sentados en la cocina. Cuando oyeron esta voz conocida, se paralizaron por un instante. Esa misma mañana habían recibido la noticia de que Jesús estaba vivo y había estado con sus discípulos. De hecho, estaban a punto de dirigirse a Jerusalén para ver si también lo encontraban.

Los tres se levantaron de sus asientos y salieron al encuentro de Jesús cuando entraba por la puerta. Él extendió los brazos y trató de abrazar a los tres a la vez en un desborde de lágrimas, risas y asombro, borrando gran parte de la angustia que habían soportado durante los últimos tres días.

Hicieron sentar a Jesús en la sala y se reunieron a su alrededor, examinando cada detalle de su rostro y sus expresiones, reconfortados y alegres al oír su voz, mientras les contaba el encuentro con los discípulos la noche anterior en la casa de Jerusalén.

Y entonces la voz de Jesús se entrecortó al mirar detrás de ellos, y su expresión se volvió tierna. Siguiendo su mirada, miraron a su alrededor y vieron a su madre María que se había detenido en la puerta del dormitorio con una expresión incrédula en el rostro.

Jesús se acercó a ella rápidamente; la expresión de María se iluminó y sus ojos brillaron. Ella extendió los brazos, tomó el rostro de Jesús entre sus manos y se quedó allí, con lágrimas de alegría rodando por sus mejillas.

Jesús puso sus manos sobre los hombros de María y respiró entrecortadamente. «Madre...» Y ella dijo: «Hijo mío».

Durante un rato, no hizo falta decir nada más mientras se abrazaban.

A última hora de la mañana, los cinco se reunieron en la cocina para preparar juntos un sencillo almuerzo.

Jesús se dirigió a Marta: «¿Recuerdas la primera vez que vine a tu casa? Fuiste tan amable de invitarme, tan preocupada de que cada detalle estuviera bien. ¿Recuerdas lo que me dijiste?»

«¡Claro que sí, *yo* lo recuerdo!» intervino María, '¿No te importa que mi hermana me haya dejado sola en el trabajo? Dile que me ayude'».

Marta admitió: «Sí, quería que me ayudara porque había más de veinte personas que alimentar».

Jesús sonrió y le dijo con suavidad: «Marta, el Señor te dio el don y el deseo de servir a los demás. Has sido fiel en utilizarlo: ¡bien hecho! Tu ejemplo es una bendición para muchos».

Marta se ruborizó y miró de frente a Jesús. «Aquel día me dijiste que sólo una cosa era verdaderamente necesaria: Aprender de ti. Aunque tardé en aceptarlo».

Jesús asintió. «El rey David dijo: 'Una sola cosa le pido al Señor y es lo único que persigo: Habitar en la casa del Señor todos los días de mi vida, para contemplar la hermosura del Señor y recrearme en su Templo. Pon tu esperanza en el Señor; ten valor, cobra ánimo; ¡pon tu esperanza en el Señor! El corazón me dice: ¡Busca su rostro!'.

«También son bienaventurados los que deciden buscar al Señor, morar en su presencia y aprender de él como tú lo has hecho, María. El Señor honra a los que esperan en él.

«Lo que les espera a los tres no será fácil. Lázaro, los judíos buscan matarte a causa de tu testimonio sobre tu resurrección. Los tres son conocidos por ser mis amigos.

«Como David, estarán en peligro ante falsos testigos, opresores y enemigos. Como David, les digo: Sean fuertes, anímense y esperen en el Señor. Él es su fortaleza».

Sus rostros tenían una expresión solemne mientras asimilaban sus palabras.

Entonces Marta dijo de repente. «¡Mira! María está en la cocina ayudándome». María replicó: «¡Y tú estás aquí sentada escuchando a Jesús!»

Se rieron, tomaron la comida que habían preparado y se reunieron alrededor de la mesa, dando juntos gracias a Dios.

Reflexiona

1. ¿Cómo encuentras un equilibrio entre estar con Jesús y ocuparte de las tareas necesarias de la vida y el ministerio?
2. En tu vida, ¿cuál ha sido la forma más útil de sentarte con Jesús y aprender de él?

Stephen Austin

Aprende

¿Quiénes son las diferentes Marías en la vida de Jesús y qué papel tuvieron en su historia? Se me ocurren posiblemente seis.

Viñeta 14

El intrigante caso de Lázaro

Juan 11; Juan 12:9-10; 2 Reyes 2:11; Génesis 5:24

Durante la comida con María, Marta y Lázaro, Jesús dijo: «Permítanme que les cuente una parte de su historia que quizá no conozcan. Lázaro, cuando supe que estabas enfermo, mis discípulos y yo estábamos a dos días de camino de aquí, al otro lado del Jordán». Una pausa siguió a estas palabras.

Marta dijo: «¡Sólo dos días! Pero... podrías haber llegado antes, y ...» Su voz se apagó y sus ojos se turbaron. Jesús la miró con mirada enternecida.

«Tienes razón; podría haber llegado... pero esperé dos días más. Dije a los discípulos que Lázaro dormía, y se alegraron, pensando que mejoraría. Así que les dije claramente que estaba muerto, y que por su bien, me alegraba de no estar con él».

Se hizo un silencio incómodo mientras los tres se esforzaban por asimilar esto. Entonces Lázaro se atrevió a decir: «Pero, Jesús, sabemos que nos amas. ¿Cómo pudiste hacer esperar a mis hermanas? ¿Por qué te alegraste de no estar aquí? Y puesto que no llegaste a tiempo... yo fallecí». Dejó caer la mirada, dolido y confuso.

Esperaron a que Jesús respondiera.

«Sé que es difícil de entender», dijo suavemente. «Mi Padre tenía un propósito mayor en mente contigo.

«Todos creían que yo podía sanar porque habían visto muchos milagros. Pero cuando te resucité de entre los muertos, Lázaro, de repente quedó claro que *todo* era posible. Los judíos también lo reconocen, y por eso quieren silenciarte: Si mis discípulos creen que mi Padre puede librarlos incluso de la muerte, nada podrá detenerlos».

Meditaron en esto por un momento, sin saber qué pensar al respecto.

«Marta, viniste a mi encuentro cuando llegamos a Betania. Bendita seas por tu fe en mí en ese momento, a pesar de tu dolor. Creías que mi Padre aún podía darme lo que le pidiera. También creías que Lázaro resucitaría en la resurrección del último día.

«Pensabas en la resurrección como un día, un momento en el futuro, y en cierto modo lo es, por supuesto. Pero yo les digo que la resurrección no es un día; yo mismo *soy* la resurrección. ¡Mi sola presencia en mis seguidores *es* vida! Mi Padre me concedió autoridad para dar vida, y durante tres años hice precisamente eso: Alimentar, sanar, enseñar y resucitar de entre los muertos.

«La vida eterna es conocerme y recibir la vida de estas maneras y de muchas más. Si crees en mí, nunca morirás para siempre. Aunque atravieses las puertas de la muerte, la vida que empezaste conmigo a este lado de la tumba continúa al otro lado». Sonriendo a Lázaro, dijo, «¿No es así, Lázaro?»

Lázaro asintió: «Ahora entiendo más de lo que antes entendía. Cuando la gente me pregunta por mi resurrección, les hablo no sólo de cómo salí de la tumba, sino de la fuente de la Vida antes y después de mi muerte. Querías que la gente supiera que no sólo tú podías tener esta vida, sino que nosotros también podemos tenerla».

Marta exclamó: «¡Así que cuando me preguntaste si creía que nunca moriríamos, en realidad querías decir que, contigo cerca, la vida eterna ya ha comenzado! Pensé que teníamos que esperar algún momento en el futuro. Cuando declaraste que vería la gloria de Dios... ¡te referías a *ese momento*!»

Con voz llena de asombro, Marta recordó: «Simplemente dijiste: 'Lázaro, sal', ¡y salió!»

María se volvió hacia Lázaro: «¿Qué sucedió al otro lado de la tumba? ¿Qué estabas haciendo cuando Jesús te llamó?»

Lázaro se quedó callado un momento, ensimismado. «Recuerdo una celebración, con hermosa música y risas. Estábamos en una mesa larga, compartiendo la mejor comida que jamás he probado... ¡lo siento, Marta! Frutas que nunca había visto antes, exquisito vino tinto, pan caliente recién hecho, carnes y especias, todo en abundancia. Todo estaba muy iluminado, aunque no vi que hubiera lámparas.

«Mis padres estaban allí, y mi hermano mayor, y amigos de la familia que habían muerto hacía mucho tiempo. Todos se veían jóvenes, fuertes y animados. Todo el mundo estaba contento. Nadie se preocupaba por lo que ocurriría al día siguiente. Nadie se quejaba de los romanos ni de los zelotes ni del César. Nadie estaba enfermo, cojo o necesitado. Nadie discutía, ni estaba enfadado, ni triste.

«La mesa donde estábamos sentados parecía no tener fin. Había personas a las que nunca había visto, pero de alguna manera sabía quiénes eran: Abraham y Sara, Rut y Booz, Elisabet y Zacarías. Daniel hablaba con Ezequiel, y Enoc con Matusalén, y tantos otros.

«Siempre había querido hacerles preguntas, y ahora podía hacerlo. Me levanté de mi sitio y empecé a caminar hacia ellos; entonces oí una voz que reconocí: '¡Lázaro, sal!'»

Bajó su mirada, luego miró a Jesús, y se sorprendió al ver que Jesús tenía lágrimas en sus ojos. Lázaro se volvió hacia María. «Así que... los dejé y regresé». Encogiéndose de hombros dijo, «Los amo a todos ustedes, y estos días desde la tumba han sido muy preciados para mí, pero estaba un poco triste por tener que volver». María lo miró profundamente a los ojos y, sin decir palabra, lo abrazó con fuerza.

Después de que María, Marta y la madre de Jesús se despidieron de Jesús, Lázaro volvió con él por el camino de Jerusalén, y dijo: «Aquellos pocos momentos en el cielo despertaron en mí el deseo de estar siempre allí; sin embargo, debes tener una razón para haberme llamado de regreso. Sé que debo ser un testigo para ti aquí, y con gusto lo haré.

«Pero ¿qué será de mí ahora? ¿Lograrán los judíos matarme? ¿Debo ir a otro sitio a dar testimonio?»

Jesús suspiró. «Una parte de mí no quería traerte de regreso, porque conozco la vida perfecta que mi Padre tiene preparada para todos los que creen en él. Yo también lo he vivido. ¡Yo ayudé a crearla! Y estoy deseando volver a ella.

«Sin embargo, eres una parte importante del plan de mi Padre para enseñar a la gente lo que les está preparando en el cielo, si creen. ¡Tú ya lo *has visto*! Tu fidelidad produce gran alegría en el cielo, y mi Padre te tiene reservada una recompensa».

Sobrecogido por la respuesta, Lázaro se detuvo. Jesús estudió su rostro mientras Lázaro trataba de asimilar las palabras. Lázaro dudó, y luego formuló la pregunta que le rondaba por la cabeza: «Jesús... puesto que ya he muerto y he vuelto a la vida, ¿no moriré nunca más? ¿Estaré aquí hasta el día del juicio? ¿O me llevará Dios al cielo algún día, como a Elías o Enoc?»

Jesús sonrió. «Por ahora, esa es una de las respuestas que sólo el Padre conoce. Sin embargo, hablando de personas que han resucitado para volver a vivir aquí, tengo que pedirte un favor, amigo mío.

«El viernes pasado, muchos santos resucitaron después de mi muerte, y ayer fueron a la ciudad. Estaban asombrados e incrédulos; daban vueltas y hablaban con quienes se encontraban. No sé quién estaba más confundido, si ellos o la gente con la que se encontraron». Jesús sonrió. «Me temo que Tomás lo pasó mal con todo esto.

«Ahora no saben qué hacer: No tienen familias que los acojan, sólo la ropa que llevan puesta, ni trabajo ni ingresos. ¿Les podrían dar tú y tus hermanas comida y alojamiento durante un tiempo en su casa, hasta que puedan encontrar lo que necesitan?»

«Por supuesto que sí... ¡sería un honor!», respondió Lázaro. «¿Pero querrán quedarse con nosotros?»

«Imagino que estarían encantados... después de todo, ¿quién más en todo Jerusalén entendería su experiencia? Tú también lo has vivido. De hecho, reconocerás a algunos de ellos que estaban en la mesa del banquete contigo en el cielo antes de que fueras llamado de nuevo a la tierra. Te siguieron de regreso a la Tierra poco después».

Reflexiona

1. ¿Qué crees que hizo Lázaro en el cielo antes de que Jesús lo llamara? ¿Cómo podría cambiar su vida una vez que hubo regresado de la tumba?
2. Si eres seguidor de Jesús, tienes vida eterna en ti; en cierto modo, la vida eterna ya ha comenzado para ti. ¿Qué partes de tu vida ahora mismo son eternas y cuáles son temporales?

Aprende

Para una visión interesante de la historia y la resurrección de Lázaro, recomiendo el libro en inglés de Bodie y Brock Thoene, en especial páginas 263 y siguientes: Thoene, Bodie, & Thoene, Brock. (2013). *When Jesus wept* (Jerusalem Chronicles, Book 1 [Cuando Jesús lloró. Crónicas de Jerusalén, Libro 1]. Zondervan.

Viñeta 15

Una caminata inolvidable hacia Belén

Lucas 2:19, 22-38; Génesis 16, 21; Juan 8:1-11

A la mañana siguiente, temprano, Jesús se encontró con su madre María en el estanque de Siloé. Desde allí partieron hacia Belén, a poco más de cinco millas al sur de Jerusalén.

La tragedia de apenas cuatro días antes se desvaneció con el sol naciente. Mientras caminaban, María miraba a menudo a Jesús, como para asegurarse de que no era un sueño, de que no se despertaría en casa de Marta el viernes por la noche, desolada y desdichada.

¡Y no era un sueño!

El aire fresco de la mañana los refrescaba, las flores por el camino eran de vivos colores y los pájaros cantaban alegremente como si, al menos por un tiempo, la creación se hubiera vuelto a restaurar. Jesús y María reían mientras recordaban la infancia de Jesús en Nazaret.

Jesús le preguntó: «Madre, me has contado la historia de cuando fueron al Templo y conversaron con Ana y Simeón. Una vez dijiste:

'Ese fue uno de los recuerdos que guardé como un tesoro en mi corazón'. Por favor, dime ¿cuáles son otros recuerdos que atesoras?»

Recordando, María respondió: «¡Los momentos antes de acostarnos! En las noches de verano, José, tú y yo subíamos al tejado de nuestra pequeña casa. Extendíamos nuestras esterillas y nos acostábamos juntos allí para mirar las estrellas, cantar canciones, contar historias y escuchar los sonidos de la noche, mientras la suave brisa nos refrescaba después de un día caluroso.

«Una noche, cuando tenías unos ocho años, José estaba contando cómo Dios cumplió fielmente su promesa a Abraham, Sara e Isaac, y lo increíble que debió ser tener un hijo cuando ya eran tan mayores.

«Aquella noche parecías distraído, casi triste. Yo te pregunté: '¿Pasa algo?' y me respondiste: 'Mi Padre estaba triste por eso'. Te preguntamos: '¿Triste por qué?'

«Dijiste: 'Triste porque Sara y Agar no se llevaban bien y porque Agar fue despedida. Mi Padre veló afligido por Agar e Ismael desde que salieron de la tienda de Abraham hasta que se les acabó el agua. Pero cuando estaban a punto de morir, el Padre envió a Miguel hasta Agar para mostrarles dónde había agua y dónde ir después'.

«Tu padre y yo nos quedamos asombrados. De la manera más informal que pudimos, te preguntamos: 'Jesús, ¿cómo sabías eso de Dios y Agar?'

«Y tú dijiste: 'Yo estaba allí con mi Padre, velando por ella'.

«Se nos erizó la piel. Fue como si estuviéramos brevemente en otro lugar, con ángeles a nuestro alrededor, y esto nos recordó que eras un regalo especial de Dios para nosotros».

María rió suavemente. «Ese es otro de mis tesoros».

«Me acordé de esa historia», afirmó Jesús, «no sólo aquella noche, sino durante todo mi ministerio. Lo que mi Padre sintió por Agar es lo que siente por todos los que son expulsados, rechazados o vulnerables.

«¿Recuerdas la mañana en que estaba enseñando en el Templo y los dirigentes me trajeron a la mujer que habían atrapado en adulterio?» preguntó Jesús.

María asintió: «Sentí pena por ella, aunque lo que había hecho estaba mal». Jesús se acercó a ella y la abrazó con ternura. «Eres igual que mi Padre», dijo en voz baja.

«Así que cuando vi a esa mujer, pensé en Agar: Expulsada, abatida, sin esperanza, resignada a la muerte». Jesús caminó en silencio durante un rato. «Tal como mi Padre, veo otros casos como Agar a nuestro alrededor: Gente culpable de algún tipo de pecado, a la que otros quieren castigar. Pero sus acusadores también son culpables, como lo fueron Abraham y Sara y los dirigentes judíos. No hay suficientes piedras para arrojar...»

Su voz se entrecortó y luego sonrió. «Pero a mi Padre no le interesa arrojar piedras. Prefiere ofrecer una segunda oportunidad en la vida».

Reflexiona

1. Lucas 2 (vv. 19 y 51), dice que María atesoraba estas cosas en su corazón. ¿Qué otras cosas crees que atesoraría de todas sus experiencias como madre de Jesús?
2. Si alguien te preguntara qué experiencias personales con Jesús atesoras, ¿cuáles serían?

Aprende

Lee el capítulo «Veinticinco preguntas para María» del libro de Max Lucado, *Dios se acercó*. Lucado, M. (1992). *Dios se acercó*. Vida; Spanish edition.

Viñeta 16

Reviviendo la tragedia de Belén

Mateo 2:1-18

La noticia de que Jesús y María estaban en Belén, en la cueva de la familia de José, no tardó en saberse. Varios amigos de la familia de toda la vida acudieron a la cueva para verlos y escuchar la increíble historia de Jesús.

Cuando Jesús terminó, la conversación giró naturalmente hacia el pasado. La familia de Salmón y Rut llevaba siglos en Belén; de hecho, identificaban a Booz y Rut como antepasados. Isaí y Débora remontaban su linaje a un Isaí anterior, el padre del rey David. Dos de las familias que vivían allí habían sufrido la terrible masacre de Herodes, cuando los soldados mataron a todos los niños varones menores de dos años.

«Recordamos la noche en que diste a luz, María», dijo Rut. «Esperábamos que tú y José decidieran quedarse aquí y no regresar a Nazaret».

Isaí añadió: «Aquellos primeros meses fueron una bendición. Nuestro pequeño Isaac nació sólo tres meses antes que tú, Jesús. Salmón y Rut ya tenían a Obed de seis meses. Orábamos juntos en la sinagoga, trabajábamos en el campo y veíamos jugar a nuestros hijos, soñando con que crecieran fuertes en los años venideros.

«Un día apareció en Belén una procesión de camellos con varios hombres distinguidos que decían haber venido de Oriente a visitar al nuevo rey. Estábamos perplejos; no conocíamos a ningún rey en nuestro pequeño pueblo. Pero fueron directamente a la casa de ustedes a ver a Jesús. Ninguna familia de Belén había recibido jamás semejantes regalos».

Rut añadió: «Era un misterio. ¿Cómo supieron esos hombres de ti, o del bebé? ¿Por qué llamaron rey a Jesús? ¿Por qué esos regalos tan caros? Te aseguro que nos dio mucho de qué hablar por varios días».

«Y de repente, tú, José y Jesús desaparecieron», dijo Salmón. «Nadie en el pueblo sabía lo que había pasado. Algunos pensaron que habían vuelto a Nazaret; otros, que tal vez habían ido a casa de tus padres en Séforis, María».

«Y luego todos nos olvidamos de esas preguntas», dijo Débora, «porque una noche los soldados de Herodes irrumpieron en Belén, exigiendo ver al nuevo rey que había nacido. De nuevo, estábamos confundidos. No habíamos entendido cuando los hombres de Oriente hablaban de un rey, y seguíamos sin entenderlo».

«Intentamos decir a los soldados que no sabíamos nada, pero pensaron que les mentíamos para proteger al rey», explicó Salmón meneando la cabeza. «Así que su líder nos amenazó. '¡Si no nos lo dicen, mataremos a *todos* los niños menores de dos años!'

«¡Estábamos horrorizados! Los soldados arrasaron el pueblo, volteando puertas e invadiendo casas. Cada vez que encontraban un niño, lo atravesaban con una espada o lo lanzaban contra las piedras de las calles. Estábamos perdiendo la cabeza, desesperados por salvar a nuestros hijos. Un soldado hirió a espada a Isaí y lo derribó, y otro me golpeó en la cabeza con su escudo y me dejó inconsciente».

En la cueva reinaba el silencio, sólo interrumpido por los sollozos de los presentes que recordaban aquella terrible noche. Treinta años no habían suavizado su dolor y su rabia. Jesús y María intercambiaron una mirada seria, conmovidos de nuevo por el trágico sufrimiento de sus amigos.

Salmón reanudó la historia. «Cuando me desperté, los soldados se habían ido. De todas las casas y cuevas del pueblo surgían llantos y gritos de angustia. Habíamos perdido a Obed, e Isaí y Deborah habían perdido al pequeño Isaac». Respiró hondo y entrecortadamente. «Tardamos mucho tiempo en recuperarnos de aquello». Su esposa Rut asintió, secándose los ojos.

«Pero el Señor tuvo piedad de todos nosotros», continuó Salmón. «La mayoría de las familias que perdieron a sus bebés tuvieron más hijos después. Por supuesto, nunca olvidamos a aquellos niños y siempre nos preguntamos quiénes hubieran llegado a ser. Pero los hijos que aún teníamos eran un gran consuelo para nosotros».

Rut sonrió a María. «Qué bendición que Jesús no estuviera aquí. Al menos todos ustedes evitaron la masacre.»

Ante esto, María y Jesús no parecían aliviados, sino más bien agobiados. María les dijo en voz baja: «Hay una parte de la historia que las familias de Belén nunca han oído. Poco después de la visita de los magos, José fue advertido en sueños de que Herodes vendría en busca de Jesús para intentar matarlo. El ángel nos dijo que huyéramos a Egipto. Así que esa misma noche, desesperados por proteger a Jesús, empacamos lo poco que pudimos y partimos hacia Egipto».

María se enfrentó a Rut y Débora. «Nunca se nos pasó por la cabeza lo que podría pasar aquí. Estábamos seguros de que, si Herodes venía y no encontraba a Jesús, buscaría en otra parte. Nunca imaginamos que sus soldados harían sufrir al resto del pueblo.

«Cuando nos enteramos de lo ocurrido, nos sentimos tan culpables. Nuestro hijo era el que Herodes quería matar, pero los bebés inocentes de ustedes fueron quienes murieron». María inclinó la cabeza y se secó una lágrima. «Nunca supimos qué decir a nadie. No fue culpa nuestra, y sin embargo esa es la principal razón por la que no hemos regresado a visitar aquí en tanto tiempo».

María se arrodilló a los pies de Rut y Débora. «Sentimos tanto que hayan perdido a sus preciosos bebés. José y yo nos sentimos muy mal por eso durante años. ¿Podrán perdonarnos alguna vez?»

Isaí, Débora, Rut y Salmón miraron a María y a Jesús, y luego se miraron entre sí, con las lágrimas corriendo lentamente por sus mejillas. Las heridas se habían abierto de nuevo con esta nueva parte de la historia. Sin embargo, ¿cómo podían culpar a María y a José? Cualquiera podría haber hecho lo mismo. Sin palabras, extendieron sus brazos hacia María y Jesús, y las profundas heridas de décadas comenzaron a sanar.

Reflexiona

1. ¿Crees que, durante su ministerio, Jesús enseñó o sanó alguna vez a alguien de Belén que había sido parte de aquella trágica noche?
2. ¿Por qué eligió Dios a los magos para visitar a Jesús? Además de bendecir a Jesús, ¿tendría Dios algún propósito para ellos después de que regresaran a su país?
3. ¿Cómo reaccionas ante tragedias que aparentemente Dios podría haber evitado?

Aprende

Algunos han sugerido que los magos procedían de un linaje de sabios y magos descendientes del profeta Daniel de Babilonia, y que pudo ser él quien les dijo que observaran los cielos en busca de señales del nuevo Rey de los judíos. ¿Es posible que los magos hubieran llevado la historia del Evangelio a sus hogares como primeros misioneros, en cierto sentido?

Viñeta 17

Jesús se enfrenta a Caifás

Mateo 28:11-15; Juan 5:31-47; Mateo 26:59-67; Hebreos 7:23-28

De regreso en Jerusalén el miércoles por la mañana, Jesús paseó por las calles y recogió un almuerzo ligero en un lugar que él y los apóstoles habían visitado en la parte baja de la ciudad. Se detuvo para compartir pan con un mendigo en la calle frente a la puerta suroeste del Templo, y luego subió la escalera que conducía a los atrios del Templo, cerca de la Estoa Real. Una vez en los tribunales, subió las escaleras junto a la Cámara de Piedra Labrada, donde se reunía a menudo el Sanedrín.

Cuando Jesús entró en la Cámara, Caifás estaba instruyendo a varios saduceos sobre asuntos del Templo; los hombres pronto salieron de la Cámara. Jesús se acercó por detrás de Caifás, se detuvo y dijo con calma: «Caifás».

Caifás se volvió rápidamente, sobresaltado y algo irritado por el hecho de que alguien se le acercara sin permiso en aquel lugar. Cuando vio a Jesús, se quedó con la boca abierta y la sangre se le desvaneció de la cara.

«Caifás», repitió Jesús, «has pagado a soldados para que difundan el rumor de que robaron mi cuerpo y sigo muerto», dijo sonriendo ligeramente.

Habiendo por fin recobrado su voz, Caifás dijo como balbuceando: «¡Eres un fantasma! ¡Te matamos! ¿Qué clase de truco es este?»

Jesús negó con la cabeza. «Has mentido sobre mí y te negaste a creer en mí durante años. Tu incredulidad ha hecho que muchos tropiecen y me rechacen: Tus sacerdotes, los saduceos, los fariseos...

«Según la Ley, todo asunto debe ser puesto a prueba por el testimonio de dos o tres testigos. Mi Padre se eligió a Sí mismo como testigo, también a Moisés, a las Escrituras, a los profetas, a Juan el Bautista, a mis obras y a mí. Se te presentaron claramente siete testigos que coincidían en su testimonio, ¡y los ignoraste o rechazaste a todos!

«En la farsa de juicio que me hiciste, no pudiste encontrar ningún testigo que dijera la verdad, y los dos que encontraste dieron testimonio falso. Sin embargo, como la voluntad de mi Padre era que pereciera un solo hombre en lugar de la nación, yo mismo decidí testificar ante el Sanedrín que soy el Mesías, el Hijo del Hombre.

«Pediste que el Concilio me condenara por blasfemia. Creías que mentía, que yo no era el Mesías, que podías librarte de mí de una vez por todas. Sin embargo, no era una blasfemia, porque era la verdad. Yo *soy* la Verdad, de pie y con vida ante ti una vez más».

A Caifás le flaquearon las rodillas. Tomó una silla que había a su lado y se dejó caer temblorosamente en ella. Recorrió la habitación con la mirada, buscando a alguien que lo despertara de aquella pesadilla. Sin embargo, no había alivio, y él no tenía respuesta.

«Te preguntaste cómo se rasgó la cortina del Lugar Santísimo. Te digo que fue mi Padre, rasgando la cortina como un hombre rasga su túnica, en lamento. En el mismo momento, mi Padre me ungió como Sumo Sacerdote eterno. A través de mí, todas las naciones pueden ahora entrar en el Lugar Santísimo, en cualquier momento, no sólo un hombre en un solo día cada año.

«Tú y los que vengan después de ti en este rol servirán como asistentes que responden ante el verdadero Sumo Sacerdote. Pronto los enemigos de Jerusalén rodearán la ciudad y la destruirán. Entonces no habrá sumo sacerdote humano que gobierne. Sin embargo, serviré para siempre como Sumo Sacerdote para todos los que elijan venir al Padre a través de mí, porque el Padre me ha transferido toda autoridad.

«Te atreviste a juzgar y matar al Hijo de Dios. En el futuro, el Hijo resucitado te juzgará. Debes decidir si finalmente creerás a los testigos que mi Padre te ha proporcionado. Elige con sabiduría».

Con esta última advertencia, Jesús dio la vuelta y salió de la Cámara.

Reflexiona

1. ¿Cómo crees que el rol y el ministerio de Caifás cambiaron cuando supo que Jesús estaba vivo? ¿Crees que se hizo creyente?
2. ¿Te has puesto alguna vez en posición de juzgar a Jesús, o has malentendido tu relación con él (a propósito, o no)?

Aprende

Estudia un buen mapa del Templo de Herodes y de los tribunales en tiempos de Jesús, incluyendo la Cámara de la Piedra Labrada, donde se reunía el Sanedrín. Esto beneficiará enormemente tu comprensión de las costumbres judías y también te informará sobre cómo leer varias historias bíblicas que tuvieron lugar allí. Leen Ritmeyer tiene un excelente y detallado PowerPoint en inglés titulado «Worship and

Ritual in Herod's Temple» [Culto y ritual en el Templo de Herodes], en su sitio de diseño arqueológico Ritmeyer en este enlace. https://www.ritmeyer.com/product-category/presentations/

Viñeta 18

El «hombre del sueño» visita a Pilato y Procla

Mateo 27:11-26; Juan 18:33-40; Romanos 6:9-10

Pilato se encontraba en sus aposentos de la Fortaleza Antonia. Tras el confuso juicio del pasado viernes, la vida volvía por fin a la normalidad. Estos judíos eran irritantes e impredecibles; no veía la hora de terminar este cargo y ser trasladado a otra ciudad. Cualquier sitio sería mejor que aquí.

La esposa de Pilato, Procla, entró en la sala, llevando una bandeja con higos, nueces, pan y vino. Se había mostrado extrañamente reservada desde el fin de semana, desde que Pilato condenó a muerte al rabí judío. Dejó la bandeja en una mesa cercana sin mirarle.

«¿Todavía sigues pensando en ese prisionero?» dijo él bruscamente. «Yo no tenía elección. Si no lo hubiéramos crucificado, estos judíos se habrían amotinado, y Augusto César no tolera las revueltas. Me temo que los problemas de los dos últimos años ya le han hecho dudar de mí». Y esperó para ver la reacción de ella.

Procla levantó lentamente los ojos para mirarle. «Sé que tienes razón. Sin embargo, he estado preocupada desde el sueño que tuve sobre él. No era como Barrabás, no parecía rebelarse contra Roma».

Apelando a él continuó: «Tú pensabas lo mismo. Si no hubiera sido por los líderes judíos, ¿no lo habrías dejado en libertad?»

«Tal vez», admitió. «Pero ya es demasiado tarde. Está muerto y enterrado. Cuando los días de Pascua terminen esta semana y la mayoría de los judíos se vayan a casa, quizá podamos dejar esto atrás de una vez por todas».

Procla se atrevió a decir: «Por favor, no te enfades, pero... ¿has oído los rumores de los últimos días? Algunos dicen que el rabí volvió a la vida y ha sido visto con sus discípulos».

Pilato resopló y sacudió la cabeza. «Imposible. Sólo son ilusiones de sus discípulos y de gente de mente débil que cree cualquier cosa», y se detuvo al abrirse la puerta.

Procla soltó un grito ahogado. Allí estaba el hombre de su sueño. Lanzó una mirada a Pilato, que también miraba al hombre, helado por la duda y el miedo. ¿Se estaba volviendo loco? ¿Era un fantasma?

«Te saludo, Procla», dijo Jesús. «No temas; has hablado la verdad sobre mí. Pilato, ¿por qué no le creíste?»

Pilato no tenía una respuesta preparada, todavía luchando con la conmoción de ver a este hombre vivo y en buen estado sólo cinco días después de su juicio y muerte. Incluso si por algún milagro Jesús en realidad no hubiera muerto, ciertamente no podría haberse recuperado tan rápidamente de las terribles heridas que le infligieron.

«No soy una amenaza para ninguno de ustedes», les aseguró Jesús, «al menos no en el sentido que suponen. Pilato, cuando te dije que mi reino no es de este mundo, dije la verdad. No pretendo ocupar tu lugar, ni el de Augusto.

«Mi reino es mucho más grande que Roma; mi Padre me ha dado autoridad sobre todo este mundo porque le he honrado y obedecido. De hecho, mi reino se extiende más allá de este mundo hasta los cielos.

«No sólo eso, sino que mi reino nunca terminará. Mucho después de que esta generación y las generaciones futuras hayan vivido y hayan muerto, mi reino seguirá floreciendo, y nadie podrá derrotarlo jamás.

«Ahora que he triunfado sobre el último enemigo —la muerte—, nada ni nadie tiene poder sobre mí, sino que mi Padre me ha dado todo poder.

«Te preocupaba que te responsabilizaran de mi muerte y te lavaste las manos. En efecto, se te considerará responsable de ello; pero no eres el único. En última instancia, mi Padre y yo fuimos quienes previmos y provocamos mi muerte, aunque muchos tomaron parte en ella: Caifás, Herodes, los judíos, tú, tus soldados romanos, incluso la propia humanidad. Todos son responsables de alguna manera.

«Dejaste en libertad a Barrabás, aunque sabías que era culpable, y por eso morí yo en su lugar. Ahora mi Padre y yo te ofrecemos la misma misericordia; aunque seas culpable de pecado, te perdonaremos, porque no sabías lo que hacías.

«Si aceptas esto, te costará caro, porque al unirte a mi reino, tu lealtad será primero hacia mí, antes que al emperador. Perderás tu posición privilegiada, serás ridiculizado y, finalmente, acusado de traición al Imperio. Sin embargo, aunque pierdas la vida, ganarás la vida eterna en mi reino.

«El viernes me preguntaste: '¿Qué es verdad?' Lo que te proclamo es la verdad, porque yo *soy* la Verdad. Si estás del lado de la verdad, me escucharás, y actuarás en consecuencia».

Reflexiona

1. ¿Qué temas crees que se abordaron en esta conversación entre Pilato y Jesús? ¿Podría Pilato haber formado parte

del movimiento de la Iglesia primitiva más tarde en Roma?
2. En los Evangelios, Pilato parece reacio a castigar a Jesús, pero acaba cediendo a la presión de los judíos. ¿Ha habido algún momento en el que la presión de los demás o algún aspecto de la sociedad te haya llevado a realizar acciones de las que luego te hayas arrepentido?

Aprende

El artículo de Wikipedia sobre Poncio Pilato muestra la gran variedad de creencias sobre su vida, su rol en la crucifixión de Jesús y la propia muerte de Pilato, así como las pruebas arqueológicas que le conciernen y las menciones que se han hecho de él en diversos escritos a lo largo de los siglos, cristianos y de otras religiones. Las especulaciones sobre su vida posterior van desde la idea de que se hizo cristiano hasta la de que enloqueció y se suicidó.

Viñeta 19

¿Quiénes son estas personas? (2ª parte)

Hechos 12:12-13; Marcos 14:51; Mateo 27:52-53

Jesús se despertó justo antes del amanecer, después de haber dormido entre los olivos del huerto de Getsemaní. Se detuvo y observó cómo la piedra caliza blanca del Templo comenzaba a brillar resplandeciente bajo el sol de primera hora de la mañana que coronaba el Monte de los Olivos.

Cuando la ciudad cobró vida, Jesús atravesó el Valle de Cedrón y pasó por la puerta oriental a los atrios del Templo, saliendo por la puerta occidental al Valle de Tiropeón. Se dirigió a una casa de la Ciudad Baja y llamó a la puerta. La abrió una joven y Jesús la saludó: «¡Shalom, Rode!»

La joven abrió los ojos muy grandes y se abrazó a él. «¡Rabí! ¡Pasa!», y se volvió hacia el grupo que estaba reunido allí desayunando. Un niño de unos doce años corrió hacia Jesús y lo abrazó. «¡Hola, Marcos!» exclamó Jesús, dedicándole una amplia sonrisa. Notó que el muchacho parecía avergonzado o un poco triste. Jesús se arrodilló y observó con cuidado el rostro del muchacho. «¿Qué pasa?»

El muchacho miró al suelo. «Siento haber huido de ti... allá en el jardín» dijo, levantando tímidamente los ojos hacia el rostro de Jesús.

«Me dio tranquilidad saber que estabas a salvo», respondió Jesús con sencillez, dándole una cálida sonrisa. «No quería perder a ninguno de mis amigos esa noche». Volvió a abrazar al muchacho y se levantó mientras una mujer salía a toda prisa de la parte trasera de la casa y corría directamente a saludar a Jesús, besándole en ambas mejillas. «¡María!», dijo Jesús. «¡Me da gusto volver a verte!»

Luego se volvió y observó al grupo de personas reunidas en el salón y dijo, «Veo que han llegado algunos invitados». María tomó la iniciativa y poniendo una mano sobre el hombro de Jesús, anunció al grupo: «Este es Jesús, el hombre del que les hemos hablado. El pasado viernes por la tarde murió en una cruz romana. Pero el domingo, Dios lo resucitó de entre los muertos, y ese día nosotros lo vimos.

«Es difícil de creer; pero sé que, si hay personas que pueden aceptar la resurrección de Jesús, esos son ustedes, porque ese mismo viernes por la tarde la muerte de Jesús los liberó literalmente de la tumba. Ahora tienen el privilegio de conocer al responsable de su resurrección; él es la Resurrección y la Vida».

El grupo escuchó atentamente a María con rostros solemnes. Cuando terminó, se hizo un silencio reverente, y entonces uno de los hombres mayores dijo: «Señor, te serviremos como tú lo desees». Uno por uno, cada persona del grupo se arrodilló ante él e inclinó la cabeza. Jesús se movía entre ellos, poniendo sus manos en señal de bendición sobre sus cabezas y sus hombros. Luego los reunió a su alrededor formando un círculo.

«Han sido llamados de nuevo a este mundo con un propósito especial. Sé que han estado hablando entre ustedes de sus experiencias durante estos días y de sus vidas anteriores. ¿Qué han podido saber los unos de los otros?» les preguntó con mirada expectante.

Un hombre tomó la iniciativa: «Parece que somos de épocas y

lugares distintos. Mi esposa y yo participamos en la dedicación del Templo con Salomón».

Otros se sumaron con sus respuestas:

«Nosotros estábamos con Samuel el día que Saúl llegó a ser rey».

«Nosotros ayudamos a Ezequías a construir su túnel y el muro alrededor de Jerusalén».

«Vivíamos en Jerusalén después de volver del exilio en Babilonia», dijeron otros.

«Cruzamos el Jordán con Josué y marchamos alrededor de Jericó con él», añadieron unos más.

«Nosotros fuimos parte del remanente fiel, junto con Elías, durante la época de Acab».

«Éramos jóvenes adolescentes que sobrevivimos cuarenta años en el desierto esperando llegar a la Tierra Prometida».

«Nuestra juez fue Débora; ayudamos a derrotar a Sísara», continuaban otros.

«Crecimos en la tierra de Goshen mientras José aún gobernaba Egipto».

«Éramos siervos en la casa de Abraham cuando rescató a Lot; conocimos a Melquisedec en las afueras de Salem».

Jesús asintió. «Entonces, ¿pueden imaginar cuál podría ser su misión?»

Una mujer respondió: «Parece que entre todos nosotros representamos al pueblo de Dios desde los tiempos de Abraham».

«¡Exacto!», afirmó Jesús. «Aunque ninguno de ustedes ha vivido toda la historia, cada uno de ustedes ha sido testigo de acontecimientos claves en la historia de Israel; han recibido las promesas de mi Padre; han oído a los profetas anunciando la venida del Mesías; han visto el poder, el amor inquebrantable y la fidelidad de Dios de múltiples maneras.

«Y ahora me ven a mí, el Mesías, el punto culminante y el centro del plan de Dios. Cada promesa que Dios hizo es un 'Sí' en mí de alguna manera. Por eso los envío ahora juntos como testigos, para que ayuden a la gente a creer en mí.

«Durante este tiempo vivirán con Lázaro, María y Marta; ellos los están esperando. Cada día saldrán de allí para contar su historia. Pueden hablar con Lázaro sobre la misión que tienen aquí, y sobre su estancia en el cielo.

«Y entonces, cuando su misión haya terminado, mi Padre los volverá a llevar consigo, como hizo con Elías».

Reflexiona

1. ¿Con quién hubieran buscado hablar estas personas cuando entraron por primera vez en Jerusalén? ¿Qué más pudieron haber hecho?
2. ¿Creerías hoy en día a alguien con una historia similar? ¿Qué haría falta para convencerte?

Aprende

Lee sobre los distintos periodos históricos representados por estas personas:

- Salomón y la dedicación del templo (1 Reyes 8)
- Saúl ungido (1 Samuel 10:24ss)
- El reinado de Ezequías (2 Crónicas 32:1-5)
- El regreso de los exiliados (Esdras 2:1ss)
- El cruce del Jordán con Josué (Josué 3)
- El fiel remanente con Elías (1 Reyes 19:18)
- Adolescentes en el desierto (Números 14:29ss)
- El ejército de Débora (Jueces 4:14ss)
- La tierra de Gosén (Génesis 4:5ss)

- Los siervos de Abraham (Génesis 14:14-24)

Viñeta 20

Regreso al Gólgota

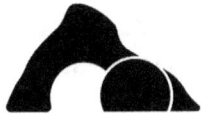

Juan 19:17-30; Salmo 30:3,5; Lucas 2:35; Juan 10:17-18

El viernes, una semana después de su crucifixión, Jesús y su madre salieron del Templo tras las oraciones matutinas y recorrieron el camino que Jesús había seguido hasta la cruz sólo siete días antes. Jesús dijo: «El viernes pasado, esta caminata parecía eterna. Cada centímetro estaba lleno de dolor; la cruz, más pesada con cada paso, me raspaba y me trituraba la espalda; los soldados me azotaban cuando tropezaba y caía; el sudor y la sangre me nublaban la vista; los rostros enfadados y las voces que se burlaban...

«Para mi Padre, era la terrible culminación de su plan desde antes de la creación de este mundo. Tal como yo caminé lentamente hacia el Gólgota, a lo largo de los siglos Él avanzó lenta pero firmemente hacia este momento. El mundo que había creado se burlaba de Él y lo rechazaba a cada paso, causándole dolor y sufrimiento, queriendo deshacerse de Él para poder ir tras otros dioses. Sin embargo, a pesar del dolor y el rechazo, siguió comprometido con su plan.

«Tú y mi segundo padre, José, conocían algo de este dolor desde el día en que hablaron con Ana y Simeón en el Templo. Sin embargo, también creyeron y obedecieron pacientemente, desempeñando su rol en el plan, incluso cuando no entendían cómo se desarrollarían las cosas. Así que mi Padre, tú, José y yo estábamos unidos en este camino hacia la cruz, y ninguno de nosotros dio marcha atrás.

«Durante mi ministerio, cuando la gente me malinterpretaba, me rechazaba y me maltrataba, tú siempre estabas ahí, igual que mi Padre. Cuando fui a mi juicio y los soldados me escupían y me azotaban, tú y mi Padre compartieron mi dolor. Y tú estabas al pie de la cruz, aunque por un tiempo sentí que mi Padre me había abandonado.

«Sé que el dolor regresa al recorrer este camino una vez más», dijo Jesús mirando a María con expresión seria. Pero te prometo que cuando pienses en estos acontecimientos en el futuro, mi Padre te recordará el vínculo único que compartes con Él y te recompensará con la alegría de saber que tu fidelidad ayudó a realizar su plan de traer la salvación al mundo».

Entraron por la puerta de Genat en el extremo occidental de la ciudad. Más adelante se encontraba la vieja cantera de piedra, el campo de ejecución del Gólgota. Las burlas de los sumos sacerdotes parecían resonar: «Que este Mesías, este rey de Israel, baje ahora de la cruz para que podamos ver y creer ...» La cruz todavía estaba en el suelo, pero el Mesías estaba ahora en pie.

Jesús proclamó con voz resonante: «Hoy se cumple esta Escritura: 'Tú, Señor, me libraste de los dominios de la muerte... Porque solo un instante dura tu enojo, pero tu buena voluntad, toda una vida. Si por la noche hay llanto, por la mañana habrá gritos de alegría'. Sonriendo, Jesús dijo: «*Esta* mañana. Y ahora su favor dura para siempre».

Recorrieron el camino desde la cruz hasta la tumba, agacharon la cabeza para entrar y se sentaron, extrañamente reconfortados a pesar de los crudos recuerdos recientes.

María miró la plataforma de piedra. El viernes pasado se había sentido como si esto fuera el final de todo... de la vida, la felicidad, la esperanza. La oscuridad de la tumba envolvía el presente y el futuro.

«Me sentí como... abatida», murmuró en voz baja. «Nada de eso tenía sentido; no parecía posible ni real. Estaba atrapada en una pesadilla sin salida que no hacía más que empeorar. Y yo estaba enfadada. Esos hipócritas... ¡Caifás y los sacerdotes! Y Pilato... sólo se preocupaba por sí mismo liberando a un asesino mientras azotaba y condenaba a mi hijo».

Se le llenaron los ojos de lágrimas, a pesar de que el hijo al que vio morir estaba ahora a su lado, vivo y compasivo, abrazándola. «Y admito que también estaba *enfadada* con Dios. No entendía por qué había pasado todo aquello, cuando los dos habíamos hecho lo que Él quería.

«Uno de los peores momentos fue cuando los soldados se acercaron y te atravesaron el costado con una lanza. ¿Por qué? Ya estabas muerto. Fue como si una espada hubiera atravesado mi alma también; en ese momento recordé lo que había dicho Simeón. Sentí que nunca me podría recuperar de eso».

Sus ojos brillaban de lágrimas, las heridas aún le dolían. Jesús la abrazó más fuerte y le sonrió con ternura. Suspirando, María apoyó la cabeza sobre el hombro de él. Los pájaros cantaban fuera de la tumba y una suave brisa acariciaba el rostro de María, como si quisiera secar sus lágrimas. Una paz profunda y cálida entró en su corazón, y empezó a liberar su enojo y su tristeza al darse cuenta de que su hijo había vuelto de la tumba para siempre.

Desde afuera llegó el sonido de alguien que se acercaba a la tumba. Un hombre entró y dio un salto hacia atrás con un grito de sorpresa al verlos allí, como si pensara que eran fantasmas. En el mismo instante, María y el hombre se reconocieron. Era el centurión que había estado al pie de la cruz. Dando un respiro agudo, los ojos de

María se entrecerraron y sus labios se cerraron en una línea recta. «¿Qué hace *usted* aquí?» exigió saber.

El centurión se veía turbado e inquieto. Tartamudeando, respondió: «Sólo he venido a ver la tumba... Caifás sigue furioso, y Pilato está confundido...» Respiró hondo y volvió a mirar a Jesús, perplejo. «Señor», dijo respetuosamente, «¿realmente es cierto? ¿Estabas...? Bueno, sé que estabas muerto, pero teníamos que comprobarlo».

María emitió un sonido y lo fulminó con la mirada. Al instante, el centurión se avergonzó al darse cuenta de que ella estaba furiosa por aquel acto.

El centurión se apresuró a decir: «Durante los últimos días, algunas personas han afirmado haberte visto, pero nosotros lo dudamos. Yo regresé aquí para tratar de entender lo que ha pasado».

Con una sonrisa paciente, Jesús dijo: «Longino, creo que sabes lo que pasó, ¿verdad? Mi Padre te reveló parte de la verdad el viernes pasado por la tarde. Tú mismo dijiste que yo realmente tenía que ser el Hijo de Dios, y tenías razón».

El centurión lo miró a la cara, mesmerizado. La comprensión empezó a brillar en sus ojos; luego, al darse cuenta de que había contribuido a la muerte del Hijo de Dios, bajó la cabeza, agobiado por la culpa.

Dijo en voz baja: «Aquel día fue tan confuso; nada de aquello fue como otras crucifixiones que yo había ejecutado antes. Por lo general, el preso es claramente culpable; siempre está desesperado, enfadado, llorando. Pero parecías en paz, casi como si fueras tú el que estaba al mando y no Pilato.

«Nada de eso me parecía correcto; la gente burlándose de ti, o los soldados mofándose de ti con el vinagre y luego apostando por tu túnica. Me sentí culpable todo el tiempo; pero soy centurión romano y estaba convencido de que tenía que obedecer».

Jesús dijo: «Aunque Caifás y Pilato me sentenciaron y ustedes me clavaron en la cruz, ninguno de ustedes sabía realmente lo que estaba haciendo. Mi Padre me dio autoridad para entregar mi vida y volver a tomarla. Y yo también obedecí, para dar vida a los demás.

«Lo que todos ustedes hicieron, Satanás lo utilizó para mal, pero Dios lo usó para bien, para salvar muchas vidas. Por eso le pedí a mi Padre en ese momento que los perdonara a todos».

El centurión levantó lentamente los ojos hacia el rostro de Jesús; la sinceridad y la compasión que vio allí lo convencieron y lo quebraron. Se arrodilló ante Jesús y apoyó la frente en el suelo. Extendió la mano y se agarró a los pies de Jesús, con el cuerpo convulsionado por los sollozos. Jesús se arrodilló junto a él y le puso suavemente la mano en el hombro, esperando mientras el Espíritu obraba para sanar el espíritu quebrantado de aquel soldado.

Finalmente, el centurión levantó la cabeza del suelo y se sentó. Volvió a declarar, esta vez con sincera gratitud y convicción: «Verdaderamente, tú *eres* el Hijo de Dios». Jesús lo envolvió en un abrazo.

María observaba, presa de una tormenta de emociones contradictorias. Este hombre había torturado y crucificado a su hijo, causándole también sufrimiento a ella. ¿Cómo podía Jesús perdonarlo con tanta calma? Una parte de ella quería seguir el ejemplo de Jesús, pero los recuerdos seguían siendo demasiado abrumadores.

El centurión se levantó por fin y le dijo a Jesús: «Tengo algo para ti». Abrió la mochila que tenía cerca y rebuscó en su interior mientras Jesús y María esperaban. Entonces sacó algo, se dio la vuelta y se lo presentó a Jesús.

María se acercó para ver qué era y se sobresaltó conteniendo el aliento. Era la túnica de Jesús, la que los soldados le habían robado como premio de una apuesta. Alargó la mano y la tomó tímidamente de las manos de Jesús, observando con tristeza las manchas de sangre que aún tenía. Con la túnica entre las manos, su mente se remontó a una escena ocurrida tres años antes.

Jesús había venido una noche de su pequeña tienda cercana a la casa y se había reunido con ella para cenar y conversar, como cada noche. Él le había dicho: «Debo partir pronto para visitar a mi primo Juan, que está predicando cerca del Jordán. Después volveré a Galilea, pero viviré en Capernaúm y enseñaré en todas las sinagogas de Galilea». Y concluyó suavemente. «Ha llegado la hora... debo ocuparme de los asuntos de mi Padre».

Al día siguiente, María empezó a hacerle esta túnica. Mientras trabajaba, oraba por cada centímetro, invertía amor en cada puntada, pedía al Padre que mantuviera a salvo a su hijo. Jesús había vestido este suave y hermoso recuerdo del amor de su madre durante todo su ministerio enseñando, sanando, caminando, comiendo. Cuando los soldados se lo arrebataron al pie de la cruz, fue otro golpe doloroso.

María se dio cuenta de que Jesús y Longino la observaban. Se enfrentó lentamente al centurión, aun sintiéndose dolida y enfadada. Sin embargo, esta túnica que sostenía en sus manos parecía estar desafiándola a seguir el ejemplo de su hijo. Ella lo miró y él le devolvió la mirada, diciendo suavemente: «Siento de verdad haber hecho daño a su hijo, y a usted. Sé que no lo merezco, pero... ¿podrá perdonarme alguna vez?»

Esperó mientras ella estudiaba su rostro. Jesús le hizo un gesto alentador con la cabeza. María se preguntaba si la había traído hoy aquí en parte para reconciliarse con el centurión. De repente se dio cuenta de que, al igual que el centurión necesitaba el perdón, ella también necesitaba perdonar para poder sanar.

Le dio la túnica a Jesús, dio un paso hacia el centurión y tomó las manos de él entre las suyas. Lo miró directamente a los ojos y le dijo con seguridad: «Te perdono, de corazón». Cuando las palabras salieron de su boca, se dio cuenta con sorpresa de que eran ciertas; de repente se sintió más liviana al desvanecerse gran parte de la tristeza, la ira y la persistente desesperación. El centurión se mordió el labio y los ojos se le llenaron de lágrimas. Sin palabras, se inclinó hacia delante y la abrazó con suavidad. Jesús murmuró: «¡Gracias, Padre!»

Reflexiona

1. Los centuriones del Nuevo Testamento eran notablemente abiertos a Dios: Un temeroso de Dios como Cornelio, el que ayudó a construir la sinagoga de Capernaúm, y aún aquel que trató favorablemente a Pablo en su viaje a Roma. ¿Qué podría haberles ocurrido después de sus encuentros con Dios? ¿Por qué crees que fueron tan receptivos?
2. Perdonar puede ser extremadamente difícil para cualquiera de nosotros. ¿Qué puede estar impidiéndote perdonar a los demás en tu vida?

Aprende

Se han escrito muchos libros de ficción vagamente basados en el texto bíblico sobre el ministerio y la muerte de Jesús. Uno libro interesante en inglés se llama *The Robe* [La túnica], de Lloyd Douglas, que imagina la historia del centurión que crucificó a Jesús, antes y después del suceso.

Viñeta 21

Una nueva visión para Bartimeo

Hechos 8:39; Mateo 11:2-6; Mateo 9:27-31

El lunes por la mañana temprano, Jesús salió de Jerusalén en dirección noreste. Una vez en camino, fue arrebatado por el Espíritu, el cual lo llevó rápidamente a las afueras de la antigua ciudad de Jericó, cerca de un hombre que cuidaba un huerto de higueras frente a una pequeña casa.

«¡Shalom!» Lo saludó Jesús. El hombre se volvió lentamente para devolver el saludo, luego su rostro se iluminó con una sonrisa incrédula, y corrió hacia Jesús para abrazarlo cálidamente.

«¡La primera cara que vi en mi vida!» dijo con alegría desbordante. «¡Bienvenido a mi humilde hogar, Jesús!»

Jesús sonrió al ver los claros ojos marrones de Bartimeo. «Me da gusto volver a verte... ¡y que tú me veas a mí!»

«Entra, entra», instó Bartimeo, y se sentaron ambos a hablar.

«Sólo han pasado dos semanas», dijo Jesús, «pero parece más tiempo. Háblame de lo que ha pasado desde aquel día».

Bartimeo, siempre incontenible, obedeció con entusiasmo. «Fue el día más emocionante de mi vida. Llevaba dos años oyendo hablar de ti y de cómo enseñabas y sanabas a la gente por toda Galilea. Quería ir a verte, pero nadie quería acompañarme. Es peligroso que un ciego viaje solo y fácil que la gente se aproveche de él.

«Así que intenté conformarme con las historias que llegaban aquí a Jericó. Uno de los discípulos de Juan pasó por aquí y se detuvo cerca de mi casa para comer con un amigo. Escuché lo mejor que pude fuera de la puerta, esperando que me invitaran a entrar. Dijo que él y otros discípulos habían ido a visitarte para preguntarte si eras 'el que había de venir'».

Bartimeo sonrió. «Sabía que no podían preguntarte directamente si eras 'el Mesías'; eso podría meter a todos en problemas con los fariseos y los romanos. Y tampoco podías responder directamente.

«Entonces les dijiste: 'Vayan y cuéntenle a Juan lo que están oyendo y viendo: Los ciegos ven, los cojos andan, los que tienen alguna enfermedad en su piel son sanados, los sordos oyen, los muertos resucitan y a los pobres se les anuncian las buenas noticias'. Entonces supimos que querías decir que eras el Mesías».

Bartimeo miró a Jesús con los ojos brillantes. «Lo primero que dijiste fue que sanabas a los ciegos. Y a los dos ciegos de Capernaúm les dijiste que se haría por ellos según su fe, y los sanaste.

«Me pareció una estrategia bastante buena», dijo sonriendo. «Yo estaba convencido de que eras el Hijo de David y el Mesías. Si ellos fueron sanados, ¿por qué no sería sanado yo? Así que, cuando supe que vendrías a Jericó, estaba decidido a encontrarte. Te oí pasar e hice lo mismo que ellos. Y me sanaste a mí también.

«El resto de ese día me abrió los ojos», dijo soltando una risita. «El sol brillante, los colores, ver todo y a todos moviéndose a mi alrededor, conectar sonidos y olores con lo que los producía, conectar voces que había oído toda mi vida con caras de personas... todo era tan abrumador».

Bartimeo continuó: «Quería ir a todo lugar donde tú ibas, oír todo y ver todo. Después de haber sido ciego toda mi vida, había nacido un mundo nuevo para mí. Sin embargo, sentí que incluso estos cambios tan asombrosos eran pequeños comparados con lo que significaría ser tu seguidor.

«Caminé con la multitud desde la antigua Jericó hasta la Jericó romana. Llamaste al hombre que estaba sobre un árbol; cuando habló, reconocí la voz del recaudador de impuestos. Todos nos escandalizamos cuando fuiste a comer con él, en vez de con los líderes religiosos de la sinagoga. Nos preguntábamos qué pasaba dentro de la casa aquella noche, pero ninguno de nosotros fue invitado a entrar.

«Cuando llevabas un rato dentro de la casa, decidí ir a buscar a mi familia y amigos para celebrar. Nunca olvidaré lo que sentí al ver la hermosa sonrisa de mi madre por primera vez, los alegres ojos marrones de mi padre, el largo cabello negro y brillante de mi hermana. Mi madre preparó todos mis platos favoritos, mi padre abrió su mejor jarra de vino, y hablamos, reímos y contamos historias hasta bien entrada la noche».

Jesús escuchó con gran placer la historia del hombre. Una de sus partes favoritas de cualquier milagro era ver luego cómo Dios cambiaba la vida de la gente.

«Al día siguiente, cuando abrí los ojos, recordé al instante los sucesos del día anterior. Me podría haber preguntado si era sólo un sueño, pero podía ver. Sin embargo, mientras desayunaba, de repente me di cuenta de que había perdido mi fuente de ingresos. Ya nadie me iba a dar monedas. Esto no se me había ocurrido antes de ser sanado; ahora me preguntaba qué trabajo podría hacer. No sabía leer; nunca había aprendido un oficio. ¿Quién contrataría a un ex ciego?

«Mientras me preocupaba por esto, oí que llamaban a la puerta. La abrí ¡y allí estaba el recaudador de impuestos, Zaqueo! ¿Qué podría querer? ¡Seguro que no iba a pedirme que empezara a pagar impuestos después de un día! Lo invité a sentarse, nervioso, pensando en lo que diría.

«Pero Zaqueo me dijo: 'Yo estaba más nervioso ayer con Jesús que tú ahora conmigo. ¿Por qué vendría Jesús a mi casa? Este hombre que parecía saberlo todo, probablemente venía a castigarme, a darme un escarmiento, quizá incluso a prohibirme la entrada en la sinagoga para siempre.

'Sin embargo, al ir transcurriendo la comida, Jesús se mostraba sencillamente amable conmigo. Poco a poco me di cuenta de que no estaba allí para castigarme. Quiso compartir una comida conmigo. ¡Me aceptó! Fue asombroso… y liberador.

Así que, en un arrebato de gratitud, me levanté y prometí que daría la mitad de mis posesiones a los pobres, y que si había engañado a alguien, cumpliría la ley y le devolvería cuatro veces más'.

«Entonces Zaqueo me dijo: 'Bartimeo, he oído que Jesús te curó la ceguera aquel mismo día. Me preguntaba qué trabajo podría conseguir un ex ciego. Me pareció que Jesús quería que te ayudara'».

Bartimeo sacudió lentamente la cabeza, maravillado por el recuerdo. «Así que Zaqueo me ofreció trabajo aquel día. Es dueño de los huertos de higueras de este lado de Jericó y arregló todo para que yo aprendiera a cuidarlas. Y ahora tengo un trabajo, además de un nuevo amigo».

Bartimeo sonrió agradecido a Jesús. «Así que podría decirse que a ambos nos llegó la Salvación ese día. Y nuestras vidas cambiaron para siempre».

Reflexiona

1. Durante los cuarenta días de Jesús en la tierra, ¿a quién crees que fue a visitar? ¿Cómo te imaginas esas conversaciones?

2. ¿De qué manera podría haberte sanado Jesús físicamente? ¿Espiritualmente? ¿Has sido utilizado por Jesús para ayudar a sanar a alguien de esta manera?

Aprende

En Lucas 9:42, cuando Jesús le dice a Bartimeo: «Tu fe te ha sanado», la palabra griega para sanar, *sozo,* puede significar tanto <u>sanado</u> como <u>salvado</u>. De hecho, se traduce mucho más a menudo como «salvar» que como «sanar». (Léxico Strong, palabra #4982). Observa con qué frecuencia Jesús presta atención tanto a la sanación física como a la espiritual; a menudo una puede ser un indicador de la otra, o incluso conducir a la otra.

Viñeta 22

Un nuevo comienzo para Zaqueo

Éxodo 22:1; Ezequiel 34:1-16; Lucas 3:7-18

Tras almorzar tranquilamente con Bartimeo y su padre Timeo, Jesús salió de la antigua Jericó para dirigirse al nuevo emplazamiento romano de Jericó, tomando la misma ruta que había utilizado dos semanas antes. Esta vez llegó sin avisar y en silencio; soltó una risita entre dientes mientras caminaba bajo el mismo árbol sicómoro, pensando en aquella inusual visión de un hombre de negocios adulto trepado sobre una rama.

Al acercarse a la puerta de la casa de Zaqueo, a través de una ventana vio a Zaqueo sentado a una mesa trabajando. Entonces Zaqueo miró por la ventana, dio un grito de alegría, desapareció de la vista y abrió de par en par la puerta para recibir a Jesús en su casa.

Zaqueo ofreció a Jesús algo fresco para beber y se sentaron a conversar. Jesús estudió el rostro de Zaqueo, notando nueva felicidad y calma, las cuales habían sustituido la mirada severa y tensa que llevaba cuando se conocieron.

Jesús le preguntó: «Dime, Zaqueo, ¿qué dijeron los otros

recaudadores de impuestos cuando se enteraron de tu plan de regalar la mitad de tu dinero?»

Zaqueo dejó salir una risa triste. «La mayoría pensaba que me había vuelto loco o que estaba enfermo y trataba desesperadamente de hacer una buena obra antes de morir. No lo entendieron en absoluto. Los fariseos y los líderes de la sinagoga se mostraron escépticos; creo que seguían molestos porque viniste a mi casa y no a la de ellos».

Jesús respondió: «Esos hombres son falsos pastores, como algunos dirigentes de la época de Ezequiel. Ignoran a las ovejas que dependen de ellos. Te critican por ser avaro y se creen justos. Pero también se aprovechan de la gente, sin ocuparse de ella. En lugar de buscar a las ovejas perdidas como tú, las condenan y las dejan morir.

«Cuando dije que había venido a buscar y salvar a los perdidos, ellos sabían que estaba citando a Ezequiel. Se enfadaron porque mis comentarios sobre ese pasaje revelaban tres verdades: Que ellos eran como los falsos pastores; que tú eras una oveja amada por Dios; y que yo soy el Hijo de Dios y hago lo que mi Padre ha hecho a lo largo de la historia». Jesús se quedó en silencio por un momento, entristecido por la frecuencia con que los líderes eran ciegos a la verdad e insensibles al corazón de Dios.

Luego volvió a mirar a Zaqueo con una serena esperanza en los ojos. «Pero creo que tú eres diferente a ellos. Por ahora, están confundidos por los cambios que ven en tu vida, pero pronto empezarán a preguntarse por qué has cambiado».

Zaqueo escuchaba con los ojos fijos en el rostro de Jesús. «Me he preguntado cómo me verá ahora la gente; no sé si seguiré en este trabajo. La mayoría de la gente me odia por ello; suponen que los engaño y que trabajo con los romanos. Mucha gente me evita; no me reciben en la sinagoga ni me invitan a cenar». Jesús asintió, reconociendo el dolor, el rechazo y el aislamiento que Zaqueo había sentido durante tanto tiempo.

«A veces pienso que debería encontrar un trabajo en el que otras personas me apreciaran y me respetaran. Sin embargo, también creo que podría hacer un buen trabajo en este puesto. ¿Cómo sería un recaudador de impuestos honrado?» dijo riéndose.

«Cuando Juan el Bautista enseñaba y bautizaba en el desierto cerca del Jordán, otros recaudadores de impuestos y yo salimos a escucharlo. Pensábamos que incitaría al pueblo a rebelarse. En lugar de eso, les decía que mostraran frutos de arrepentimiento. Nos pareció cómico cuando reprendió a los dirigentes, los llamó camada de víboras y los amenazó con someterlos a juicio. A menudo nos habían criticado públicamente; pensamos que era justo que alguien hiciera lo mismo con ellos.

«Entonces algunos de mis amigos recaudadores de impuestos se metieron en el río para ser bautizados por Juan. Le preguntaron qué debían hacer, y él les dijo que no recogieran más de lo que debían. Y entonces Juan me miró. Sabía quién era yo. Lo había visto en Jericó».

Zaqueo hizo una pausa, recordando el momento. «Me sentía incómodo... No me consideraba deshonesto, pero había hecho cosas cuestionables. Ese día volví a mi casa preocupado.

«Entonces, si sigo en este trabajo y lo hago honestamente, mis amigos podrían notar el cambio. Cuando me pregunten, podré contarles lo que hiciste por mí».

Jesús le dedicó una sonrisa de aprobación. «Eso demostraría los frutos del arrepentimiento que Juan mencionó».

Luego Jesús le presentó un desafío. «Cuando Josué llegó a esta ciudad hace mucho tiempo, mi Padre prometió dársela, pero la ciudad debía ser 'dedicada a Dios'. En ese momento, significaba que la ciudad sería destruida, excepto por la familia de Rajab, que se salvaría.

«Muchos siglos después, tu familia se ha salvado. Y ahora, gracias a ti y a tu testimonio, la salvación puede llegar a toda esta ciudad, en lugar de la destrucción».

Reflexiona

1. ¿Quiénes son los «recaudadores de impuestos» en nuestra sociedad, o en nuestras comunidades particulares, en este momento?
2. ¿Los tratamos como lo haría Jesús, o mayormente los aislamos y condenamos? ¿Qué acciones agradables a Jesús podríamos emprender con ellos?

Aprende

En Lucas 19:10, Jesús cita a Zaqueo un pasaje de Ezequiel 34:16. Este es un ejemplo de una forma judía de enseñanza llamada *remez,* una pista o indicio que recuerda el contexto más amplio de un pasaje o situación. Cuando Jesús utilizó esta técnica aquí, dio por sentado que su audiencia conocía el contexto de la cita, y que captarían las tres verdades que estaba implicando, y que probablemente se enfadarían. Esta es una buena razón, cada vez que Jesús cita el Antiguo Testamento, para fijarse en el contexto original de otros significados que podrían estar conectados con el contexto del Nuevo Testamento también. Le debo mucho a Ray Vander Laan por su explicación sobre *remez.* (https://www.thattheworldmayknow.com/remez)

Viñeta 23

Una mujer transformada, un pueblo transformado

Juan 4:1-26; I Pedro 2:4-9; Efesios 2:21-22

A la mañana siguiente, Jesús se movió de prisa en el Espíritu a la aldea de Sicar, llegando poco antes del mediodía. Se dirigió a una casita cercana al pozo de Jacob, llamó a la puerta y exclamó: «¡Raquel! Necesito agua».

La puerta se abrió de par en par. Cuando Raquel vio a Jesús, su rostro se iluminó de alegría y sorpresa, y se arrojó a sus brazos. «Todo el pueblo se enteró de tu muerte. Hicimos *duelo* por ti. Pero luego empezaron los rumores sobre tu regreso a la vida. No sabíamos qué creer. Me alegro mucho de que fuera verdad».

Luego Raquel condujo a Jesús al interior y lo hizo sentar a la mesa. Sonrió al darle la taza, recordando aquella primera conversación en el pozo en cuanto al agua. Leví, el esposo de Raquel, salió de otra habitación de la casa y saludó cálidamente a Jesús.

Entonces Raquel dijo: «Por favor, descansa. Voy a invitar a mis amigos, se alegrarán mucho de volver a verte». Jesús respondió: «Estoy deseando ponerme al día con Leví. Nos vemos en un rato».

Raquel salió corriendo de la casa, llamando a la puerta de las casas cercanas y anunciando las buenas noticias a la gente en la calle. La noticia electrizó la aldea; desde aquel día, casi tres años atrás, la mayoría del pueblo había llegado a creer en Jesús como Mesías. Al igual que Raquel, sus vidas se habían transformado. Muchos habían hecho el viaje hasta Galilea para oír hablar a Jesús, y varios habían sido sanados. Habían regresado a Sicar ansiosos por compartir lo que habían vivido con el asombroso maestro que los trató como hijos amados por Dios, a pesar de ser samaritanos.

La gente salió en tropel de sus casas, llevando comida al hogar de Raquel y saludando a Jesús con alegría. Mientras comían juntos, Él les preguntaba por sus vidas durante los últimos meses, escuchándolos atentamente, animándolos, bromeando con ellos, sonriendo. Luego les habló de su nueva vida en el Reino de Dios y los animó a ir a otras ciudades y pueblos para compartir la buena nueva.

Tras varias horas, los vecinos se marcharon. Jesús miró a Raquel y le preguntó: «¿Quieres dar un paseo conmigo?» Ella aceptó de buena gana y se puso en camino con Jesús por la carretera que conducía al oeste y al sur, hacia el monte Guerizín, a poco más de una milla de distancia. Mientras caminaban, hablaron de todo lo que les había ocurrido desde aquel primer encuentro junto al pozo.

Poco después de que Jesús se hubiera marchado, ella y Leví se habían comprometido para toda la vida y se habían casado en una alegre celebración en el pueblo. Raquel había probado el agua viva y la dulzura de compartir esa agua; había conocido al Mesías prometido desde la antigüedad y había aprendido a imitar su corazón bondadoso en sus relaciones con los demás.

Había iniciado un ministerio para mujeres que se encontraban solteras por diversas razones: Viudas, divorciadas, madres que habían sido abandonadas por sus compañeros antes del matrimonio. Ella les daba esperanza y amor incondicional, los mismos dones que ella había recibido de Jesús. Muchas de esas mujeres habían estado hoy en su casa.

Al llegar al monte Guerizín, subieron hacia la cima, y finalmente se sentaron cerca del lugar donde el Templo Samaritano había sido construido casi quinientos años antes por Sambalat, en tiempos de Esdras y Nehemías. Durante unos instantes disfrutaron del sol y de la vista de Sicar al noreste, y de la ciudad más grande de Siquem al noroeste.

«¿Recuerdas lo que me dijiste sobre este lugar?» preguntó Jesús.

«Sí», respondió Raquel, «te dije que nuestros antepasados adoraban en esta montaña, pero que los judíos adoran en Jerusalén».

Jesús dijo: «Mi Padre ha vivido a menudo en medio de su pueblo, en el tabernáculo o en el Templo. A la gente le gusta tener un lugar físico que visitar, estar en la presencia de Dios, adorar juntos. Hay cierto sosiego en los rituales de sacrificio y las ceremonias de culto.

«Sin embargo, el templo de tus antepasados aquí fue destruido hace unos ciento cincuenta años. Y hace dos semanas les dije a mis discípulos que el Templo de los judíos en Jerusalén también será destruido pronto», dijo Jesús.

Raquel se sobresaltó. «¿Cuándo?»

Jesús respondió: «La hora exacta no es importante. Pero en ese momento ya no quedará ningún templo del Señor en la tierra. La gente no tendrá un lugar donde ir a adorar u ofrecer sacrificios. Gran parte de su culto físico les será arrebatado.

«Por eso les he dicho que los verdaderos adoradores adorarán en espíritu y en verdad. Pronto, en el Templo de Jerusalén, mi Padre iniciará una nueva era en la cual Él vivirá en cada creyente. Incluso después de que ese Templo sea destruido, el Espíritu en ellos les ayudará a ofrecer un culto verdadero y espiritual, sin importar dónde se encuentren.

«No importará el lugar de adoración, ni cuántas personas estén presentes. No se necesitarán animales ni sacerdotes ni edificios. He ofrecido el sacrificio perfecto de una vez y para siempre. Cada creyente será un sacerdote, y yo los edificaré en un Templo espiritual que no podrá ser invadido ni destruido».

Raquel reflexionó sobre lo que Jesús le había dicho, lo cual transformó su percepción de lo que significaba formar parte del pueblo de Dios. Durante tanto tiempo había sido marginada, junto con los demás samaritanos, y ahora era un miembro bienvenido de una familia mundial y eterna.

Jesús le dijo: «Ahora podemos adorar a mi Padre en cualquier lugar, aquí en esta montaña, en Jerusalén... o en cualquier otro sitio».

Ambos inclinaron la cabeza y Jesús oró: «Padre... te alabamos por este privilegio de ser tus hijos, de poder venir a tu presencia dondequiera que estemos. Te damos gracias por la renovación que has provocado en Raquel y Leví, y por las muchas mujeres que han visto tu amor a través de ella.

«Te pido que construyas un Templo espiritual en este lugar, reuniendo a todas las personas que han decidido creer en ti. Usa a Raquel y Leví como tus siervos en esta ciudad. Por los que pronto creerán en toda Samaria, te rogamos que prepares sus corazones para escuchar el mensaje del reino de tus siervos, y que glorifiques tu nombre en este lugar por medio de ellos».

Jesús miró a Raquel. «Dentro de un año, un hombre vendrá de Jerusalén para llevar la buena nueva del reino a toda Samaria. Necesito que tú y Leví le den la bienvenida y participen en su ministerio para seguir dando agua viva, pero esta vez a todo el mundo. ¿Lo harás?»

«Con mucho gusto», respondió ella. «Sería un honor para Leví y para mí». Poniéndose de pie, regresaron a la casa de Raquel por el mismo camino por el que habían venido.

Reflexiona

1. Cuando la epidemia del coronavirus suspendió la asistencia a las iglesias y los ministerios, o cerró las iglesias por completo, tal vez fue en cierto modo similar a

la destrucción del Templo y a la pérdida del lugar de sacrificio y culto para los judíos. ¿Qué crees que permaneció de la vida cristiana durante la pandemia, cuando cesaron tantas actividades?
2. ¿Es posible vivir plenamente la fe cristiana estando aislado de los demás cristianos?

Aprende

El arqueólogo Leen Ritmeyer tiene un artículo informativo sobre el templo samaritano en el monte Guerizín que nos ayuda a entender no sólo Juan 4, sino también la enemistad entre Sambalat y Nehemías en los capítulos 4 y 6 de Nehemías. https://www.ritmeyer.com/2021/01/21/the-jerusalem-temple-on-mount-gerizim/

Viñeta 24

El leproso agradecido

Lucas 17:11-19; Levítico 13; Romanos 12:21

El miércoles por la mañana, Jesús se dirigió a una pequeña ciudad en la frontera entre Samaria y Galilea. Como a una milla de la ciudad, se detuvo cerca de un grupo de casas pequeñas y deterioradas. En ese momento, un hombre salió de una de las viviendas y vio a Jesús. En su rostro se dibujó una amplia sonrisa y corrió a saludar a Jesús.

«¡Natán!» exclamó Jesús. «¿Cómo estás? ¿Qué haces aquí todavía? Pensé que volverías a vivir con tu familia en Sebaste».

«Lo tenía previsto», respondió el hombre. «Después de que me sanaste a mí y a los otros leprosos, fui el único que volvió a esta aldea. Los demás se fueron, unos a Galilea y otros a Judea. Pero con tanta gente aquí que aún padece lepra, no podía irme sin ayudarles.

«Desde hace un mes vivo aquí, pero trabajo en un pueblo cercano. Con lo que gano, puedo proporcionar un poco de comida y medicinas a los que más sufren, sobre todo los niños y los ancianos.

«Lo extraño es que, a pesar de estar todos los días cerca de ellos, no me he enfermado. Es como que no sólo me has sanado, sino que también me has protegido de las enfermedades».

Jesús puso una mano sobre el hombro de Natán: «Bendito seas, Natán. Eres el único al que he sanado que regresó para darme las gracias. Has mostrado el corazón de mi Padre a este pueblo». Con la intención de ahondar aún más, Jesús añadió: «Pero tú has compartido con esta gente algo más que comida y medicinas, ¿no es verdad?»

Asintiendo, Natán respondió: «Todo el mundo se sorprendió cuando volví al pueblo ya sanado. Querían saber qué había pasado, así que se lo conté, y eso hizo que tuvieran aún más ganas de aprender. Todas las noches nos reuníamos junto al fuego cerca de nuestras casas, y yo les contaba historias que había aprendido sobre ti mientras trabajaba en el otro pueblo».

Con sonrisa radiante, Natán añadió: «¡Estarán tan emocionados de verte! ¿Podrías quedarte unos minutos para conocerlos, por favor?»

«Me gustaría mucho», respondió Jesús. Se dirigieron entonces hacia las casas y Natán gritó: «¡Salgan todos afuera! ¡Jesús, de quien les he estado hablando, está aquí!»

Las puertas de las pequeñas casas se abrieron rápidamente y la gente se asomó a ver a Jesús. Querían acercarse a él, pero las advertencias arraigadas de mantenerse alejados de la gente sana les hacían dudar.

Jesús los observó con detenimiento, profundamente conmovido por su sufrimiento: Un niño pequeño sin orejas ni nariz; una anciana con sólo dos dedos en una mano y uno en la otra; la mayoría cubiertos de llagas de diversa índole. El dolor era horrible, pero las cicatrices emocionales de años de rechazo eran aún peores.

Jesús se sentó en un pequeño banco cerca de una de las casas. Sonrió al niño. «Ven aquí», dijo en voz baja, tendiendo una mano al niño. El pequeño se quedó quieto un momento, luego se le dibujó una pequeña sonrisa en la cara y se dirigió directamente hacia Jesús.

Jesús lo tomó en sus brazos y lo abrazó con ternura. Tomó la cabeza del niño entre sus manos, colocándolas donde antes habían estado sus orejas. Le sonrió y luego lo besó suavemente en la frente bendiciéndolo.

La madre del niño estaba cerca, embelesada. Cuando Jesús retiró las manos de su hijo, ella dejó escapar un aliento de asombro. La cabeza del niño estaba completamente sanada: Dos orejas y una nariz perfectas. El niño levantó la mano y se palpó las orejas, luego se puso los dedos en la nariz. Soltó una risita y corrió hacia su madre. «¡Mamá! ¡Otra vez tengo nariz y orejas!»

La gente se agolpó alrededor para verlo con sus propios ojos, exclamando de alegría y sorpresa cuando se dieron cuenta de que no sólo su cabeza estaba sanada, sino todo su cuerpo. Entonces, como si alguien hubiera dado una señal, todos se volvieron para mirar a Jesús.

Jesús se deleitó en la felicidad del niño y de su madre. Vio que una pregunta empezaba a formarse en sus caras. «Si este hombre pudo sanar al niño, ¿podría ser que...?»

Jesús dijo compasivamente: «Sí, ustedes han sufrido más que suficiente. Vengan». Y a uno por uno los tocó, les sonrió, los abrazó... y los sanó a todos.

Abrumados por la alegría y la gratitud, lo invitaron a compartir un sencillo almuerzo. Mientras comían, Jesús les dijo: «¿Comprenden lo que ha pasado hoy, y antes con Natán y los demás? Antes, la ley decía que si alguien impuro tocaba a una persona limpia, entonces esa persona también quedaba impura.

«Mi Padre me ha enviado para purificar y limpiar a todos. La lepra de ustedes no me fue pasada a mí, sino que mi pureza les fue pasada a ustedes y los sanó.

«Así como ahora están sanados físicamente, mi Padre les ofrece también pureza y sanidad espirituales. Antes, los pecados podían dominarlos y destruirlos, y a menudo el pecado era más poderoso que el bien que lo rodeaba. Pero ahora, el bien ha vencido al mal; mi Padre ha hecho posible que todos los pecados sean perdonados y olvidados.

«Les doy a todos ustedes una nueva misión. Cuando regresen a sus familias y pueblos, cuenten a todos lo que el Señor ha hecho por ustedes. Es posible que les cueste creerlo. Es posible que les preocupe volver a recibirlos en casa por miedo a que no estén sanados, pero sí *están* sanados. Y nunca volverán a tener esta terrible enfermedad. Cuando se miren a sí mismos en el futuro, recuerden siempre que lo que mi Padre hizo por fuera, también lo está haciendo por dentro».

Reflexiona

1. En nuestra sociedad o nuestras comunidades, ¿quiénes son las personas que han sido rechazadas y expulsadas?
2. ¿Tienes alguna relación con alguno de estos grupos? ¿Cuál es la forma más amable de invitar o integrar a estos grupos en nuestras comunidades o iglesias?

Aprende

Lee Levítico 13 y Números 5:1-4 para ver algunas de las normas relativas a la impureza y los distintos tipos de enfermedades, y cómo afectaban no sólo la salud física, sino también la expulsión de una persona de la comunidad.

Viñeta 25

Dos viajes al cielo, dos resurrecciones

Lucas 7:11-17; 8:51-56; 16:22; Éxodo 15

Después del almuerzo, Jesús se trasladó en el Espíritu hasta las afueras de la aldea de Naín, donde paseó por las calles hasta una acogedora casa y llamó a la puerta.

Un joven adolescente la abrió y recibió a Jesús con una alegre sonrisa. «Jesús, sabía que vendrías hoy», proclamó el joven.

Jesús sonrió. «¿Cómo lo sabías, Josías?»

«Porque a veces cuando sueño, veo algunas cosas que suceden en el cielo. O veo lo que ocurre en la Tierra, como si estuviera en el cielo. Es como si siguiera conectado desde que estuve allí. En mi sueño, te vi caminando por el sendero hacia nuestra casa. Y ahora estás aquí».

Ana, la madre de Josías, oyó sus voces y vino a saludar a Jesús. «Estoy tan contenta de volver a verte. Josías me contó su sueño, pero no sabía si estabas cerca de aquí».

Jesús la abrazó y los tres se sentaron a hablar. Jesús dijo: «La última vez que estuve en esta casa fue después de encontrarte en el camino, cerca del cementerio».

«¡Ese fue el día más increíble que he vivido!» exclamó Ana.

«Pensé que mi vida se había acabado después de perder a mi esposo, y luego a Josías. Y en dos minutos en el camino lo cambiaste todo. Todos nos quedamos atónitos. Cuando volvimos a casa, invitamos a todo el pueblo a una fiesta, que duró hasta bien entrada la noche».

Jesús preguntó a Ana: «¿Puedo quedarme con ustedes esta tarde? Me gustaría mucho ver cómo han estado los dos desde aquella visita».

«Por supuesto, por favor, cena con nosotros», respondió Ana. «Sabes que siempre eres bienvenido aquí».

En ese momento llamaron a la puerta. Josías se levantó de un salto y abrió la puerta. «¡Rebeca!» exclamó, haciendo pasar al salón a una joven de su edad y a sus padres: Jairo, el jefe de la sinagoga de Capernaúm, y su esposa Fulvia.

Cuando vieron a Jesús, fueron directamente hacia él. Fulvia sonrió. «Ayer Rebeca dijo que soñaba que estarías aquí hoy. Oímos que habías resucitado, pero no sabíamos qué creer. Intentamos convencerla de que tal vez el rumor no era cierto, y que no se hiciera ilusiones. Aunque estuvieras vivo, ¿cómo iba a saber que estarías precisamente aquí?»

Jairo le dio una palmadita a su hija en el hombro. «Pero ella insistió, y me alegro mucho de que hayamos venido».

Jesús se levantó y los abrazó a todos. «Yo también me alegro de que hayan venido, Jairo», dijo. «Rebeca, me da tanto gusto verte bien». Ella le sonrió tímidamente, y entonces Josías tiró de su manga: «Vamos a ver a mis amigos». Y salieron corriendo de la casa, mientras Jesús y los tres padres se acomodaban para ponerse al día.

Jesús les dijo: «Me gustaría saber de sus vidas desde que sus hijos volvieron a la vida».

Ana dijo con tono serio: «Ahora lo veo todo en términos de antes y después... Antes de que resucitaras a Josías, las cosas eran sombrías, inciertas, desesperadas. Sentía que yo no le importaba a nadie. Cuando Josías murió, pensé sinceramente que mi vida también se acabaría pronto. Ya no sentía deseos de vivir.

«Después de que resucitaste a Josías, las cosas mejoraron para nosotros. Uno de los empresarios del pueblo me dio trabajo, y ahora hay familias que nos invitan a cenar con ellos de vez en cuando. Sé que es porque quieren saber más sobre cómo ocurrió todo, pero ahora Josías y yo tenemos más amigos y nos sentimos con esperanzas en cuanto al futuro. Y también quieren saber más de ti, así que con gusto les cuento la historia, y que creo que tú eres el Mesías.

«Mis amigos me preguntaron por qué pensaba que me habías ayudado a mí y no a las familias más importantes de la ciudad que habían perdido hijos. Me sentí tan mal por ellos, pero no tenía respuesta. Sólo sabía que cuando resucitaste a Josías, me demostraste que yo sí te importaba».

Jesús asintió. «Algunos no lo entienden. Otros no lo creen, y algunos sienten envidia o incluso rabia cuando otros resucitan y sus seres queridos no. Es natural sentirse así y preguntarse cómo sería volver a la vida».

Fulvia entonces confesó: «Antes de que resucitaras a Rebeca, Dios parecía distante, insensible... incluso caprichoso. Recuerdo que, a medida que Rebeca se empeoraba, yo seguía orando para que Dios la sanara, pero no parecía que Dios me estuviera escuchando. Desesperada, envié a Jairo a buscarte, Jesús, con la esperanza de que pudieras ayudarnos. Pero de todas maneras nuestra hija murió».

A Fulvia se le quedó la voz en esas palabras, e inclinó un momento la cabeza. Luego continuó: «Yo estaba destruida... y admito que estaba enojada con Dios por no responderme. Entonces entró Jairo contigo y me susurró al oído: 'Jesús dijo que no tuviera miedo, que sólo creyera, y ella se sanaría'.

«No tenía palabras para responderle. Quería creerlo... pero pensaba que la sanación era para los enfermos, no para los muertos. Y luego allí estaba Rebeca de pie, viva, y no podíamos dejar de abrazarla».

Los cuatro se secaron lágrimas de felicidad. Jesús les dijo: «Mi Padre también conoce la tristeza de perder a un hijo y la alegría de recibirlo de nuevo con vida».

Fulvia declaró: «Ahora creo que Dios se preocupa por cada uno de nosotros personalmente y que le importamos. Ahora parece mucho más cercano, más receptivo... Cada día veo más su amor en las pequeñas y grandes cosas».

«Él realmente se preocupa infinitamente por cada uno de ustedes», Jesús les aseguró a todos. Finalmente se volvió hacia Jairo. «¿Y tú, Jairo? ¿Cómo reacciona la gente ahora en Capernaúm?»

«La gente aún no sabe qué creer», respondió Jairo. «Todos hemos oído la noticia de tu muerte. Algunos de los fariseos y maestros más estrictos parecían pensar que Caifás y el Sanedrín tenían razón al sentenciarte. Pero enseñaste y sanaste a tantos aquí, que la mayoría de nosotros sólo estábamos devastados y enfadados. Hace apenas un par de días llegaron los primeros informes sobre tu resurrección. Desde entonces, eres el único tema de conversación en la ciudad».

Jesús les respondió con un brillo en los ojos: «Josías, Rebeca, Lázaro y yo somos de los primeros miembros de una nueva familia. Y hay más. ¿Han oído hablar de los santos que salieron de sus tumbas el día de mi muerte?

«Mi Padre está demostrando lo que sucederá finalmente a todos los que creen en Él. Cada uno de ellos resucitará y vivirá para siempre, incluyendo a ustedes, los tres padres, por supuesto. Pero mientras esperan ese momento, tienen la bendición de tener hijos que ya lo han experimentado y han vislumbrado el cielo en el proceso. Aprovechen este regalo».

La conversación continuó y la tarde pasó rápidamente. Finalmente, al caer la tarde, Fulvia y Ana prepararon la cena. Pronto Josías y Rebeca regresaron a la casa, y los seis se reunieron en torno a la mesa como una sola familia.

Después de dar gracias por la comida, Jesús dijo a los adolescentes: «Sus padres y yo hemos estado hablando de ustedes esta tarde. Les dije que eran afortunados de tener hijos que ya han estado en mi casa». Les sonrió y continuó, «¿Qué es lo que más recuerdan de su estancia en el cielo?»

Los dos reflexionaron un momento, y luego Rebeca respondió:

«Parecía que me estaba quedando dormida, alejándome de mis padres. Entonces vinieron unos ángeles y me llevaron a las puertas de una ciudad luminosa. Dos personas jóvenes y sanas estaban junto a la puerta cuando llegamos; de repente me di cuenta de que eran mis abuelos. Aunque nunca los había visto de jóvenes, los conocía.

«Me tomaron de la mano y caminamos juntos a través de las puertas por una calle que parecía de oro. La gente sonreía y reía; dos niños jugaban con un perrito marrón; un grupo de hombres y mujeres jóvenes se agrupaban en torno a una mujer mayor para escuchar cómo les contaba una historia; el olor a carne y pasteles salía por las ventanas de las calles. Fue increíble. Sentí que estaba en casa, donde pertenecía, y que nunca volvería a tener miedo de nada.

«Entonces se me acercó una mujer sonriente con una pandereta en la mano. Mis abuelos me dijeron: 'Rebeca, queremos que conozcas a Miriam, una cantante famosa de aquí. Sabemos que te encanta la música y el canto. ¿Te gustaría aprender una canción de ella?'

«Era la hermana de Moisés y Aarón. Mis padres me habían contado la historia de nuestro pueblo que salió de Egipto, atravesó el Mar Rojo y fue salvado por Dios. Ahora quería enseñarme la canción que cantaron aquel día mientras celebraban a orillas del Mar Rojo».

Fulvia dijo con orgullo: «Cuando volvió del cielo, también nos enseñó la canción. Así que ahora la cantamos en casa y en la sinagoga; una canción llegada directamente del cielo, una parte viva de la historia de nuestro pueblo».

Jesús asintió. «Mientras mi Padre y yo observábamos ese día, lo celebrábamos con ellos. ¿Nos cantarías la canción, Rebeca?»

Rebeca se sonrojó tímidamente, pero aceptó. Cuando ella empezó, Jesús y sus padres se unieron. Ana y Josías estaban fascinados; estaban escuchando una canción que había sido creada más de mil años antes. Algo que en la sinagoga siempre habían sido sólo palabras en una página, ahora cobraba vida con una melodía y un ritmo.

Cuando terminaron, Jesús sonrió a Josías: «¿Y tú, Josías? ¿Qué recuerdas?»

Josías respondió: «Igual que a Rebeca, un ángel me llevó a una hermosa ciudad. Mi padre se reunió conmigo allí. Yo era tan pequeño cuando él murió que apenas me acordaba de él, pero sabía quién era.

«Mientras recorríamos la ciudad, me enseñó los edificios, los parques y un río que fluía por el centro con árboles frutales a ambos lados. Mi padre me presentó a sus amigos y a otras personas que había conocido en el cielo.

«Entonces empezó a contarme historias sobre Naín: El momento en que él y mi madre se enteraron de que estaba encinta, el día en que nací, los primeros meses de mi vida, cuando jugaba conmigo y cuando me enseñó a caminar; luego esos últimos días en que estuvo enfermo y murió. Me dijo que lo peor era que no quería dejarnos ni a mí ni a mi madre. Habría hecho cualquier cosa por quedarse». A Josías se le llenaron los ojos de lágrimas.

«Finalmente llegamos a cierta casa de la ciudad y mi padre llamó a la puerta. Me dijo con un brillo en los ojos: 'Quería que conocieras a alguien especial; no lo conoces, pero estás relacionado con él'. Me preguntaba cómo era posible, cuando se abrió la puerta y mi padre y él se abrazaron como viejos amigos. Mi padre me dijo: 'Josías, quiero que conozcas a la persona por la que te puse ese nombre: Josías. Has estudiado nuestra historia, ¿quién puede ser?'»

A Josías le brillaron los ojos. «Era el rey Josías. Mi padre me había puesto su nombre, porque la Palabra dice: 'Ni antes ni después de Josías hubo un rey que, como él, se volviera al Señor de todo corazón, con toda al alma y con todas sus fuerzas, siguiendo en todo la Ley de Moisés'. Mi padre también quería que yo viviera así, y ahora yo lo estaba conociendo en persona.

«Me contó historias sobre cómo se convirtió en rey a los ocho años, cómo encontró la ley, cómo intentaron obedecer todo lo que Dios quería que hicieran. También me animó a seguir a Dios con todo mi corazón.

«Cuando salimos de la casa y caminábamos de nuevo por la ciudad, oí una voz a lo lejos: 'Joven, te digo que te levantes'. Sabía que tenía que obedecer a la voz y abandonar la ciudad.

«Mi padre también oyó la voz y dijo: 'El maestro Jesús te llama, así que debes ir'. Pero entonces me puso las manos en los hombros y, con una lágrima en los ojos, me dijo: 'Y cuando vuelvas, dile a tu madre que la amo y que la echo de menos. Estoy deseando verla aquí algún día'.

«Cuando regresé, en lugar de estar en mi casa, yacía en un féretro en medio de una carretera. Un hombre estaba junto al féretro, sonriéndome. La gente del pueblo se agolpaba alrededor, mirando con asombro. Entonces el hombre repitió: 'Levántate'. Me levanté y oí un grito ahogado detrás de mí. Giré para ver la cara de mi madre. Estaba conmocionada. No lo podía creer... pero estaba *tan* contenta». Josías le sonrió a su madre. «Nunca olvidaré su cara y cómo me envolvió en sus brazos y lloró».

Ana lloraba de nuevo, pero con lágrimas de alegría, recordando aquel momento asombroso, y también el recuerdo del amor y la preocupación de su esposo por ella.

Jesús les dijo a todos: «Ustedes son bienaventurados. Aunque han pasado por penas que muchas familias no pasan, también han recibido bendiciones que ellos no tienen. Como Josías y Rebeca han estado en el cielo y han regresado, saben con certeza lo que les espera cuando mueran. Sus vecinos, sus amigos, la gente del pueblo, todos saben por lo que han pasado las familias de ustedes. Sigan siendo mis testigos ante todos, no sólo en Naín, sino también en las demás ciudades de Galilea».

Reflexiona

1. ¿Cómo sería tener en tu familia a alguien que hubiera muerto, hubiera ido al cielo y luego hubiera vuelto a vivir

en tu casa? (quizás como en el libro o la película «¡El cielo es real!»). ¿Qué les preguntarías? ¿Cómo cambiaría eso tu actitud respecto al cielo?
2. ¿Cuánto piensas en el cielo? ¿Cómo puede ayudarte a vivir mejor en la tierra pensar en el cielo?

Aprende

Recomiendo la serie de *Crónicas A.D.* de Bodie Thoene. El séptimo libro, *Séptimo día,* narra la historia de la viuda de Naín y su hijo, y de la hija de Jairo. Una escena fascinante muestra a las dos familias reunidas para cenar, y de repente, los padres se dan cuenta de que sus hijos están cantando una canción que los padres no conocen. Preguntan a los niños qué canción es, y los niños responden que es una que aprendieron cuando estuvieron brevemente en el cielo.

Viñeta 26

Confesiones durante el desayuno

Juan 21; Lucas 5:1-11; Marcos 14:51-52

Los discípulos llegaron de Jerusalén a última hora de la tarde del jueves, unos doce días después de que el ángel los enviara a Galilea. Siete de ellos habían salido a pescar al mar de Galilea para dar de comer al grupo de viajeros. Había sido un viaje agotador, seguido de una larga noche. Para empeorar las cosas, no tenían nada que mostrar como evidencia de todo su trabajo. Su lugar de pesca favorito, a unos cien metros de los cálidos manantiales de la orilla occidental al sur de Capernaúm, no había dado ni un solo pez.

Cuando el cielo se aclaró por el este, recogieron las redes por última vez antes de dirigirse a la orilla y descansar. Justo entonces, un movimiento en la orilla llamó la atención de Andrés. En la oscuridad previa al amanecer pensó que era una persona, pero no pudo distinguir de quién se trataba.

Un hombre los llamó: «Amigos, ¿han pescado algo?» Su tono era ligeramente cómico. Los agotados pescadores le contestaron brevemente, con un leve tono de aspereza en la voz: «No».

Nuevamente con ese tono suave e irritante, el hombre insistió: «¿Por qué no intentan lanzar la red por el lado derecho del barco?» Para satisfacer al hombre, o quizá para demostrarle que estaba equivocado, echaron la red una vez más.

La red desapareció rápidamente bajo la superficie y el barco se inclinó con fuerza hacia la derecha. El agua espumaba a su alrededor y las burbujas surgían desde abajo. Los hombres agarraron rápidamente los bordes de la red y empezaron a recogerla, pero no pudieron meterla toda en el bote. Gritándose unos a otros, dieron la vuelta a la embarcación y empezaron a remolcar la red hacia la orilla.

«¡Debe de ser una pesca enorme!» se maravilló Santiago, mirando a Juan. Curiosamente, Juan ni siquiera miraba la red o el agua, sino al hombre de la orilla. Entonces Juan se volvió hacia Pedro y le dijo en voz baja, pero con urgencia: «Pedro, es el Señor».

Pedro miró a Juan y luego al hombre en tierra. De repente, todo cayó en su lugar: Esto ya había ocurrido antes. Aquella vez había suplicado al Señor que se alejara de él. Pero esta vez no podía esperar ni un segundo más para estar con él.

Se echó la capa y saltó al agua. Durante el largo viaje desde Jerusalén, se había preguntado cuándo volvería a ver a Jesús y qué le diría. Su impaciencia lo condujo por el agua. Finalmente llegó tambaleándose a la orilla y a los brazos extendidos de Jesús. «Bienvenido, Pedro», le dijo. Luego observaron cómo el barco se encallaba lentamente sobre la playa rocosa.

Al bajar de la barca, los discípulos se sentaron cansados en las rocas alrededor del fuego. Sabiendo lo cansados y hambrientos que estaban, Jesús les había preparado el desayuno. Le dijo a Pedro: «Trae un poco del pescado que acabas de pescar». Pedro se metió en el agua y sacó varios peces del montón, maravillado de que la red ni siquiera se hubiera rasgado.

«Así que nos encontramos una vez más en Galilea», comentó Jesús. Dando gracias a su Padre, les pasó la comida, la cual ellos aceptaron con un toque de asombro en los ojos. ¿Estaban realmente compartiendo una comida con Jesús junto al mar? Sabían que era verdad, pero algunos se preguntaban si era un sueño del que despertarían, sumidos de nuevo en un mundo en el que Jesús seguía muerto.

Por fin, satisfecho el hambre, Pedro le dijo a Jesús: «Estábamos hablando entre nosotros en el camino a casa desde Jerusalén», y añadió con una sonrisa de pesar: «Y esta vez no se trataba de quién de nosotros era el más grande... Nada de eso.

«Acordamos que la próxima vez que te viéramos, te rogaríamos que nos perdonaras por abandonarte aquella noche». A Pedro le temblaron los labios y bajó la mirada un momento. «Y mis acciones fueron aún peores... te negué tres veces. Sé que me has perdonado, pero eso me ha atormentado cada día desde entonces».

Tomás se aventuró a decir: «Durante horas nos preguntamos qué había pasado contigo y con Anás, Caifás, Pilato y Herodes. Después de huir del huerto hacia la ciudad, nos detuvimos por fin y fuimos al barrio de Caifás. Queríamos ver qué noticias nos daba la gente que entraba y salía».

Natanael dijo: «Teníamos miedo de acercarnos demasiado a la casa de Caifás. Los soldados casi nos habían arrestado una vez esa noche. Seguimos a la multitud desde allí hasta la Fortaleza donde estaba Pilato, luego al Palacio de Herodes y después de vuelta a la Fortaleza. Te vimos desde lejos, pero ni siquiera tuvimos el valor de preguntar qué pasaba».

Santiago añadió: «De repente, la multitud lanzó un rugido sanguinario y empezó a salir del patio de la Fortaleza, viniendo directamente hacia nosotros. Nos entró el pánico y corrimos como cobardes de vuelta a casa».

Andrés continuó diciendo: «Cuando Juan volvió a casa el sábado por la mañana, nos contó cómo te torturaron y crucificaron, cómo sufriste durante horas en la cruz. Todo lo que habías predicho semanas antes había sucedido. No sólo éramos ignorantes en ese momento, sino que tampoco estuvimos contigo esa noche cuando más nos necesitabas».

Santiago concluyó: «Sabíamos que deberíamos habernos

quedado para ayudarte de alguna manera... pero seguimos corriendo». Los demás asintieron, con lágrimas en los ojos y el remordimiento patente en sus rostros.

Jesús miró lentamente alrededor del círculo, fijando los ojos en cada hombre, sintiendo su vergüenza, viendo las preguntas tácitas en sus mentes: ¿Volvería a confiar en ellos? ¿Serían perdonados, pero ya no formarían parte de su misión? La ansiedad de los últimos días pesaba sobre ellos mientras esperaban su respuesta.

«Todos ustedes siguen siendo mis hermanos y mis discípulos; los sigo amando», les aseguró Jesús. «Son muy preciados para mí». Todos exhalaron al unísono, aliviados... y perdonados.

«Aunque es cierto que me sentí solo cuando se fueron aquella noche, me alegré cuando los soldados dejaron que ustedes se fueran, tal como les pedí. Mi Padre y yo los íbamos a necesitar después de mi resurrección; así, pues, no fueron arrestados. Ahora ya están listos para servir».

Lo miraron con seriedad, habiendo recibido nuevas esperanzas y un nuevo propósito.

«Pero díganme», dijo Jesús con una sonrisa, «después de aquella noche en el huerto, ¿recuperó Marcos su ropa?» Tomados por sorpresa, se le quedaron mirando un momento y luego se echaron a reír.

Poniéndose serio de nuevo, Jesús les dijo: «Les hablaré más de aquella noche en los días venideros, ya sea a todos juntos o en privado». Varios de ellos se inquietaron al escuchar esto. «Pero tenemos mucho que hacer en estos pocos días juntos. Debo hablarles más del nuevo Reino de mi Padre, que ahora es también de ustedes. Antes no estaban preparados para oírlo; ahora serán mis embajadores, y deben aprender qué decir y hacer al compartir el Reino.

«Vengan; han tenido un largo viaje, y deben descansar antes del Shabbat. Recojan los peces y síganme».

Santiago apagó el fuego, mientras otros cargaban el pescado en cestas en la barca, contando a medida que avanzaban. «Un nuevo récord», dijo Natanael. «Ciento cincuenta y tres peces debe bastar para alimentar a nuestro grupo durante varios días».

Jesús se llevó a Pedro a un lado, lejos de los demás, lo miró inquisitivamente y le preguntó: «Pedro, ¿me amas más que éstos?»

Pedro estaba confundido ante la pregunta. «Sí, Señor... tú sabes que te amo».

Jesús asintió y dijo con un aire misterioso: «Apacienta mis corderos». Sin saber qué decir, Pedro permaneció en silencio.

De nuevo Jesús le dijo: «Pedro, ¿me amas?» Él respondió: «Sí, Señor, tú sabes que te amo».

Jesús respondió: «Entonces cuida de mis ovejas».

Desconcertado por la extraña conversación, Pedro seguía sin decir nada, intentando comprender.

Por tercera vez Jesús le dijo: «Pedro... ¿me *amas*? Preguntándose aún qué quería preguntarle Jesús en realidad, y sintiéndose algo lastimado, Pedro respondió: «Señor, tú lo sabes todo; tú sabes que te amo».

Y Jesús volvió a decir: «Apacienta mis ovejas». Pedro lanzó a Jesús una mirada inquisitiva y se encogió ligeramente de hombros.

Jesús continuó: «Cuando eras más joven te vestías tú mismo e ibas adonde querías. Pero te aseguro que cuando seas viejo, extenderás las manos y otro te vestirá y te llevará adonde no quieras ir...»

¿Qué querrá decir Jesús? Cuestionando su amor, pero restaurando a Pedro y afirmando que estaba llamado a cuidar de los seguidores de Jesús, y luego hablando del futuro. ¿Estaba Jesús tratando de decirle que podría ser arrestado? ¿O incluso cómo podría morir? Pedro estaba irremediablemente desconcertado.

Al darse cuenta de ello, Jesús habló con más sencillez para transmitir el núcleo de su mensaje. «Pedro, sin importar qué más suceda, tú sígueme». Y con esto, Jesús reafirmó aquella primera llamada de tres años antes, restaurando el rol de Pedro entre los otros discípulos.

Permanecieron juntos un momento en silencio, observando a los demás discípulos mientras se aseaban. Pedro vio acercarse a Juan. Queriendo ver qué podía responder Jesús, Pedro preguntó: «Señor, ¿y este qué?»

Jesús sonrió enigmáticamente, sacudió la cabeza y se limitó a responder: «Si quiero que él permanezca vivo hasta que yo vuelva... ¿a ti qué? Tú debes seguirme».

Cavilando, Pedro siguió a Jesús mientras conducía al grupo alejándose de la orilla hacia la montaña para reunirse con los otros discípulos.

Reflexiona

1. Es la tercera vez que los discípulos ven a Jesús después de su resurrección. ¿Qué preguntas le habrías hecho a Jesús en el desayuno de aquella mañana?
2. Después de que una persona ha pecado y ha sido perdonada, ¿qué acciones o actitudes le ayudan a seguir adelante y a continuar creciendo, a pesar de haber fallado, como Pedro?

Aprende

Bargil Pixner tiene excelentes mapas e información sobre el Mar de Galilea en tiempos de Jesús, en particular esta sección de la orilla cerca de Capernaúm y Tabgha. Dado que Pixner vivió en esa zona varios años, el libro posee conocimientos de valor incalculable sobre el trasfondo geográfico del ministerio de Jesús en Galilea.

Pixner, B (1992). *With Jesus through Galilee, According to the Fifth*

Gospel [Con Jesús por Galilea, según el quinto Evangelio]. Corazin Publishing.

Viñeta 27

Día de testimonios

Salmo 146:7-9; Isaías 35:5-10; Mateo 7:14; 11:12; Lucas 14:28-33

El sábado por la mañana ya se había corrido la voz de que Jesús había vuelto a Capernaúm, y la sinagoga estaba repleta de gente mucho antes de que comenzara el servicio. Jesús y sus discípulos llegaron en medio de un murmullo de anticipación; todas las miradas los seguían mientras Jairo los conducía a los asientos de honor.

Jairo decidió interrumpir el orden normal de lectura de la Torá en la sinagoga para esta ocasión fuera de lo normal. Tras las habituales bendiciones iniciales y el Shemá, invitó a Jesús: «Rabí, Señor, por favor, háblanos».

Jesús se levantó y pidió unos pergaminos al encargado de la sinagoga. Todo el pueblo se puso de pie en señal de respeto y a la espera de la lectura de la Palabra.

Desenrollando el primer pergamino, Jesús comenzó a leer: «*El Señor hace justicia a los oprimidos, da de comer a los hambrientos y pone en libertad a los cautivos. El Señor da vista a los ciegos, el Señor levanta a los agobiados, el Señor ama a los justos. El Señor protege al extranjero y sostiene al huérfano y a la viuda, pero frustra los planes de los malvados».*[1]

La asamblea asintió con la cabeza ante este salmo conocido. Luego Jesús tomó el segundo rollo y continuó: *«Se abrirán entonces los ojos de los ciegos y se destaparán los oídos de los sordos; saltará el cojo como un ciervo, y gritará de alegría la lengua del mudo».*[2]

Jesús pidió al asistente que sostuviera el rollo y luego indicó a la gente que se sentara. Su mirada se movía lentamente desde los más cercanos a él hasta los que estaban sentados a los lados, y luego hacia arriba, a las mujeres y niños que desbordaban el balcón. La muchedumbre se quedó totalmente inmóvil esperando a que Jesús comentara algo. Cada persona sintió como si Jesús estuviera mirando más allá de sus rostros hacia el interior de sus propias almas.

Jesús comenzó: «Durante los últimos tres años, han visto cómo cada una de estas escrituras se cumplían ante sus propios ojos, o han escuchado historias de sus amigos. Algunos creyeron y me siguieron». Muchos asintieron al recordar los asombrosos milagros.

«Algunos de ustedes no quisieron aceptar señales que eran más numerosas y convincentes que las que se vieron en Sodoma, Tiro, Sidón y Nínive». Algunos de los fariseos y maestros de la ley se removieron en sus asientos y apartaron la mirada de Jesús.

Jesús dijo suavemente: «Les ruego que abran sus corazones y crean. Si no lo hacen, corren el riesgo de un castigo peor que el de la gente de esas ciudades». La multitud escuchó esta advertencia con la respiración contenida; sus ojos iban y venían entre Jesús y los rostros huraños de los líderes. Jesús estudió seriamente a cada uno de los hombres, con tristeza más que con enojo.

Luego respiró hondo, sonrió y dijo: «Andrés, ¿podrías traerme a tu amigo, por favor?» La gente murmuraba y estiraba el cuello para ver quién era el que se acercaba.

Jesús se arrodilló mientras Andrés conducía a un niño hacia él.

---

1. Salmo 146:7-9 (NVI)
2. Isaías 35:5 (NVI)

Jesús sonrió complacido y abrazó al pequeño. Con el brazo todavía alrededor del niño, Jesús le dio pie para que hablara: «Daniel, cuéntales lo que me diste». Con los ojos grandes, ligeramente abrumado por la gente, el niño exclamó: «¡Te di nuestro *almuerzo*!» La gente se echó a reír, al igual que Jesús.

Entonces Jesús dijo: «Algunos de ustedes estaban allí el día en que Daniel y sus hermanos me dieron sus cinco panes y dos peces. Y al hacer esto, ayudaron a cumplir el Salmo que dice que mi Padre da de comer a los hambrientos».

Jesús miró a la madre de Daniel, que estaba orgullosa y a la vez sonrojada mientras sonreía a Daniel y a Jesús, secándose una lágrima del ojo. Sus hijos habían cumplido un Salmo. El pensamiento era abrumador. Jesús se puso en pie mientras Andrés llevaba al niño con su madre.

Jesús señaló a otra mujer sentada en el balcón. «¡Rut! Me alegro de que estés de nuevo con nosotros. ¿Qué hizo mi Padre por ti?» Nerviosa, pero decidida, Rut respondió: «Me sanó cuando toqué el borde de tu manto, porque yo creí que tú eras el Mesías».

Mirándola, Jairo recordó aquel momento. Había estado a un metro de ella cuando fue sanada. En aquel momento pensó que el retraso causado por su sanación le había costado la vida a su hija. Sin embargo, no había sido así; una vez más se sintió invadido por una profunda gratitud al recordar que había recuperado a su hija de la muerte.

«Tu fe te ha sanado», le dijo Jesús a la mujer. «El Señor te levantó cuando estabas postrada».

La mirada de Jesús se dirigió a la entrada de la sinagoga. Al otro lado de la puerta, mirando hacia dentro, vio a su amigo el centurión romano y a su criado. «Nuestro amigo de gran fe», proclamó Jesús. «Marco, ¿cómo está tu siervo?»

El centurión puso una mano en el hombro del joven. «Gracias a ti, está completamente bien y no se ha vuelto a enfermar». La gente se maravilló al ver al joven sano. Marco continuó: «Eres verdaderamente el Mesías. Teo y yo te serviremos como quieras mientras vivamos».

Jesús le sonrió. «Y así el Señor vela también por los extranjeros, y los ama».

Durante los minutos siguientes, Jesús llamó a dos ciegos a quienes había devuelto la vista, a un endemoniado que también había sido mudo, y al paralítico cuyos amigos lo habían llevado a Jesús. Cada uno de ellos dio un breve y sincero testimonio de cómo Jesús había transformado sus vidas.

La sala se calmó mientras la gente reflexionaba sobre los testimonios. Entonces todos fijaron su atención en Jesús, quien continuó: «La ley exige dos o tres testigos para que algo quede establecido. Acaban de escuchar a ocho personas dar testimonio de lo que mi Padre ha hecho a través de mí. Durante los últimos tres años, han visto con sus propios ojos cómo estas profecías mesiánicas cobraban vida y se cumplían. Muchos más podrían testificar también».

La gente asimilaba sus palabras; muchos estaban convencidos, mientras que otros aún parecían inseguros. Jesús escudriñaba sus corazones. Luego volvió a tomar el rollo de Isaías de manos del asistente.

La gente se puso de pie mientras Jesús leía: «*Porque brotarán aguas en el desierto y torrentes en el sequedal ... Habrá allí una calzada que será llamada Camino de Santidad.*

No viajarán por ella los impuros ni transitarán por ella los necios; será solo para los que siguen en ese camino. No habrá allí ningún león, ni bestia feroz que por él pase; ¡allí no se les encontrará! ¡Por allí pasarán solamente los redimidos! Volverán los rescatados del Señor y entrarán en Sión con cantos de júbilo; su corona será el gozo eterno. Se llenarán de regocijo y alegría, y se apartarán de ellos el dolor y los quejidos».[3]

El asistente devolvió el rollo al armario de la Torá. Jesús se sentó en la cátedra de Moisés y les explicó: «Hace tres años que les hablo

---

3. Isaías 35:6; 35:8-10 (NVI)

de este Camino. Es el camino estrecho que conduce al reino de los cielos, pero pasa por el desierto. Está repleto de bendiciones y gozo; pero también puede ser peligroso. La gente violenta puede atacarlos y perseguirlos si forman parte de mi reino. Pero al final del Camino, entrarán en Sión con cantos, alegría y gozo. Y huirán la tristeza y la añoranza.

«Estaré con ustedes poco tiempo. Mi Padre y yo anhelamos que cada uno de ustedes forme parte de nuestro reino». Sus ojos suplicaban. «Es para cada uno de ustedes, sin excepción. Durante los próximos días, mediten en sus corazones lo que significaría para ustedes seguirme. Les costará todo; pero a cambio, recibirán todo lo que mi Padre y yo tenemos para ustedes».

Levantó las manos e invocó a su Padre para que bendijera a cada uno, luego los despidió. Pensativos y serios, salieron en silencio y regresaron a sus hogares.

Reflexiona

1. ¿Qué crees que impedía a la gente de Capernaúm, Betsaida, Corazín y otros lugares creer y seguir a Jesús? ¿Qué más se podría hacer para convencerles?
2. Si dieras tu testimonio como estas ocho personas, ¿qué historia contarías?

Aprende

Estudia los pasajes de fondo de estos testimonios: El niño que ofreció los panes y los peces en Juan 6:8, la mujer con flujo de sangre en Lucas 8:43ss, el centurión romano y su siervo en Lucas 7:1-10, los dos ciegos en Mateo 9:27ss, el hombre endemoniado y mudo en Mateo 9:32ss, el paralítico en Lucas 5:15ss, dos o más testigos en Deuteronomio 19:15.

Viñeta 28

Cena en casa de Mateo

Mateo 9:10-13; 17:27; 8:11; Hechos 4:34-35; Juan 21:25

Todas las lámparas estaban encendidas en casa de Mateo aquel sábado por la tarde. Una joven se sentó en la puerta y tocaba una alegre melodía con su flauta. Afuera, los niños corrían por toda la casa, riéndose y gritándose unos a otros.

Adentro, una llamativa mezcla de personas conversaba con rostros animados y gestos enérgicos: Algunas de las mujeres que habían acompañado a Jesús durante su ministerio en Galilea; uno de los colegas recaudadores de impuestos de Mateo que conoció a Jesús cuando Pedro le pagó con una moneda que aún olía a pescado; Jael, una joven que había escuchado por primera vez a Jesús cuando contó la historia del hijo pródigo; los once discípulos; María Magdalena; María, la madre de Jesús; Rut, que había sido curada por Jesús y dio testimonio aquel día en la sinagoga; el centurión Marco y su criado Teo, y otros. Se sentía como una gran reunión familiar revoltosa.

Pronto Mateo llamó a todos a comer. Los adultos se reunieron en torno a las mesas en el centro de la sala, mientras los niños se sentaban en grupos cerca de las paredes. Mateo les dijo a todos:

«Bienvenidos a mi casa! Nos honran con su presencia. En especial, estamos contentos de volver a tener a Jesús con nosotros».

Con una sonrisa, continuó: «Recuerdo la primera vez que algunos de nosotros comimos aquí juntos. No a todos les cayó bien eso, pero nos da gusto de que estén todos aquí». Levantando las manos y mirando al cielo, Mateo dio gracias a Dios por cada persona y por la bendición de compartir una comida juntos.

Ana, la suegra de Pedro, supervisaba a los que servían la comida. Mientras la gente se acomodaba en torno a las mesas, Jesús hizo señas a una joven. «Jael, ven a sentarte conmigo esta noche». Jael parecía sorprendida y un poco tímida, pero vino y se sentó a la derecha de Jesús.

Mientras comían, Jesús le preguntó en voz baja cómo había estado los últimos meses. Ella le contestó, pero sus palabras eran vacilantes y su modo algo inseguro. Poniéndole la mano en el hombro, Jesús le preguntó amablemente: «¿Qué te pasa, Jael? Dime lo que estás pensando». Al principio los ojos de la joven permanecieron fijos en su plato, pero luego, lentamente, levantó la vista hacia Jesús. La comprensión de Jesús la instó a hablar.

«Es que... tú sabes quién soy y lo que he hecho. Los fariseos te han preguntado por qué acogías a los pecadores y comías con ellos. Me miraban a mí cuando decían 'pecadores'. Ellos también saben lo que he hecho. Decían que ni siquiera deberían permitirme entrar en la sinagoga».

La punzada de aquel rechazo y la idea de que pudiera ser justificado pesaban sobre ella. Se armó de valor y reveló el anhelo más profundo de su corazón. «¿De verdad pertenezco a este lugar? ¿Es posible que tú... o cualquier otra persona... me ame de verdad y me perdone?» Se le llenaron los ojos de lágrimas y bajó la mirada, sintiendo vergüenza por dentro al recordar cómo habían respondido los demás, con o sin palabras.

Jesús la tomó con más fuerza por el hombro y le dijo suavemente: «Jael... mírame». Renuentemente se volvió hacia él.

«Permíteme contarte una historia que mucha gente no recuerda. Unas cuantas generaciones atrás, uno de mis antepasados era una mujer llamada Rajab. Era prostituta y no israelita. Sin embargo, cuando los espías israelitas fueron a inspeccionar la ciudad de Jericó, fue Rajab quien les ofreció hospitalidad y protección, salvándoles así la vida. En la batalla que siguió, ella y su familia fueron protegidos y pasaron a formar parte de la nación israelita.

«Te preocupa no pertenecer a esta familia... pero eres una parte importante de ella, tal como Rajab». Jesús esperó a que ella volviera a mirarle a los ojos. «Así como Rajab bendijo a su familia y a Israel, tú harás lo mismo por tu nueva familia aquí».

Ella buscó los ojos bondadosos de Jesús, y en ellos vio amor y perdón. En ese momento, decidió que creería sus palabras e intentaría vivirlas. Jesús asintió al ver la nueva resolución en sus ojos.

Volvió a sonreírle y le entregó un plato. «¿Más pan?»

Las risas y la alegría llenaban la sala. Jesús se levantó de la mesa, satisfecho al observar rostros animados por el interés, el amor y el cuidado. «¡Qué grupo tan variado!» reflexionó. «Después de que mi Padre lleve a la gente al cielo, la primera cena allí será así».

Jesús se dirigió a una rincón donde se había reunido un grupo de mujeres. Varias de ellas, como Salomé y Susana, habían visto la mayor parte de los acontecimientos de su ministerio. Dos eran viudas; una mujer había sido 'repudiada' por su anterior marido. Varias tenían a sus esposos con ellas que también habían creído en Jesús y animaban a sus esposas a ministrar a Jesús y a los apóstoles.

Jesús se sentó con ellas y observó los rostros del grupo con cariño. «Fieles amigas», dijo. «Tengo tan buenos recuerdos de ustedes.

«Salomé... ¿cuántas veces disfrutamos de tu cocina por la noche junto al camino, cuando habíamos estado todo el día con gente, caminando de un lugar a otro? Podías hacer una comida de la nada». Ella se sonrojó al aceptar sus palabras, y luego dijo: «Y tú también lo hiciste, al menos dos veces».

«Y Susana... tenías un don especial para animar a todos cuando estaban abatidos o agotados o dolidos. Tu sonrisa y tu dulzura impidieron que Judas y Simón el Zelote discutieran muchas veces. Las pacificadoras como ustedes serán llamadas hijas de mi Padre.

«Dina y Jonás... ustedes siempre fueron tan generosos. Recuerdo una semana en la que nuestro grupo tenía una necesidad especial. Oramos para que mi Padre proveyera. Al día siguiente, ambos me llevaron aparte y me dieron aún más dinero del que necesitábamos. Sabía que habían vendido su campo y nos habían dado el dinero, pero no dijeron nada al respecto; no querían que nadie más lo supiera. Mi Padre vio lo que hicieron en secreto y los recompensará por ello.

«Y María...» miró con afecto a la mujer de Magdala. Ambos volvieron a recordar aquel primer día en que él la había conocido, alejando para siempre los demonios de su alma. Los demás miembros del grupo lo entendieron. Habían oído la historia; habían visto el cambio radical de María.

Susana le dijo a Jesús: «Nos dio gusto ayudarte; fue un honor simplemente estar a tu lado, aprender de ti y ver los milagros».

Salomé añadió: «Lo que siempre recuerdo es lo amable que eras con la gente. El día que te enteraste de que habían matado a tu primo Juan, sólo querías irte y estar solo, pero la gente te siguió todo el día. Sabíamos que estabas de luto, pero sanaste a tanta gente y luego les diste de comer. Me quedé asombrada».

Jonás sonrió. «Un día habíamos caminado desde Nazaret hasta Capernaúm. Estábamos tan cansados. A la mañana siguiente, dijiste que teníamos que caminar hasta Gamla para enseñar allí, pero nadie quería ir. Simón el Zelote tenía dolor de garganta y se valía de eso para librarse del viaje y quedarse en casa. Pero tú te acercaste a él y le dijiste que lamentabas que se sintiera mal; luego le pusiste la mano en la garganta y lo sanaste. Él no podía decidir si estaba contento de haber sido sanado o triste por tener que caminar seis millas. Nos reímos de eso durante las primeras millas... y tú también sonreías, Jesús... ¿verdad?»

Jesús se rió a carcajadas. «Lo admito. Sí que lo disfruté... y creo que nadie lo volvió a intentar».

Dina luego dijo, «En otra ocasión, un fariseo quiso corregirte mientras enseñabas. Sin embargo, tú no estabas enojado con él, o grosero. Yo pensé que fuiste demasiado amable con él. Así que más tarde, te dije cómo deberías haberlo manejado». Ella sacudió la cabeza. «No puedo creer que estaba intentando corregir al Hijo de Dios».

Los demás se rieron, y su historia suscitó otros recuerdos del tiempo pasado con Jesús en el camino, en las casas, en las comidas, en las sinagogas, en la montaña. En conjunto, eran como una colcha de retazos que revelaba el carácter de Jesús, un testimonio permanente del corazón de su ministerio. Estas eran las historias que quizá nunca se escribirían, pero que se habían grabado en sus corazones y se recordarían por toda la eternidad, los cimientos que Jesús estableció para el grupo de creyentes que lo seguirían.

Finalmente, hubo una pausa en la conversación. Jesús les dijo con seriedad: «Cada uno de ustedes ha participado en mi ministerio a su manera, y eso continuará en los días y meses venideros. Compartan estas mismas historias con quienes se encuentren, aquí en Capernaúm, Betsaida, Gamla, Séforis, o en cualquier otro lugar». Luego de una pausa, añadió: «Incluso quiero que crucen el mar hasta Decápolis para contárselo a la gente de allí, así como a los de Samaria y Fenicia».

Lo miraron seriamente. La mayoría de ellos nunca había estado en los últimos lugares que mencionó, ya fuera por miedo o ignorancia, por la desaprobación de sus familias o por la creencia errónea de que esas personas no eran importantes para Dios. Se dieron cuenta de que, tal como lo habían visto enseñar y vivir el mensaje de Dios, ahora les tocaría a ellos hablar de Jesús a esa gente... y *ser* Jesús para ellos. Era un desafío de enormes proporciones. Se miraron unos a otros sintiendo el impresionante peso posándose sobre ellos.

Jesús leyó sus rostros y sus corazones, y luego los tranquilizó: «Pero recuerden que yo estaré con ustedes siempre».

Reflexiona

1. ¿Cómo habría sido acompañar a Jesús en su rutina diaria? ¿Cuáles son las pequeñas tareas que la gente podría haber hecho por Jesús? ¿Qué historias podrían contar que no están en la Biblia?
2. Si Jesús te hubiera invitado a dejar tu trabajo y seguirle, ¿lo habrías hecho? ¿A qué actividades o funciones te llama ahora? ¿Qué vas a hacer?

Aprende

Capernaúm fue la sede del ministerio de Jesús. Lejos de ser una ciudad pequeña y sin importancia, sirvió como uno de los centros de formación judía. Muchos rabinos importantes habían vivido o enseñado en Capernaúm y aportaron una parte significativa de la tradición oral y la enseñanza de los judíos que pasó a formar parte de la Mishná y el Talmud (comentarios orales y escritos sobre la Ley). Puedes ver una buena vista panorámica de Capernaúm (videos, fotos y texto) en este sitio: https://www.holylandsite.com/capernaum-overview

Viñeta 29

Una nueva celebración

Génesis 1-2; Mateo 14:19; 26:29

El primer domingo que Jesús estaba de regreso en Galilea, la gente de todo Capernaúm se reunió cerca de la casa de Ana, la suegra de Pedro. Se instalaron cómodamente en la hierba bajo varios árboles grandes cercanos. Un silencio natural se apoderó del grupo mientras miraban expectantes a Jesús.

«¡Escucha, Israel! El Señor nuestro Dios, el Señor es uno». Se unieron a él en el Shemá. «Y amarás al Señor tu Dios con todo tu corazón, con toda tu alma, con toda tu mente y con todas tus fuerzas». Jesús añadió: «Y amarás a tu prójimo como a ti mismo».

Luego miró al cielo. «Bendito seas, Señor, Rey del Universo, porque me has dado esta nueva familia y la has incluido en tu misión. Bendito eres Tú porque concediste esperanza en tiempos de desesperación, y nuevos comienzos cuando todo parecía haber terminado».

Se quedó en silencio, meditando. Presintiendo que algo diferente estaba a punto de suceder, la gente apenas se movió, con los ojos fijos en él. Los pájaros cantaban suavemente, y la brisa susurraba ligeramente entre las hojas por encima de ellos.

«A lo largo de nuestra historia, nuestro Padre siempre ha brindado nuevos comienzos. En el principio, creó los cielos y la tierra. El séptimo día, que fue el primer sábado de descanso, completó la creación. El día siguiente, el primer día de la semana, marcó el comienzo de su *shalom* perfecto, pero pronto se vio empañado por la desobediencia de Adán y Eva.

«Mi Padre me envió aquí para ministrar y sacrificarme en la cruz. Me mataron el viernes de Pascua y me depositaron en el sepulcro ese sábado, séptimo día de la semana. El primer día de la semana, cuando mi Padre me resucitó y me sacó de la tumba, abrió la puerta para restablecer su *shalom* perfecto entre Él y toda la creación.

«Así como Adán y Eva disfrutaron de aquella primera creación, también ustedes están viviendo en el tiempo de una nueva creación, de un nuevo pacto. Mi Padre los ha elegido a todos para compartir su *shalom* con el resto del mundo.

«En los próximos años, quiero que mis seguidores recuerden esto el primer día de cada semana: Mi resurrección, el nuevo pacto y la misión de *shalom*. Ahora establezco el primer día de la semana como el momento en que se reunirán los que crean en mí y me sigan. Quiero que se animen unos a otros, que compartan sus vidas, que aprendan más sobre mí y que escuchen al Espíritu que pronto les enviaré.»

Reinaba un silencio absoluto. Los ojos de ellos brillaban, y sin mediar palabra tendían la mano o el hombro a las personas que tenían cerca. ¡Qué afortunados eran al presenciar estas cosas! El honor los conmovía; la responsabilidad los sobrecogía.

Jesús se volvió hacia Ana, Juana, Juan y Andrés. «Por favor, traigan lo que les pedí que preparen». Se apresuraron a ir a la casa y reaparecieron casi inmediatamente con cestas de panes y varias jarras de vino que depositaron junto a Jesús.

Jesús tomó un pan con la mano izquierda y una jarra de vino con

Después de la tumba

la derecha, como había hecho tantas veces en las comidas con sus discípulos, en las fiestas anuales, con la multitud cerca del Mar.

Tantos recuerdos envueltos en este sencillo acto... el Pan de Vida del cielo partiendo el pan que les recordaba su cuerpo quebrado... el Agua Viva que convirtió el agua en vino en su primera señal, compartiendo el vino que representaba su sangre.

Su mirada recorrió el círculo de su familia terrenal y su nueva familia de amigos y compañeros. Les dijo a sus discípulos: «¿Recuerdan lo que les dije hace unos días en la cena de Pascua?»

Mateo respondió: «Que no beberías de este fruto de la vid desde ahora hasta aquel día en que lo vuelvas a beber con nosotros en el reino de tu Padre.»

Jesús asintió, levantando su copa hacia el grupo: «¡Bienvenidos al Reino!» Bendijo a su Padre por la ocasión, a la gente, el pan y el vino, y luego pasó los elementos a todos. La enormidad del momento los unificó y los hizo reflexionar.

Reflexiona

1. ¿Cómo crees que fue la primera celebración de la comunión en la Iglesia?
2. ¿Cambia la celebración en función del contexto cultural o geográfico?

Aprende

Quizá hayas celebrado la comunión durante muchos años en la iglesia, o sólo unos pocos; quizá seas nuevo o no hayas participado nunca. ¿En qué debe centrarse la Cena del Señor? A la luz de esa respuesta, considera estas preguntas adicionales. Si tuvieras que escribir las «reglas no escritas» de la observancia de la comunión, ¿cuáles serían? ¿Quién participa? ¿Con qué frecuencia? ¿Cuándo? Si en una ciudad o en un país no se dispone de los elementos de la comunión (pan y fruto de la vid), ¿qué deberías hacer?

Viñeta 30

La solemne entrega de José de Arimatea

Romanos 8:28; Isaías 53:4-12; Génesis 50:20; I Corintios 4:2

José de Arimatea había llegado tarde la noche anterior desde Jerusalén, y había participado en el sencillo servicio. Jesús lo saludó después. «¡Bienvenido, José! Esperaba que llegaras. ¿Qué noticias traes?»

José respondió: «¡La cosa está que arde! Caifás intenta convencer al Sanedrín de que te arreste, lo cual es embarazoso, porque eso significa que debe admitir que estás vivo de nuevo. Muchas personas saben ahora que resucitaste de entre los muertos y creen en ti más que nunca. Así que creo que fracasará. Sin embargo, ¿qué podría hacerte Caifás ahora, aunque te arrestara?»

Jesús replicó seriamente: «Se lo advertí. Es mi oración que su corazón cambie, pero su orgullo y su ambición siguen siendo demasiado fuertes para él; serán su perdición». José asintió con la cabeza.

Entonces le preguntó a Jesús: «¿Me concedes unos minutos a solas contigo y con tus discípulos? He traído algo para ti».

Jesús lo tomó del brazo y lo condujo hasta la casa de Ana, donde ella estaba a la puerta. Preguntó: «Ana, ¿podríamos tomar unos minutos en tu casa con un pequeño grupo?»

«¡Por supuesto», respondió ella; les ofreció un sitio para sentarse, les trajo una bebida y se colocó a un lado del grupo.

Con voz grave, José comenzó a hablar: «Tengo algo que darte; pensé que tú deberías decidir qué hacer con esto». Al oír su tono, los demás se inclinaron hacia delante y le prestaron toda su atención.

José se arrodilló y abrió la mochila que había traído de Jerusalén. Con triste reverencia sacó varios objetos y los depositó en el suelo delante de Jesús. Los demás estiraron el cuello para ver y soltaron un respiro fuerte al reconocer los objetos.

Los clavos de la cruz de Jesús.

José volvió a meter la mano en la bolsa y sacó las vestiduras mortuorias de Jesús y el sudario, colocándolos cuidadosamente junto a los clavos.

Los discípulos se quedaron mirándolos, paralizados. Los recuerdos de aquel horrible día y aquella noche volvieron a inundarlo todo. Al principio nadie se movió ni habló; luego, lentamente, levantaron los ojos del suelo y miraron el rostro de Jesús.

La mirada de Jesús se clavó en los objetos responsables de acabar con su vida de forma tan dolorosa. Aunque José había hecho todo lo posible por limpiarlos antes de venir, aún se veían manchas de sangre.

Durante un minuto, Jesús no dijo nada, pero finalmente respiró hondo. «No me gustaría volver a vivir ese día». Su rostro estaba demudado y sombrío. «Estos clavos y lienzos nos recuerdan gran dolor y pérdida. Es tentador enfadarse y desear venganza contra quienes provocaron este sufrimiento».

Varios de los discípulos tenían lágrimas en los ojos. Pedro apartó la mirada de los clavos, incapaz de mirar a nadie más.

«Sin embargo, como mi Padre puede utilizar cualquier cosa para el bien de los que le aman, lo que veo ahora son los instrumentos utilizados para completar su promesa de pagar por todos los pecados. Los clavos causaron mucho sufrimiento, pero el sufrimiento trajo la salvación al mundo. Caifás lo hizo para mal, pero Dios lo usó para bien. Recuerden el sufrimiento, pero luego díganle a la gente el resultado final que mi Padre busca a través de él. Si lo hacen, el sufrimiento habrá logrado su propósito».

Los discípulos procesaron las palabras de Jesús, tratando de superar su tristeza y su rabia. Sin embargo, les había dado una nueva perspectiva: Una derrota convertida en victoria, un final aparente convertido en un sorprendente nuevo comienzo.

José fue el primero en hablar. «Señor, guardé estas cosas por respeto a ti, y para recordar siempre aquel día. No quería que los soldados o Caifás los tuvieran. ¿Qué quieres hacer con ellos?».

Jesús le respondió. «Han cumplido la primera parte del plan de mi Padre, pero hay un propósito más que pueden servir».

Se volvió hacia Ana y los discípulos. «Como el pan y el vino, estos objetos son ahora testigos que ponen de relieve la fidelidad de mi Padre, su capacidad para convertir el mal en bien, su poder para llevar a cabo mi resurrección y la derrota de Satanás, y... », hizo una pausa, «nuestro amor por ustedes y por todas las personas del mundo, a pesar de sus pecados.

«Pero les advierto que en los próximos meses y años, algunos querrán fijarse sólo en los clavos o en el lienzo, olvidando lo que hicimos mi Padre y yo. Intentarán sacar provecho de ellos, o ganar poder a través de ellos para manipular a los demás. No se dejen engañar ni distraer. Recuerden concentrarse en el amor y el plan que mi Padre y yo tenemos para todos ustedes».

Jesús metió los objetos en la bolsa y se la dio a Ana. «¿Guardarías esto aquí?» Sin palabras, ella asintió y aceptó el asombroso regalo.

Reflexiona

1. ¿Puedes describir la delgada línea que separa a una persona que utiliza tales objetos para edificar a los demás de la que los usa para manipularlos?
2. ¿Qué objetos de tu vida tienen un significado especial, que te edifican, te recuerdan o te enseñan?

Aprende

Considera la doctrina católica de las reliquias que se encuentra en la Enciclopedia Católica, respecto a partes de la cruz, partes de cuerpos de santos, etc. Parte de su justificación para usar tales cosas se basa en ciertos objetos físicos de la Biblia que parecían tener un significado especial e impartir un poder especial: El arca del pacto, el bastón de Aarón, una vasija de maná, los 10 mandamientos, los huesos de Eliseo (2 Reyes 13:20-21), el pan y el vino, un pañuelo (Hechos 19:12), la sombra de un apóstol (Hechos 5:15), etc. Una vez más, ¿cuándo es algo útil para la instrucción y la edificación, y cuándo comienza la manipulación y la superstición?

Viñeta 31

Domando a los Hijos del Trueno

I Juan 2:22, 3:2; Filipenses 3:21; Juan 21:21-23; Apocalipsis 1:9ss; Mateo 24:23-26

El lunes por la mañana, después del desayuno, Jesús y Juan se dirigieron hacia el sur por la Vía Maris que pasaba por Capernaúm, disfrutando de la brisa y de la vista del hermoso lago que se extendía a su izquierda bajo el sol matutino. Pronto llegaron a una cueva con vistas al camino y al Mar, uno de los lugares solitarios favoritos de Jesús cuando necesitaba escapar de las continuas exigencias de las multitudes. Fue aquí donde Pedro lo encontró la mañana después de que Jesús sanó a Ana. Fue aquí donde Jesús había descansado después de alimentar a las multitudes. Jesús y Juan se sentaron en la boca de la cueva y se empaparon de la belleza que les rodeaba en compañía del silencio.

Juan preguntó tímidamente: «Jesús, sé que la primera noche que apareciste ante nosotros nos demostraste que tu cuerpo era real. Pero... también te hemos visto hacer cosas que nosotros no podemos hacer, como aparecer en lugares donde las puertas estaban cerradas, desaparecer, moverte más rápido que nosotros. ¿Cómo puedes hacer estas cosas?»

Sonriendo a su joven amigo, Jesús respondió, «Mi cuerpo ahora es igual al tuyo, pero también diferente. Es como la oruga; primero se arrastra, luego se envuelve en un capullo y finalmente emerge como mariposa. Sabes que la oruga, el capullo y la mariposa están conectados de alguna manera, pero son sorprendentemente diferentes, y es un misterio cómo cada uno se transforma en el siguiente.

«Ahora mismo, tú y los demás sólo conocen la vida de la oruga. Un día, también serán mariposas. Así como la oruga no puede imaginar lo que es volar, a ti te cuesta entenderlo». La confusión seguía en el rostro de Juan. «Algún día también tu cuerpo se transformará para ser como mi cuerpo. Serás como yo y me verás como soy».

Juan lo meditó un momento y luego dijo: «Pedro me contó que te preguntó qué pasaría conmigo después, y tú le respondiste: 'Si quiero que siga vivo hasta que yo vuelva, ¿a ti qué?'».

Jesús frunció los labios. «¿Y....?»

«Al día siguiente, oí a Felipe, Andrés y Juana hablar de ello, y Felipe dijo: «Me pregunto si eso significa que Juan no morirá». Entonces me vieron, se avergonzaron y dejaron de hablar.

«Señor, ¿qué quisiste decir? ¿Voy a vivir aquí para siempre?»

Jesús dirigió una mirada inquisitiva a Juan. «¿Puedes adivinar cómo podría responderte?»

Juan contestó con voz un poco decepcionada: «¿Que las horas y las fechas no las puedo saber yo, sino sólo nuestro Padre que está en los cielos?»

«Cierto», dijo Jesús. «Para la mayoría de las personas, saber demasiado sobre su futuro sería una carga en su vida en lugar de una ayuda.

«Pero puedo decirte que tendrás muchos años para enseñar a la gente sobre mí. Mi Padre te enviará a lugares lejanos para dar testimonio y servir. Sufrirás un poco por mi nombre, pero también experimentarás una gran alegría y satisfacción al mostrar a los demás la importancia de vivir en el amor.

«Tendrás tiempo de escribir mucho de lo que enseñé y demostrar cómo vivir. De hecho, para escribir sobre algunas cosas, irás a.... irás a lugares inesperados y verás vistas maravillosas, de las que has tenido una pequeña muestra antes», dijo Jesús misteriosamente. «Después, lo que escribas animará mucho a mis seguidores y les ayudará a permanecer fieles a mí».

De repente, oyeron una voz que los llamaba desde lejos. Santiago, el hermano de Juan, se acercaba por el camino desde Capernaúm. Lo saludaron y esperaron a que subiera la colina. Se sentó junto a ellos, jadeante. «¡Pensé que los encontraría aquí!»

Jesús miró con cariño a dos de sus amigos terrenales más cercanos. «¡Los Hijos del Trueno!» dijo con una pequeña sonrisa. «Han recorrido un largo camino desde el primer día que los vi en ese muelle y les pedí que me siguieran», dijo señalando el muelle principal de Capernaúm, a sólo 150 metros colina abajo.

«Fue un honor que nos llamara un hombre que se estaba haciendo conocido en toda Galilea. Podríamos aprender de ti y...», continuó Santiago avergonzado, «pensamos que a la gente le impresionaría que dos pobres pescadores tuvieran lugares de honor cerca tuyo».

Juan suspiró. «Éramos impetuosos y descarados... y a nuestra madre también le gustaba».

Jesús inclinó la cabeza brevemente. «Lo sé... Recuerdo el día que vino a pedir privilegios especiales para ustedes. Los otros discípulos no estaban muy contentos con ustedes ese día».

«Durante mucho tiempo no entendimos lo que significaba servir en lugar de ser servidos», dijo Santiago. «Incluso en la cena de Pascua aquella noche, ninguno de nosotros quería lavar los pies de todos. Seguramente debería hacerlo otra persona. Estábamos tan avergonzados cuando lo hiciste por todos nosotros».

Jesús explicó: «Estaba dispuesto a hacer eso para ayudarlos a aprender una lección importante, junto con el nuevo mandamiento de amarse los unos a los otros. Y han empezado a amar...», dijo echándoles una mirada, «en lugar de invocar fuego sobre la gente cuando no hacen lo que ustedes quieren que hagan».

Los dos agacharon la cabeza, luego miraron a Jesús y vieron que no estaba enfadado. Fruncieron los labios y una sonrisa tímida se dibujó lentamente en sus rostros.

«Me da vergüenza pensar en ese día», admitió Juan. «Nuestro orgullo se sintió ofendido por el rechazo de los samaritanos. ¿Quiénes se creían que eran? Pero la verdadera pregunta era: ¿Quién nos creíamos que éramos *nosotros*? ¿Elías, invocando fuego desde el cielo? Olvidamos que Dios envió fuego ese día sobre el sacrificio, no sobre la gente».

Con humildad, Juan le dijo a Jesús: «Gracias por ser paciente con nosotros... todavía tenemos mucho que aprender sobre esa clase de amor».

«Tienes razón. Sin embargo, creo en ustedes dos», respondió Jesús amablemente. «Por eso he pasado estos tres años con ustedes. Por eso han tenido el privilegio de ver cosas que muchos anhelaban ver, pero no vieron: Resucitar a la hija de Jairo, que mi Padre me vistiera de luz, estar a solas conmigo en el huerto aquella noche. Aprendieron quién soy y las poderosas obras que puedo hacer; también aprendieron cómo tuve que sufrir.

«Dijeron que eran capaces de beber el cáliz que yo bebí... ¡y lo beberán! Aún no son lo que quiero que sean, pero han crecido y han cambiado. Y mi Padre, que comenzó esta obra en ustedes, la terminará. Serán como yo, tendrán el poder de Dios como yo... y también sufrirán por mí».

Reflexiona

1. ¿Por qué crees que Jesús utilizó diferentes círculos de seguidores: Sus amigos más íntimos Pedro, Santiago y Juan; los doce apóstoles; los setenta enviados en misión; los ciento veinte en Pentecostés?
2. ¿Es este un modelo que deberíamos seguir para discipular y formar a las personas en la iglesia?

Aprende

Histórica y geográficamente, Galilea tiene una enorme importancia. El mar y el Jordán son las principales fuentes de agua dulce de Israel. La Via Maris ha sido una carretera clave para los viajes, el comercio y el control militar durante miles de años. No es de extrañar que esta zona de Galilea fuera el centro de gran parte del ministerio terrenal de Jesús. Jesús visitó todas las ciudades y pueblos predicando sobre el reino, como Magdala, Genesaret, Tiberíades y Gamla. De hecho, la zona entre Capernaúm, Corazín y Betsaida es llamada por algunos «el triángulo evangélico», porque casi el setenta por ciento de las palabras o actos de Jesús registrados en los evangelios ocurrieron en ese triángulo, que mide unas tres millas por tres millas por tres millas.

Viñeta 32

La vida en Caná después de la boda

Juan 2:1-11; Mateo 5:44-46

El martes por la tarde, Jesús se trasladó rápidamente en el Espíritu a Caná, apareciéndose fuera de la ciudad. Se acercó a una de las casas más grandes, cerca de la sinagoga del pueblo. Al acercarse, uno de los criados llevaba agua del pozo a la casa. Miró a Jesús, tuvo que mirar dos veces, y la tinaja se le escapó de las manos. «Jesús, ¿eres tú?» exclamó.

«Sí», respondió Jesús con una sonrisa.

Una joven salió por la puerta principal atraída por el alboroto, miró inquisitivamente al criado y luego vio a Jesús. Sus ojos y su boca quedaron abiertos de asombro, luego corrió hacia Jesús y lo abrazó.

«¡Ada! Me alegro tanto de volver a verte», dijo Jesús, sonriéndole a sus ojos brillantes. Una carita curiosa se asomó por la puerta. «¿Y ella quién es?»

Ada extendió una mano y le hizo una seña a la niña. «Esta es nuestra hija, Adina», dijo orgullosa. «Acaba de cumplir dos años esta semana. Ojalá hubieras estado tú también en esa fiesta».

Esta vez un joven salió de la casa para recibir el saludo de Jesús: «¡Jonán! ¿Cómo estás, amigo mío?»

«¡Feliz!» respondió Jonán. «Desde que viniste a nuestra boda, parece que nuestra vida ha estado llena de bendiciones. Pudimos construir nuestras habitaciones aquí en la casa de mis padres; ayudar en el negocio de vino de mi padre es algo que disfruto mucho; y Adina es maravillosa». Él la alzó en sus brazos y ella le dedicó una sonrisa de dientes separados y le acarició las mejillas con sus manos regordetas.

«Me alegro por ustedes», dijo Jesús con sinceridad. «Es lo que esperaba aquella noche que celebramos con ustedes y sus amigos».

Ada extendió una invitación a Jesús: «¿Quieres cenar con nosotros? Nos encantaría hablar más contigo». Y Adina suplicó: «¡Por favooor!» Jesús se rió. «¿Cómo le puedo decir que no a esa carita?»

Al caer la tarde, muchas personas se reunieron en torno a las mesas y llenaron las habitaciones de la gran casa. Jesús se sentó a una mesa con Jonán y Ada a un lado y la pequeña Adina al otro. Frente a él estaban sus buenos amigos Bernabé y Beka, y junto a ellos los padres de Jonán, Eliseo y Daniela. Las dos parejas tenían una amistad estrecha desde hacía años.

A medida que avanzaba la cena, Jesús preguntaba por la vida en Caná y escuchaba atentamente lo que le contaban. Adina se subió al regazo de Jesús y se acurrucó contra él mientras él la rodeaba con un brazo. La velada transcurrió rápidamente mientras los invitados disfrutaban de la comida y el vino y la conversación fluía. Adina no tardó en dormirse en los brazos de Jesús.

Jesús preguntó: «Sé que la vida aquí es dura bajo Herodes Antipas. ¿Qué piensa y hace la gente en esta región de Galilea?»

Bernabé respondió: «Intentamos convivir pacíficamente con todos aquí, pero los zelotes son cada vez más activos. No respetan a Herodes Antipas en absoluto. Intentan tender emboscadas a los soldados romanos en los caminos o atacan a personas que creen que son simpatizantes de los romanos. He oído que están construyendo en silencio las fortificaciones de Gamla y Jodfat».

Su esposa Beka añadió: «Nos preocupa que los romanos pierdan la paciencia con ellos, y entonces todos los de esta zona sufriríamos, en Nazaret, Caná, Jodfat e incluso Séforis».

Eliseo añadió: «Hace varias semanas, los romanos atraparon a dos zelotes que robaban provisiones de un puesto romano. Los ladrones fueron crucificados en dos cruces en el cruce de caminos más cercano como lección para todos».

Jesús reflexionó un momento y luego respondió: «Uno de mis discípulos, Simón, tiene contactos entre los zelotes; me lo contó justo antes de que partiéramos para Jerusalén». Suspirando continuó, «No podemos vencer el mal con el mal... sino sólo con el bien. Los que son hijos de mi Padre deben amar a sus enemigos y orar por ellos. No podemos amar sólo a quienes nos aman».

El grupo lo miró seriamente; sabían que tenía razón, pero era difícil imaginar amar a los romanos, quienes habían oprimido a los judíos durante los últimos noventa años. Se hizo silencio en la mesa mientras se asimilaba el difícil reto.

Un criado se acercó a la mesa para rellenar las copas de vino y llevarse los platos. Jesús levantó su copa, la miró y sonrió. Cuando el criado se dio vuelta para marcharse, Jesús lo detuvo. «Peniel, tengo que pedirte un favor».

Sorprendido, el criado preguntó: «¿A mí, Señor?»

Jesús dijo a los invitados: «Hay una historia que ustedes creen conocer, pero les falta una parte. Peniel, cuéntales lo que pasó aquí hace tres años en la boda de Jonán y Ada». Los invitados se miraron interrogantes y esperaron expectantes a que Peniel comenzara.

«Todo el mundo estaba tan feliz en la fiesta, y todo el pueblo estaba aquí para celebrar», empezó Peniel. «Pero a medida que avanzaba la fiesta, me di cuenta de que el vino casi se había acabado, ya que era el séptimo día de la fiesta. Pregunté a los demás criados si había más jarras de vino, pero nadie encontró ninguna. Parecía que no se habían preparado lo suficiente.

«No sabíamos qué hacer. En cualquier momento el maestro del banquete, Bernabé, podría pedir más vino para brindar, y no teníamos». Peniel miró a Bernabé, que parecía sorprendido pero intrigado. «La familia se sentiría avergonzada y su reputación iba a sufrir, ¡sobre todo porque eran los productores de vino del pueblo!

«La madre de Jesús se dio cuenta de que estábamos preocupados y nos preguntó qué nos pasaba. Entonces trajo a Jesús, quien nos dijo que llenáramos unas tinajas de piedra con agua y le lleváramos un poco a Bernabé. No veíamos cómo eso podría ayudarnos; ¡sólo revelaría nuestro problema antes y más públicamente!

«Pero de todos modos llenamos las tinajas con agua. Luego vertimos un poco en las jarras de servir, ¡y se convirtió en vino al salir de las jarras! Cuando Bernabé bebió un sorbo, felicitó a la familia por haber dejado el mejor vino para el final. Era el mejor vino que se había probado ese año en nuestro pueblo».

Esta noticia dejó atónitos a los invitados. Recordaban la boda y el banquete, por supuesto, pero era la primera vez que oían la verdadera historia de lo ocurrido. Contemplaron a Jesús con asombro.

Jesús explicó: «Las fiestas de bodas que celebramos aquí son vislumbres de las fiestas que vendrán en el Reino de mi Padre en el cielo. Él proveerá abundantemente, sin límites; dará a sus hijos lo mejor. Pero hasta entonces deben seguirme aquí, pase lo que pase con los romanos, con Herodes, con cualquier otra persona o con cualquier otra cosa.

«Así como mi relación con muchos de ustedes comenzó en el banquete de bodas años atrás, en este banquete de esta noche los invito a un nuevo pacto: A serme fiel a mí y a todos los que me siguen.

«Cuando produje el vino hace tres años, fue un anuncio de dos temas. Primero, así como las ramas que permanecen en la vid producen fruto, si ustedes permanecen en mí, producirán el fruto que Dios desea en su pueblo. Producir frutos de justicia requiere una estrecha relación con mi Padre, que se traduce en una comprensión más profunda, una devoción más fuerte y una imitación fiel. Cuando permanezcan en mí, compartiré las bendiciones que mi Padre quiere darle a cada uno de ustedes.

«Segundo, el agua que utilicé esa noche la saqué de las tinajas de piedra utilizadas para los ritos de purificación. Aunque a lo largo de la historia ustedes utilizaron el agua para purificarse antes de acercarse a Dios en la sinagoga o en el Templo, en los oficios o en las fiestas, ahora se acercarán a Dios y serán purificados y perdonados por medio de mi sangre, que ahora simboliza este vino.

«Las bendiciones que reciben de mí y el pacto sellado con mi sangre los llevarán al cielo, donde celebraremos eternamente un banquete nupcial».

Entonces Jesús miró a Ada y Jonán, le dio una palmadita en la espalda a Adina y dijo: «¡Creo que esta pequeña está lista para ir a la cama!». Al volver cada uno a su casa, no se saciaron sólo de pan, sino también de las promesas que Jesús les había hecho.

Reflexiona

1. ¿Cómo es posible no responder al mal con mal y, al mismo tiempo, proteger a los inocentes?
2. ¿Cómo se concilian los numerosos relatos del pueblo de Dios yendo a la guerra en el Antiguo Testamento y la falta total de relatos de su pueblo yendo a la guerra en el Nuevo Testamento?
3. ¿Existe alguna diferencia entre cómo puede responder una nación o un gobierno al mal (guerra, fuerza, etc.) y lo que puede o debe hacer un individuo?

Stephen Austin

Aprende

Doug Ponder tiene un excelente artículo en inglés sobre el trasfondo judío de la historia de las bodas de Caná. https://tabletalkmagazine.com/posts/why-did-jesus-turn-water-into-wine/

Viñeta 33

La hora de la verdad para Antipas

Lucas 8:1-3; Marcos 6:17-29; Santiago 5:1-6; Isaías 58:6-14; Deuteronomio 30:19

El miércoles por la mañana, Jesús emprendió un agradable paseo matutino hasta Séforis, a unas cinco millas de distancia. Recordaba numerosas mañanas como esta, cuando de adolescente él y su padre José recorrían las tres millas que separaban su casa en Nazaret de la ciudad de Séforis. Aunque Séforis había sido incendiada por los romanos poco después del nacimiento de Jesús, Herodes Antipas la había reconstruido al lujoso estilo romano, con un gran anfiteatro, baños, comercios y costosas villas.

Para ello, Antipas necesitó muchos constructores habilidosos. Los capataces de Antipas contrataron a muchos artesanos, como José y Jesús, para trabajar en varios proyectos, entre ellos el anfiteatro, una pequeña sinagoga y la villa de Antipas con vistas a la ciudad.

Cuando Jesús llegó a aquella lujosa villa, Chuza, el administrador, lo saludó desde la puerta del jardín. «¿Cuándo llegaste? No esperábamos que vinieras».

Jesús respondió secamente: «Me imagino que Herodes tampoco me espera, pero tengo asuntos que tratar con él».

Chuza condujo a Jesús a la villa, a los aposentos de Antipas que el gobernante utilizaba para reuniones y negocios en Galilea. Jesús entró en la habitación y se detuvo cerca de la puerta. Antipas estaba sentado leyendo una carta en un pequeño escritorio de madera junto a la ventana. Se levantó para recibir a su visitante, pero cuando vio a Jesús, se desplomó de nuevo en la silla, mirándolo fijamente. Jesús se sentó frente a Antipas y lo estudió detenidamente.

«Creía... oí que habías vuelto a la vida», tartamudeó Antipas. «Chuza me dijo que habías venido de Jerusalén la semana pasada... pero me parecía imposible». Le temblaban las manos mientras tanteaba los papeles de su escritorio. «¿Qué quieres?»

Jesús le respondió: «La última vez que estuvimos juntos en tu palacio de Jerusalén, te alegraste de verme, esperando una señal. Pero no era la voluntad de mi Padre dar una señal en ese momento». Jesús se señaló a sí mismo, extendiendo los brazos con una leve sonrisa. «Pero hoy, *yo soy* la señal, resucitado de entre los muertos por mi Padre. ¿Qué vas a hacer con esta señal?»

La pregunta flotaba en el aire entre ellos. Antipas abrió la boca, pero no salió sonido alguno. Lanzó una mirada furtiva a Chuza, como si buscara ayuda, pero Chuza mostró apenas un rastro de sonrisa y permaneció en silencio. Antipas bajó la mirada al suelo y, finalmente, volvió a mirar a Jesús.

Jesús señaló hacia la ventana. La elegante ciudad de Séforis se extendía abajo en la hermosa ladera, disfrutando del sol de la mañana. «¿Sabías que la primera vez que vine a Séforis fue cuando tu capataz nos contrató a mi padre y a mí para ayudar a construir esta ciudad?

«Un día cuando tenía catorce años, luego de terminar nuestro turno de trabajo. caminábamos por el centro de la ciudad hacia la casa de mis abuelos. De repente, un grupo de soldados a caballo cargó calle abajo en nuestra dirección, abriendo paso a tu carroza. Nos echamos a un lado de la carretera y pasaste de largo, sin mirar siquiera a la gente que casi habías atropellado. Ya había oído a otros hablar de ti, pero era la primera vez que te veía. Pensé que eras tan frío, tan indiferente. Mi padre me rodeó con el brazo, su rostro serio y enfadado».

Jesús estudió el rostro del tetrarca. «¿Sabes por qué él sentía eso por ti, Antipas? Porque cuando tu padre Herodes masacró a todos los bebés inocentes de Belén, poco antes de morir, ¡yo era el bebé que Herodes intentaba matar! Sin embargo, un ángel había advertido a mis padres y escapamos justo a tiempo. Pero muchos otros padres de Belén lloraron aquella noche. No entendían por qué habían matado a sus hijos; los marcó para siempre.

«Mi Padre lloró con los padres de Belén, y se enfureció con Herodes. ¿Qué clase de castigo crees que mi Padre ha preparado para tu padre, por este crimen y todos los demás asesinatos que cometió?

«Y seguiste el ejemplo de tu padre de asesinar inocentes cuando mataste al profeta Juan, ¿verdad? ¿Sabías que Juan era mi primo?» Antipas palideció.

«¿Por qué te sentiste ofendido por Juan? ¡Porque te dijo la verdad, como debe hacerlo un verdadero profeta, sobre tu adulterio con Herodías, la mujer de tu hermano!» Los ojos de Jesús centellearon al pronunciar esta acusación.

«Pero Herodías estaba enfadada con Juan, así que, aunque sabías que Juan era un hombre justo y santo, ¡dejaste que ella te incitara a matarlo como entretenimiento en tu fiesta de cumpleaños! Fuiste débil, además de malvado».

El rostro de Antipas palideció aún más y empezó a temblar. Jesús continuó implacable: «Has oprimido a los pobres y a los débiles, a las viudas y a los huérfanos. Has vivido en el lujo mientras muchos morían de hambre. Te has gastado el dinero en ti mismo, en tus palacios y en tus placeres, cuando deberías haberte preocupado por la gente bajo tu gobierno.

«También te aliaste con los romanos para proteger tu poder, costara lo que costara. Hace menos de tres semanas, pensando que podías librarte de una amenaza y consolidar tu posición de una vez por todas, ayudaste a Pilato a condenarme a muerte».

Un silencio sepulcral se apoderó de la sala mientras Jesús observaba a Antipas con severidad. Chuza estaba como paralizado sobre el piso, embelesado. Nunca nadie le había dado tal reprimenda a Antipas. Si lo hubieran hecho, habrían muerto en menos de un día. Sin embargo, aquí claramente Jesús poseía todo el poder y la autoridad. Antipas se encogió, desesperado por escapar, incapaz de encontrarse con los ojos de Jesús.

Jesús bajó la voz. «¿Qué clase de castigo crees que te espera, Antipas?» Antipas temblaba y jadeaba de miedo.

«¿Dónde está el profeta Juan, a quien mataste? Te digo que está vivo de nuevo en el Paraíso, donde mi Padre lo honra por su fiel servicio.

«En cuanto a mí... tú y tus soldados se burlaron de mí hace apenas tres semanas en tu palacio. Pensaste que me habías enviado a la muerte. Pero como ves, ya no estoy muerto, sino vivo, vivo para siempre, e invencible.

«Y ahora tú eres responsable en juicio ante mí y ante mi Padre». Antipas se desplomó; durante varios minutos los únicos sonidos en la habitación fueron sus sollozos y lamentos.

Finalmente, Jesús dijo con calma: «Antipas, escúchame». Lentamente cesó su llanto, y levantó hacia Jesús su rostro manchado de lágrimas, resignado a la condena y al castigo.

Jesús se inclinó hacia delante, sus ojos a la altura del rostro de Antipas. «Mi Padre y yo deseamos misericordia, no sacrificios». Sumido aún en el miedo y la culpa, Antipas miraba sin comprender a Jesús.

Jesús continuó: «Mi muerte en la cruz no fue lo que tú y Pilato planearon. Más bien, fue un sacrificio que trajo misericordia. A través de ella, mi Padre ofrece gracia a todos los que han pecado, sin importar el pecado». Antipas seguía mirándolo fijamente. «Esto incluye tus pecados que acabo de mencionar... y los de tu padre... y los de Pilato... y los de todos. Mi Padre aún puede ser bondadoso contigo».

Antipas empezó a comprender las palabras, pero no podían ser ciertas. ¿Le estaba dando Jesús falsas esperanzas antes de castigarlo?

Al ver lo que pensaba Antipas, Jesús le preguntó: «¿Recuerdas lo que dijo el profeta Isaías? Sus palabras son para ti:

'¿No es este el tipo de ayuno que he elegido, soltar las cadenas de la injusticia, liberar a los oprimidos, compartir comida y refugio con los hambrientos, vestir a los desnudos, llamar al sábado un deleite y honrarlo? Si haces estas cosas, tu luz se alzará en las tinieblas, y el Señor te guiará siempre y saciará tus necesidades, y encontrarás tu alegría en el Señor'.»[1]

Antipas se fue calmando poco a poco. Aunque parecía imposible, vislumbraba una pequeña esperanza donde antes sólo había un juicio sombrío.

Jesús respiró hondo y se puso en pie, mirando a Antipas. «Todavía hay tiempo para que te arrepientas, para que tus pecados sean borrados y para que mi Padre te envíe tiempos de refrigerio.

«Hoy pongo ante ti la vida y la muerte; te animo a que elijas la vida».

Entonces Jesús salió de la habitación con Chuza, cerrando la puerta en silencio, dejando a Antipas luchando con su decisión.

Reflexiona

1. Este libro pinta posibles escenas de Jesús visitando a Caifás, Pilato y Antipas, y ofreciendo acusaciones

---

[1] Isaías 58:6-11 (paráfrasis)

seguidas de misericordia. ¿Qué hay en el ministerio de Jesús que apoye estas posibles acciones?
2. ¿Cómo tratamos a los líderes políticos que nos han perjudicado a nosotros o a otros, o con los que estamos en total desacuerdo?

Aprende

La Biblia menciona seis Herodes. El primero es Herodes el Grande, que construyó numerosos proyectos asombrosos, como el Templo remodelado de Jerusalén, los palacios de Herodium, Cesarea Marítima, Jericó y Masada, entre otros. También fue un tirano sanguinario y paranoico que mató a miles de personas, incluyendo a los niños de Belén (Mateo 2:1-12). Este Herodes tuvo tres hijos mencionados en la Biblia. Uno era Arquelao, que reinaba sobre Judá cuando Jesús y su familia regresaron de Egipto (Mateo 2:22); el segundo fue Filipo, tetrarca de la Gaulinitis, incluyendo Cesarea de Filipo (Lucas 3:1, Mateo 14:3); un tercero fue Antipas, tetrarca de Galilea que mató a Juan el Bautista, además de participar en el juicio de Jesús. Luego Herodes Agripa I, sobrino de Antipas, fue el hombre que mató al apóstol Santiago, encarceló a Pedro y más tarde fue devorado por los gusanos y murió (Hechos 12). Finalmente, su hijo Herodes Agripa II fue ante quien compareció Pablo en Hechos 25-26.

Viñeta 34

Una segunda oportunidad de seguir

Marcos 10:17-22; Mateo 8:21; Lucas 9:51-56; 14:25-33

De regreso en Capernaúm, Jesús se dirigió nuevamente hacia el sur a lo largo del mar de Galilea por la Via Maris, llegando a uno de los principales muelles que servían a la zona. Había un grupo de hombres parados junto a la orilla, pero su comportamiento indicaba que no se conocían.

Sin embargo, cuando Jesús los saludó, era obvio que cada uno de ellos lo conocía a él. Le devolvieron el saludo respetuosamente, con un toque de asombro al verlo, mezclado con incertidumbre.

Uno de los hombres, Misael, tomó la iniciativa. «Señor, es bueno verte vivo y bien, después de lo que oímos que pasó en Jerusalén», dijo balanceándose de un pie a otro. «Debo admitir que siento curiosidad por saber por qué fui llamado para verte hoy aquí».

Al oír esto, los demás hombres agudizaron el oído. «¿Qué quieres decir con que fuiste llamado?» preguntaron. Un poco avergonzado, Misael respondió: «Hace dos noches tuve un sueño en el que un ángel me decía que debía venir hoy a este lugar, hacia las tres de la tarde. Dijo que encontraría algo que he estado anhelando».

Los demás consideraron sus palabras. Entonces el segundo hombre, Ananías, declaró: «¡A mí me pasó lo mismo! Un sueño con un ángel, y la promesa de que, si venía aquí, sería beneficioso para mí».

El tercero, un samaritano, tomó la palabra. «¡Yo también vi un ángel! Pero me dijo que tendría la oportunidad de enmendar un error que había cometido recientemente».

Y el cuarto, un recaudador de impuestos amigo de Mateo, añadió: «Yo también vi al ángel. Pero me dijo que lo que aprendería hoy podría hacerme cambiar de trabajo y de vida».

Asombrados por la similitud de sus historias, los cuatro hombres se preguntaron cómo era posible que las palabras del ángel se hicieran realidad. Jesús observó sus reacciones, preparándose para aclarar el mensaje del ángel; después de todo, él había dispuesto que el ángel los enviara hoy aquí. Como por una señal silenciosa, los cuatro hombres se volvieron hacia Jesús con expresión inquisitiva.

Jesús comenzó a decir: «Cada uno de ustedes tuvo la oportunidad de seguirme en mi ministerio, aprender de mí, obedecerme, transformar sus vidas. Sin embargo, cada uno de ustedes me dio diferentes excusas de por qué no podían.

«Misael, me preguntaste qué debías hacer para heredar la vida eterna. Mi Padre me reveló cómo habías vivido, y te amé y respeté por ello. Sin embargo, te dije que te faltaba una cosa; ¿recuerdas?»

Cabizbajo, Misael murmuró: «No he podido olvidarlo. Me dijiste que vendiera todo lo que tenía, lo diera a los pobres y te siguiera. Todo lo demás que hago para cumplir la ley ahora me parece insignificante comparado con el desafío que me presentaste. Pero si lo dejo todo y te sigo, ¿qué haré? ¿Quién seré yo? Lo que poseo siempre ha formado parte de mi identidad. Me ha dado una posición de importancia en la ciudad y me ha permitido ayudar a mucha gente».

Jesús asintió. «Lo que dices es cierto, y tus preguntas son importantes. Pensaba en ti cuando conté la historia de un hombre que encontró una perla preciosa. Lo vendió todo para conseguir la perla. ¿Qué crees que hizo el hombre después de eso? ¡Tiene una perla, pero nada más que eso!»

Misael exclamó: «¡Exacto! ¿Qué dirían mi mujer y mis hijos? ¿Dónde viviríamos? ¿Qué trabajo tendría? Me he sentido paralizado ante esta elección».

Jesús respondió: «Estás pensando más en lo que perderías; considera por un momento cómo la perla podría transformar tu vida. ¿Qué nuevas oportunidades te brindaría? Piensas más en ti y en tu familia. Considera más quién es mi Padre, qué ha planeado para ti y cómo podría cuidar de ti».

Jesús vio la batalla que se libraba en el corazón de Misael y dijo con dulzura: «Mi Padre sabe qué necesidades tendrás; si buscas mi Reino, cuidará de ti de un modo que ni siquiera puedes imaginar».

Jesús se volvió hacia Ananías. «Un día viniste a verme, Ananías, y me dijiste que deseabas seguirme, pero que necesitabas enterrar a tu padre. Ese mismo día tus amigos también quisieron seguirme, pero uno acababa de comprar un campo, otro unos bueyes, y otro acababa de casarse.»

Ananías estaba confuso y algo a la defensiva. «¡Era verdad! Necesitaba estar con mi familia, y era cierto que mis amigos habían hecho esas cosas. ¿Deberíamos haberlo ignorado todo?»

«Esas cosas sí *son* importantes», afirmó Jesús. «Mi Padre fue quien les dio sus familias, trabajos, posesiones... y quiere que sean responsables con ellas.

«La palabra clave que te retiene es 'pero'. Muestra tu mentalidad. En lugar de buscar maneras de obedecer y seguir, estás buscando razones para retrasar y rechazar.

«Cuando le dije a la gente: 'Si no odian a su madre y a su padre', obviamente no me refería a que despreciaran y maltrataran a sus familias. ¿Por qué querría eso, si son bendiciones de mi Padre?

«En lugar de eso, quiero que busquen primero seguirme y obedecerme, y que luego ajusten el resto de sus vidas a ese compromiso tan importante, y no al revés. ¿Entiendes?»

Ananías bajó la mirada y estudió el suelo por un momento, luego miró de mala gana a Jesús, asintiendo en silencio.

Jesús se volvió hacia el samaritano. Antes de que Jesús dijera nada, el hombre habló. «Ahora comprendo el significado de las palabras del ángel cuando dijo que podía corregir un error. En ese momento no se me ocurrió qué podía ser. Luego, cuando te vi, recordé el día en que tú y tus discípulos quisieron pasar por nuestro pueblo y no se lo permitimos».

Jesús sonrió. «A algunos de mis discípulos tampoco les cayó bien; por un momento creyeron ser Elías». Poniéndose serio, Jesús continuó: «Pero, por supuesto, invocar fuego no era lo que yo quería, así que fuimos a la aldea vecina, que sí nos recibió.

«Desde entonces, Jehú, ¿tú y tus amigos han pensado por qué fueron tan reacios a dejarnos pasar?»

Casi retorciéndose, Jehú admitió: «Ahora veo que fuimos necios, egoístas y cortos de vista. Algunos estábamos resentidos por cómo los judíos nos habían echado cuando intentamos pasar por pueblos de Galilea. Pensamos que 'ojo por ojo' no sólo era la respuesta adecuada de la Ley, ¡sino que también nos daba mucha satisfacción!

«Algunos temían que, si te mostrábamos hospitalidad, eso enfurecería a los fariseos que se te oponían. Ya teníamos bastantes problemas con ellos; ¿por qué íbamos a buscar más? Y luego, sinceramente, pensamos que quizá no merecíamos que vinieras a nuestro pueblo».

Su voz se entrecortó y se quedó pensativo un momento. Jesús esperó mientras meditaba sus palabras y se sentía conmovido por ellas.

Finalmente, Jehú se volvió hacia Jesús, avergonzado pero aliviado por haber por fin librado su corazón de tal carga. «Nos equivocamos. La hospitalidad y la generosidad nos importaron menos que vengarnos y protegernos». Miró a Jesús a los ojos. «Por favor, perdónanos, Señor. Serás bienvenido la próxima vez que vengas».

Jesús afirmó: «Sí, te perdono. Gracias por tus palabras. Y ya sea que vuelva a pasar por tu camino o no, trata a los próximos forasteros que lleguen a tu pueblo como si fueran yo. ¿Lo harás?»

«¡Claro que lo haré!» afirmó Jehú.

Por último, Jesús se dirigió al cuarto hombre. «¡Sedequías! Te conocí primero en casa de Mateo, como uno de sus amigos y colegas. Luego te vi muchas veces escuchando entre la multitud mientras enseñaba en Capernaúm. ¿Por qué crees que quería que vinieras hoy?»

Sedequías respondió: «Desde el día en que hablaste de calcular el precio de seguirte, he luchado con lo que eso podría significar para mí. Me gano bien la vida como recaudador de impuestos, aunque eso no me da muchos amigos.

«Sin embargo, no puedo eludir el desafío: ¿Qué significaría para mí dejar mi trabajo y seguirte? ¿Se enfadarían los romanos y me castigarían? Aunque ya no fuera recaudador, ¿me aceptarían o confiarían en mí? ¿Qué otro trabajo podría encontrar si no lo hicieran? ¿O podría seguir siendo recaudador de impuestos y seguir amando a Dios y a mi prójimo?»

«Se nota que has pensado en esto», respondió Jesús. «Cuando alguien considera ir a la guerra o construir una torre, y el costo es demasiado alto, la respuesta es simplemente no hacer esas cosas.

«Sin embargo, cuando te digo que calcules el costo de seguirme, no quiero decir que no debas seguirme si el costo es alto. Más bien, deseo que todos me sigan, pero han de calcular con cuidado, como lo has hecho tú.

«Seguirme implicará sacrificio, sufrimiento e incertidumbre, pero también te da acceso a bendiciones más grandes de lo que puedas pedir o imaginar. En mí tienes un pastor que cuidará de ti y andará detrás de ti sin descanso, aunque te alejes o te pierdas. Tienes un Padre que te perdonará y te amará, incluso cuando hayas desobedecido o hayas sido imprudente.

«Sí, calcula el precio. Pero luego ven y sígueme».

Jesús reunió a los hombres más cerca a su alrededor y buscó sus ojos y sus corazones. «Permítanme preguntarles ahora: ¿Valieron la pena sus razones para no seguirme?»

Los hombres negaron con la cabeza.

«Si hubieran decidido seguirme cuando tuvieron la oportunidad antes, ya habrían aprendido y sacado mucho provecho». Los hombres asintieron, sintiéndose disciplinados. «Pero mi llamado no se hace una sola vez, sino que permanece abierto a todos, desde ahora hasta el fin de los tiempos.

«Así que de nuevo los invito a los cuatro a seguirme, a comprometerse plenamente conmigo. Elijan la bendición, la perla, el tesoro, las oportunidades. Y no sólo eso; vuelvan a sus casas y pueblos e inviten a todos sus conocidos a hacer lo mismo. Así serán bendecidos, y otros también se unirán al reino».

Reflexiona

1. Cuando el hombre de Mateo 13 vendió todo lo que tenía para comprar la perla, ¿qué hizo después? ¿Qué le dijo a su esposa y a su familia? ¿Dónde durmió? ¿Tuvo que pedir ayuda a sus amigos? ¿La perla era algo que sólo escondía para tenerla, o le abría otras oportunidades?
2. Si Jesús te dijera que te falta una sola cosa, o que tienes que renunciar a una sola cosa para seguirle plenamente, ¿cuál sería esa cosa?

Aprende

Uno de los tres mejores recursos de estudio y de mejor valor que he encontrado en todos mis años de ministerio ha sido www.BiblePlaces.com, de Todd Bolen, que tiene más de 83.000 imágenes de tierras bíblicas, en formato jpeg o PowerPoint o versículo por versículo. Proceden de Israel, Jordania, Egipto, Líbano, Irán, Irak, Turquía, Grecia, Italia, Europa y muchas islas. Incluyen ciudades, montañas, ríos, objetos, personas, plantas, animales, mapas y mucho más. Darán color y vida a tu estudio de la Biblia de formas inesperadas y sorprendentes. Aunque nunca hayas ido a ninguna tierra bíblica, esto te ayuda a acercarte a ellas.

Viñeta 35

El endemoniado de Decápolis liberado

Marcos 5:1-20; Juan 1:11; Mateo 15:29

El viernes por la mañana, Jesús cruzó el Mar de Galilea en el Espíritu hacia Decápolis, donde la ciudad de Hippos se alzaba espléndida sobre una colina que dominaba el Mar.

Pronto llegó a una pequeña casa donde un hombre estaba sentado junto a la puerta, a la sombra del sol de la mañana, sumido en animada conversación con varios vecinos. Jesús se quedó mirando un momento, entonces el hombre se dio cuenta del nuevo visitante y se volvió para saludarlo.

De forma casi cómica, una expresión de alegría y asombro apareció en su rostro y corrió a abrazar a Jesús. Lo llevó al círculo de visitantes y le dio su sitio junto a la puerta, mientras Jesús saludaba a los demás presentes.

«¡Este es el hombre que me devolvió la vida!» exclamó el hombre al grupo, con orgullo y emoción. Mientras Jesús escuchaba, como lo haría un padre orgulloso, Abisúa continuó relatando a sus amigos sobre cómo Jesús había llegado una mañana a la orilla cerca del cementerio, se había enfrentado a la legión de demonios que el hombre llevaba dentro y los había expulsado.

Aunque la historia parecía demasiado fantástica para creerla, las pruebas estaban literalmente delante de ellos. Cuando Abisúa terminó su relato, los invitados le hicieron preguntas y finalmente se levantaron, se despidieron y se alejaron con rumbo al centro de la ciudad.

Jesús puso una mano sobre el hombro del hombre. «Cuando un amo regresa de un viaje, es bueno que encuentre a su criado haciendo lo que se le encomendó. Es obvio que tomaste muy en serio la misión que te encomendé aquel día».

«Cada momento de aquella mañana está grabado en mi mente», respondió Abisúa. «Después de que me libraste de los demonios, y de que la gente te pidió que te fueras del país, deseaba tanto irme contigo. Pensaba que aquí sólo sería el loco, el marginado, el peligroso, el maldito.

«Sin embargo, te negaste a dejarme ir contigo. Estaba sorprendido, decepcionado, incluso un poco dolido. Me sanaste, ¿pero no querías que fuera contigo? Entonces me dijiste que volviera a casa y contara simplemente lo mucho que el Señor—es decir tú—había hecho por mí».

Abisúa reflexionó un minuto, mientras Jesús esperaba pacientemente. «Ese día no pude entender por qué la gente del pueblo quería que te fueras, aunque estoy seguro de que algunos de los dueños de la manada de cerdos estaban enfadados por haber perdido su inversión. Pero lo único que habías hecho era sanar a un hombre al que nadie había podido ayudar. Supongo que eso los asustó, ya que no lo entendían.

«Aunque el pueblo me había expulsado, tú me aceptaste y me liberaste. Sin embargo, te pidieron que te fueras. Es irónico: Los únicos expulsados ese día fueron los demonios y tú», dijo Abisúa sacudiendo la cabeza con incredulidad.

Jesús le preguntó: «Dime, ¿qué pasó después de que te fueras a casa aquel día?»

Abisúa se detuvo un momento, recordando la mezcla de emociones que había sentido: Júbilo, gratitud, decepción, inquietud. «Cuando llegué a esta casa, mi esposa y mi hijo de cuatro años me esperaban afuera. Habían oído la historia por parte de amigos de los pastores de cerdos, pero no sabían si podía ser verdad.

«Cuando me dirigía a la puerta, mi esposa me examinaba de pies a cabeza. Yo ya no tenía heridas de las cadenas ni de las rocas; estaba tranquilo, vestido, en mi sano juicio y, sobre todo, me sentía en paz. Ella se me acercó vacilante, mirándome profundamente a los ojos. Más tarde me dijo que mis ojos la convencieron de que por fin algo había cambiado en mí.

«Respiró hondo y me puso la mano en la mejilla, con la mirada aún clavada en mí. Entonces me rodeó suavemente con sus brazos y apoyó su cabeza en mi pecho y empezó a sollozar, pero con lágrimas de alegría. Y yo estaba en casa». La voz de Abisúa se quebró al recordar las tiernas emociones de aquel reencuentro.

«¡Me devolviste a mi familia! Cuando mi hijo vio que su madre no estaba asustada, se acercó y nos abrazó las piernas. Yo había recuperado todo lo que realmente importaba, y estaba satisfecho».

Conmovido por la historia, Jesús se quitó una lágrima de los ojos y dijo: «Por eso te envié de regreso. Tu historia iba a ser para mucha gente, pero el primer capítulo trataba de que recuperaras la plenitud en todos los sentidos, empezando por tu esposa y tu hijo. Me alegro tanto por ti». Entonces Jesús le preguntó: «¿Qué pasó en el pueblo cuando empezaste a contar tu historia?»

Abisúa respondió riendo. «Al principio, no fue nada bien. Aunque todos habían oído hablar de mí, la mayoría no estaban convencidos. Cuando fui al centro de la ciudad, la gente me evitaba y pasaba de prisa, intentando no mirarme a los ojos. Las madres que llevaban niños pequeños los tomaban fuertemente de las manos al pasar, o ponían a los niños del otro lado, lejos de mí.

«Por fin oí a un par de jóvenes en la esquina burlándose del 'hombre loco', pero ¿qué me importaba a mí eso? El hombre a quien ridiculizaban ya no existía. Así que me acerqué a ellos y les pregunté si querían oír la historia del hombre loco. Se apartaron un poco cuando me acerqué a ellos; pero luego uno, un poco inseguro, dijo que sí quería.

«¡Entonces les conté la historia! Tal como a mis invitados aquí, les costaba creerlo, pero aún más les costaba negarlo. A medida que pasaba el tiempo y no gritaba ni echaba espuma por la boca ni me arrancaba la ropa», decía con una sonrisa de satisfacción, «la gente empezó a mirarme a los ojos, a detenerse para hablar, y a escuchar mi historia.

«Después de ese primer día, la gente perdió casi todo el miedo que me había tenido. Uno de los comerciantes de la calle me invitó a cenar a su casa la noche siguiente y le conté mi historia. Pronto otros hicieron lo mismo; supongo que yo era una novedad que les intrigaba.

«El milagro de que expulsaras los demonios llamó la atención de ellos. El siguiente paso lógico para ellos era preguntarse qué poder te había dado la capacidad de hacerlo. Y entonces me preguntaban quién eras.

«Les dije que creía que eras el Señor, que Dios era tu Padre y que te había enviado para ayudar a gente como yo. Les dije que no eras como los otros judíos que evitaban a los gentiles como si tuviéramos una maldición. Que creía que realmente te importábamos y querías ayudarnos.

«Muchos empezaron a preguntarse, ya que me habías sanado a mí, si también podrías sanarlos a ellos de las enfermedades que tenían. Habíamos oído algunas historias del otro lado del mar, pero no sabíamos si eran ciertas. Aunque fueran ciertas, ¿harías lo mismo aquí?»

Jesús lo elogió: «¡Lo has hecho muy bien, Abisúa! Estoy orgulloso de ti. Sé que fue duro para ti al principio; pero has perseverado y has sido tan fiel. Gracias a ti, muchos han llegado a la fe. Mi Padre ha visto lo que has hecho y te recompensará por tu valor y tu testimonio».

Abisúa se sintió conmovido por las palabras de Jesús. «Me alegré tanto cuando regresaste más tarde. Les había dicho a todos que creía que los ayudarías, si es que no te pedían que te fueras otra vez».

«¡Cierto!» declaró Jesús. «Nunca olvidaré el día en que al menos cuatro mil vinieron a verme fuera de esta ciudad. Eran un testimonio de tu trabajo».

«Y les mostraste tu amor y tu compasión sanándolos y alimentándolos», recordó Abisúa, «tal como lo hiciste antes con los judíos».

Jesús asintió. «Abisúa, dentro de unos días iré a Jerusalén, y luego volveré con mi Padre que está en los cielos. Quiero que continúes contando tu historia aquí. Pronto vendrán otros de Jerusalén con noticias de un grupo de creyentes que me siguen; irán primero a los judíos y luego a los gentiles de aquí. El Espíritu de mi Padre ayudará a dirigirlos hasta aquí. Y tú serás mi testigo ante ellos aquí y en toda esta región».

Abisúa miró a Jesús con seriedad, tratando de imaginar lo que podría depararle el futuro. El pasado ya había sido completamente inesperado y sorprendente. Entonces se arrodilló ante Jesús y le dijo humildemente: «Estoy a tu servicio. Te lo debo todo».

Jesús se arrodilló a su lado, le puso la mano en el hombro y oró: «Padre, gracias por Abisúa y por lo que has hecho a través de él desde aquella mañana hace dos años. Dale fuerza y sabiduría. Abre los corazones y las mentes de esta ciudad asentada sobre una colina para que se conviertan en tu luz en esta tierra».

Reflexiona

1. Jesús cruzó el Mar de Galilea, calmó una tormenta, se enfrentó a los demonios, y finalmente fue rechazado y

expulsado por la gente del pueblo. ¿Crees que tenía pensado quedarse más tiempo en la región, o que sabía lo que iba a pasar, y pasó por todo eso para ayudar a una sola persona?

2. Aquel día ayudó a un solo hombre, pero ese hombre trajo a 4.000 personas o más a ver a Jesús. ¿Qué es lo que Dios está haciendo en tu vida que parece pequeño ahora, pero que podría tener resultados inesperados y abundantes más adelante?

Aprende

La región conocida como Decápolis en la Biblia contaba con 10 ciudades establecidas por Alejandro Magno con valores y patrones helenísticos que aún hoy permanecen de alguna forma como parte de Jordania, Israel y Siria. Sus nombres entonces (y ahora) son: Canatha (Qanawat), Damasco, Dium (Capitolias), Gadara (Umm Qais), Gerasa (Jerash), Hipos, Pella, Filadelfia (Ammán), Raphana (Abila) y Escitópolis (Beit She'an). Aquí hay un buen mapa para verlos. https://www.jw.org/en/library/books/Insight-on-the-Scriptures/Decapolis/

Viñeta 36

El círculo se cierra: Acercándose de nuevo a Dios

Génesis 3:22-24; Éxodo 33:7-11; I Reyes 8:6-11; Juan 14:9; Hebreos 7:11-28

Jesús celebró el tercer sábado después de su resurrección volviendo a la sinagoga de Capernaúm. Todos los que habían estado presentes la semana anterior habían invitado a sus amigos de los pueblos vecinos, de modo que la sala principal de la sinagoga se llenó a rebosar.

Por invitación de Jairo, Jesús se levantó y pidió tres rollos al encargado de la sinagoga. Seleccionó uno y lo desenrolló para encontrar el primer pasaje.

«En el rollo del Génesis leemos la historia del primer pecado de Adán y Eva, y sus consecuencias. La historia termina así: *'Y dijo Dios: El ser humano ha llegado a ser como uno de nosotros, pues tiene conocimiento del bien y del mal. No vaya a ser que extienda su mano y también tome del fruto del árbol de la vida, y lo coma y viva para siempre. Entonces Dios el Señor expulsó al ser humano del jardín del Edén, para que trabajara la tierra de la cual había sido hecho. Luego de expulsarlo, puso al oriente del jardín del Edén a los querubines y una espada ardiente que se movía por todos lados, para custodiar el camino que lleva al árbol de la vida'*».

Jesús entregó el pergamino al asistente y explicó: «En el Jardín, Adán y Eva disfrutaban de la comunión diaria con mi Padre. En aquel mundo perfecto, antes de que viniera la serpiente, hablaban cara a cara con mi Padre, comprendiendo claramente su voluntad y sus propósitos. No tenían ningún concepto de la vida fuera de ese lugar o de esa relación.

«Pero después de su pecado, los seres humanos se vieron repentinamente alejados de Dios por su propia desobediencia y deseos. El resto del Tanaj describe cómo mi Padre ha ido cerrando poco a poco la brecha entre él y los humanos».

Tomando el rollo del Éxodo, Jesús leyó: «*Moisés tomó una tienda de campaña y la armó a cierta distancia fuera del campamento. La llamó 'la Tienda de reunión con el Señor'. Cuando alguien quería consultar al Señor, tenía que salir del campamento para ir a esa Tienda. Siempre que Moisés se dirigía a ella, todo el pueblo quedaba de pie a la entrada de su carpa y seguía a Moisés con la mirada, hasta que este entraba en la Tienda de reunión. En cuanto Moisés entraba en ella, la columna de nube descendía y tapaba la entrada, mientras el Señor hablaba con Moisés. Cuando los israelitas veían que la columna de nube se detenía a la entrada de la Tienda de reunión, todos ellos se inclinaban a la entrada de su carpa y adoraban al Señor. Y hablaba el Señor con Moisés cara a cara, como quien habla con un amigo. Después de eso, Moisés regresaba al campamento; pero Josué su joven asistente, nunca se apartaba de la Tienda de reunión*».[1]

Luego Jesús enseñó: «Al principio, mi Padre prefirió no hablar a todos a la vez, sino a una persona que lo representaría ante los demás. Así que Moisés recibió este privilegio y responsabilidad. Su experiencia restauró parte de lo que Adán y Eva disfrutaron. Sin embargo, fue incompleta; sólo parte del tiempo en presencia de Dios, y sólo un hombre hablando con Dios».

---

1. Éxodo 33:7-11 (NVI)

Jesús luego encontró su siguiente pasaje: «*En ese instante la nube cubrió la Tienda de reunión, y la gloria del Señor llenó el santuario. Moisés no podía entrar en la Tienda de reunión porque la nube se había posado en ella y la gloria del Señor llenaba el santuario. Siempre que la nube se levantaba y se apartaba del santuario, los israelitas levantaban campamento y se ponían en marcha. Si la nube no se levantaba, ellos no se ponían en marcha. Durante todas las marchas de los israelitas, la nube del Señor reposaba sobre el santuario durante el día, pero durante la noche había fuego en la nube, a la vista de todo el pueblo de Israel*».[2]

Jesús continuó diciendo: «Cuando se terminó de completar el tabernáculo, la gloria de Dios permaneció sobre el Lugar Santísimo, un recordatorio visible de la presencia de Dios. Ahora, en lugar de estar fuera del campamento, Dios moraba en el centro del campamento, visto por todos a través de los símbolos de la nube y el fuego. Aunque Dios se había acercado, la experiencia de Dios por parte del pueblo seguía siendo incompleta, porque sólo el sumo sacerdote podía entrar en el Lugar Santísimo, y eso sólo una vez al año».

Jesús tomó el tercer rollo y leyó de Reyes: «*Luego los sacerdotes llevaron el arca del pacto del Señor a su lugar en el santuario interior del templo, que es el Lugar Santísimo, y la pusieron bajo las alas de los querubines ... Cuando los sacerdotes se retiraron del Lugar Santo, la nube llenó el templo del Señor. Y por causa de la nube, los sacerdotes no pudieron celebrar el culto, pues la gloria del Señor había llenado el templo*».[3]

Jesús devolvió el tercer rollo al asistente y se sentó en la cátedra de Moisés. «Ahora mi Padre había elegido una ubicación fija en un edificio permanente. La gente siempre sabría que podría buscar su presencia allí. Así que el Templo se convirtió en el centro no sólo de su presencia, sino también de los servicios, sacrificios y fiestas del

---

2. Éxodo 40:34-38 (NVI)
3. 1 Reyes 8:6, 10-11 (NVI)

pueblo. Sin embargo, sólo un hombre podía entrar en la presencia de Dios, y sólo una vez al año.

«Cuando el Templo fue destruido y el pueblo partió al exilio, se preguntaban si mi Padre los había abandonado y si el pacto seguía vigente. Aunque los profetas prometían el regreso a la tierra, la presencia de Dios volvía a parecer distante, o incluso ausente.

«Pero luego, con el regreso de los exiliados, se reconstruyó el Templo, y todo continuó como antes hasta hace unos treinta años. En ese momento, mi Padre reveló la parte más audaz e inesperada de su plan de acercarse a su pueblo. No sólo enviaría al Mesías prometido, sino que ese Mesías sería Dios mismo en la carne, el Creador viniendo a lo que había creado.

«Y entonces me envió a mí, el Verbo de Dios hecho carne. Durante los últimos tres años, mientras he estado enseñando, sanando y trabajando entre ustedes, han visto el rostro de Dios mismo entre ustedes. Día a día, sin darse cuenta, recibieron el mismo privilegio que Adán y Eva tuvieron en el Jardín, es decir, estar en la presencia misma de Dios».

Un murmullo recorrió la multitud mientras las palabras de Jesús calaban hondo. Jesús podía discernir sus pensamientos. Dios mismo había vuelto a caminar entre ellos, y ellos lo habían ignorado, discutido con él, desobedecido, y finalmente lo habían matado. Estaban horrorizados y les remordía la conciencia. ¿Los castigarían Jesús y su Padre para luego abandonarlos de una vez por todas?

Jesús declaró: «A todos los que me reciben ahora y creen en mí, mi Padre les da derecho a ser hijos de Dios y a vivir diariamente en su presencia».

El alivio se apoderó de la sala al desaparecer la posibilidad de castigo y abandono. Entonces Jairo preguntó, en nombre del grupo: «Pero Señor, ¿qué significará para nosotros creer en ti y seguirte? ¿Qué esperan tú y tu Padre que hagamos?»

Asintiendo, Jesús respondió, «Ya les he enseñado algo de lo que significa ser mis seguidores y vivir en el Reino de los cielos, cómo sus ciudadanos viven, piensan, hablan y tratan a los demás.

«Ahora debe cambiar la manera en que ustedes entienden la Ley y algunas prácticas que han conocido toda su vida. Estas los han guiado hasta aquí y muchas de ellas han servido su propósito. Por ejemplo, un sumo sacerdote siempre ha servido de intercesor entre Dios y su pueblo. Ahora mi Padre me ha hecho a mí Sumo Sacerdote para siempre. Este cambio en el sacerdocio también significa un cambio en partes de la ley y el pacto. Yo soy la garantía del nuevo pacto, el que lo hace posible a través de mi identidad y de mis acciones.

«Mi muerte en Jerusalén fue un sacrificio por los pecados de todos los que creyeran en mí, y fue el cumplimiento de la promesa de Dios a Abraham de garantizar el nuevo pacto. Por lo tanto, los sacrificios realizados para conmemorar las promesas de Dios ya no son necesarios. Las promesas se han cumplido. Todas las cosas en el cielo y en la tierra han sido purificadas por este sacrificio perfecto. Ya no se requiere más».

Jairo y la gente se quedaron en silencio, tratando de asimilar este difícil concepto. Gran parte de su vida religiosa y de las fiestas se había centrado en llevar diferentes ofrendas. ¿Significaba eso que ya no tenían que ofrecer ningún sacrificio? ¿Los antiguos requisitos serían sustituidos por otros?

«Sé que es difícil de entender», reconoció Jesús. «Pero nuestro pueblo experimentó algo parecido durante el exilio, cuando no pudo adorar en el Templo ni llevar ofrendas a su altar. Así que ofrecieron sus oraciones, su estudio y sus actos de compasión hacia los demás, como exigía la Ley. Mi Padre aceptó esas cosas en lugar de las ofrendas ordenadas anteriormente. Bajo este nuevo pacto será similar».

Uno de los ancianos de la sinagoga preguntó: «¿Entonces ya no iremos al Templo ni ofreceremos sacrificios?»

Jesús dijo: «Mi Padre exigía estos sacrificios para diversos fines. Por ejemplo, los sacrificios de animales ayudaban a cubrir las necesidades de la tribu de Leví y de sus sacerdotes. Los sacrificios también enseñaban al pueblo la gravedad del pecado, la importancia de la gratitud, y la disciplina de dar generosamente. De este modo, forman parte de la cultura y la educación espiritual del pueblo, por lo que podrían continuar. Pero ya no están relacionados con la salvación.

«Del mismo modo, algunas de las leyes relativas a la limpieza o la pureza adquieren ahora un nuevo enfoque. Para mi Padre, el núcleo de la pureza siempre ha sido el corazón, los pensamientos y deseos de uno, expresados en acciones de amor. Así que ya no son necesarias las leyes sobre qué alimentos son puros. Todos los alimentos son limpios. La gente puede seguir observando estos principios por su salud, si así lo desea, pero no son necesarios para formar parte del reino de mi Padre, ni se castigará a la gente por lo que coma».

Otro hombre habló desde el fondo del recinto. «¿Cómo rendiremos culto aquí en la sinagoga o en el Templo? ¿Perderemos nuestras tradiciones o cambiaremos nuestra forma de rendir culto?»

«En los próximos días», respondió Jesús, «mi Padre revelará más acerca de cómo adorarán los que me siguen. Sin embargo, mucho de lo que ustedes han conocido durante toda su vida continuará, porque muchos principios que mi Padre dio en la Ley siguen siendo los mismos.

«Esta es la enseñanza central: Adora al Señor tu Dios con todo tu corazón y con toda tu alma. Alábale con corazón sincero, con gozo y alegría cada día, en toda forma, lugar y manera disponibles.

«Ustedes lo han expresado de diversas maneras a lo largo de los siglos. A veces utilizaban instrumentos como el arpa o la lira, la pandereta o la trompeta, las cuerdas o las flautas o los platillos. A veces cantaban, a veces bailaban. Adoraban solos y adoraban juntos. Todo esto continuará. Una vez más, la parte más importante de la adoración es un corazón dispuesto a buscar y alabar a mi Padre.

«Durante el tiempo que he pasado con ustedes, han tenido la bendición de ver cómo mi Padre ha terminado de borrar el abismo que había entre él y su pueblo. Dios vive de nuevo en medio de su pueblo a través de mí, y ahora también a través de ustedes.

«Pronto mi Padre revelará un paso más de su plan de acercarse, cumpliendo lo que prometió Jeremías respecto al nuevo pacto. Todos ustedes recibirán permanentemente una bendición raramente dada en el pasado. Estén alerta y preparados. Será 'Emanuel' para cada uno de ustedes».

Reflexiona

1. ¿Cuál crees que es el paso final del acercamiento de Dios?
2. ¿Cuál es la forma más natural y auténtica de adorar o expresar tu relación con el Señor?

Aprende

Considera algunas de las historias y prácticas del culto judío en los Salmos 66, 95, 96, 98, 100, 147-150; y el nuevo pacto que Jeremías prometió en Jeremías 31:33-34.

Viñeta 37

Almuerzo con el rabí de Nazaret

Lucas 2:41-52, 4:14-30; 2 Corintios 3:14-16

El domingo por la mañana temprano, Jesús se trasladó en el Espíritu a Nazaret para pasar un tiempo con su familia y con otros habitantes del pueblo que conocía desde hacía décadas. Se unió a los reunidos para las oraciones matutinas en la sinagoga de Nazaret.

Cuando terminaron las oraciones, la gente se detuvo para saludar a Jesús. Muchos parecían estudiarlo disimuladamente, pero con detenimiento, como si quisieran convencerse de que aquel personaje famoso era realmente el mismo Jesús que había crecido entre ellos.

Más de dos horas después, todos se habían marchado, y el rabí local, Shemuel, invitó a Jesús a compartir con él la comida del mediodía. Bajaron por la calle hasta la pequeña casa del rabí.

Jesús dio gracias: «Bendito seas, Rey del Universo, por haber puesto a este justo en esta aldea, y por haber producido por medio de él una cosecha de justicia. Te ruego que lo bendigas y lo sigas utilizando para enseñar tu Ley, con creciente comprensión y sabiduría».

A Shemuel se le humedecieron los ojos al recibir este regalo inesperado. Jesús le dijo: «Te agradezco lo que me enseñaste de niño en la sinagoga. Tu amor por Dios y su Torá fue evidente para nuestro grupo. Fuiste para nosotros un árbol de vida plantado junto a corrientes de agua».

Shemuel respondió: «Cuando tu padre y tu madre te trajeron a la escuela de la sinagoga aquel primer día, te entregaron como quien entrega un gran tesoro. Nunca olvidaré los ojos de tu madre cuando dijo: 'El Señor nos concedió el privilegio de tener a este niño en nuestra familia. Él nos ha enseñado acerca del Señor. Confiamos en que tú también le enseñarás acerca del Señor'.

«Por supuesto, cada niño es precioso a su manera, así que no pensé demasiado en eso en ese momento. Pero cuando empecé a enseñarte, fue como si tu mente ya estuviera en sintonía con la Ley, como si la Palabra encontrara en ti un hogar con el que de algún modo ya estaba familiarizada... agua corriendo por canales ya calados...». Su voz se entrecortó. «Y sabía que eras especial.

«Sólo tenías cinco años cuando empezaste las clases y, sin embargo, parecías deducir significados en algunos textos que los demás niños nunca consideraban. Cuando leíamos y memorizábamos la historia del Éxodo de nuestro pueblo de Egipto, los otros niños hablaban de la comida; tú preguntabas por la sangre del cordero pintada en la puerta. Cuando los otros niños hablaban de que el ángel de la muerte liberó a los hebreos, tú preguntabas cómo se sentían las madres egipcias al perder a sus primogénitos.

«O cuando los niños hablaban del Señor, usaban los muchos nombres que describían su carácter, acciones e identidad: Shaddai, Rafael, Adonai y más. Tú los conocías a todos, por supuesto; pero a menudo, cuando hablabas del Señor, decías simplemente: 'Mi Abba'».

Shemuel miró a Jesús. «¡Tu madre tenía razón! Fue un raro privilegio sentarme contigo a los pies de Adonai».

«En cierto modo, yo era como los demás niños», respondió Jesús. «Tuve que estudiar mucho para aprender lo que enseñabas. Y, sin embargo, también tienes razón en que me sentía como en casa, como si la Palabra de Dios fuera mi lengua materna, o como si, cuando aprendía algo nuevo, se conectaba con algo ya presente en mi mente, un eco de palabras pronunciadas antes que ahora volvían para ser escuchadas.

«A medida que crecía, empecé a reconocer la voz dentro de mi cabeza como la voz de mi Padre. Desde que fui a Jerusalén a los doce años, mi Padre empezó a revelarme más de su plan para mí, enseñándome sobre mi verdadera identidad. También me mostró que debía ser completamente obediente a su voluntad, a pesar del sufrimiento que sobrevendría».

Hubo una pausa en la conversación y Shemuel cambió de dirección. «¡Me alegra ver que el servicio de hoy haya terminado de forma diferente al de hace tres años aquí!» Su sonrisa reflejaba auténtica alegría, pero también alivio, mezclado con un toque de pesar avergonzado.

«Aquel día no entendimos quién eras realmente, ni lo que estabas a punto de hacer. Cuando leíste a Isaías y dijiste que la Escritura se había cumplido, la mayoría de nosotros pensamos que tu intención era enseñar y servir entre el pueblo, como habían hecho muchos rabinos. ¿Quién no estaría orgulloso de un joven tan bueno?

«Por supuesto, todos estábamos seguros de que el Mesías, el *ntzer*, vendría un día de nuestro pueblo. Hasta le habíamos puesto ese nombre a nuestra ciudad. Pero habían pasado cientos de años desde que el pueblo recibió ese nombre. En ese tiempo, muchos falsos mesías habían venido y se habían ido.

«Cuando leíste ese pasaje, creímos que se refería al Mesías, pero nos costó relacionarlo contigo. Y cuando nos criticabas por nuestra falta de fe, y alababas a los gentiles en vez de a los judíos, nos enfurecías».

Los pensamientos de Shemuel volvieron a la multitud de aquel día, malhumorada, enfurecida, dispuesta a arrojar a Jesús por el acantilado en las afueras de la ciudad. «Me avergüenza decir que yo también me sentí ofendido. Habiéndote enseñado desde que eras pequeño, me pareció una falta de respeto que hablaras así de nosotros».

Suspirando con pesar, continuó: «Debería haber detenido a la gente, pero aun así estaba enfadado. Sin embargo, Dios velaba por ti y te ayudó a alejarte de nosotros. Una vez que decidiste irte, nadie intentó detenerte. Nunca entendí muy bien cómo sucedió, pero me alegro de que así fuera».

Jesús reconoció: «Cuando se cumple una profecía, a menudo es difícil reconocerlo en ese momento exacto. A pesar de todo lo que mis padres y yo habíamos hecho para ayudar al pueblo mientras crecía, siempre había quien dudaba. Por eso nunca pude hacer muchos milagros aquí durante mi ministerio. Nunca reconocieron plenamente que soy el Hijo de Dios y Mesías. Otros, que no llevaban velo sobre los ojos, reconocieron y afirmaron mi identidad enseguida».

El rabí asintió. «Empecé a entender más mientras te observaba estos tres últimos años. Alguien me contaba una historia sobre lo que habías enseñado, o sobre alguien a quien habías sanado, y yo me iba a casa por la noche a leer los pergaminos de Isaías, los Salmos o Zacarías. Poco a poco me di cuenta de que lo que hacías coincidía, y hacía realidad lo que los profetas habían dicho hacía mucho tiempo. Cuando moriste, me afligí y me pregunté si me había equivocado, si eras otro Mesías con buenas intenciones, pero equivocado.

«Pero entonces llegó la noticia de tu resurrección, y Dios te confirmó de nuevo como su Hijo y nuestro Mesías. Aunque muchos dudaban antes, ahora creen».

Reflexiona

1. ¿Cuándo crees que Jesús se dio cuenta de quién era realmente y cuál sería su misión en la tierra?
2. ¿Crees que Jesús pudo resistir la tentación, hacer milagros, y ser perfecto porque era divino o porque era un ser humano que contaba con la ayuda y el poder de Dios? Si fue esto último, ¿qué significa para tu capacidad de imitar a Jesús en esos aspectos?

Aprende

En la época de Jesús, había dos tipos básicos de rabí: Maestros de la Torá (maestros de la ley) y rabinos con *semijá (semicha,* autoridad), cada uno con derecho a enseñar a su manera. Véase el análisis de Ray Vander Laan sobre un rabí y sus discípulos, y cómo la educación y el ministerio de Jesús se ajustan a los patrones típicos judíos. https://www.thattheworldmayknow.com/rabbi-and-talmidim

También puedes ver videos cortos sobre la mentalidad oriental (clase 12A), rabinos y *talmidim (*discípulos, clase 12B) y métodos de enseñanza rabínica (clase 12C) en https://ibitibi.org/en/life-of-christ.

Viñeta 38

Historias bajo el olivo

Apocalipsis 21:1-27; Juan 14:2-6

A última hora de la tarde, algunos aldeanos se reunieron cerca del olivo más antiguo de Nazaret. Algunos lo llamaban el tocayo de la ciudad, el recordatorio del futuro.

El viejo árbol había existido durante cientos de años; su tenaz resistencia servía como apto testimonio de la alianza eterna de Dios con la nación de Israel. Durante generaciones, los rabinos y los padres del pueblo habían traído aquí a los niños para enseñarles la historia de Israel y de cómo Dios los había regresado a este lugar tras el exilio, con sus promesas aún vigentes.

En esta tarde agradable, la Raíz de Isaí se apoyaba en el tronco del árbol, la Promesa ahora hecha carne y cumplida. Contempló con una sonrisa en la cara cómo los niños risueños correteaban alrededor del árbol, trepaban, se sentaban en sus ramas y llamaban a sus padres.

Al final se cansaron, y como polillas atraídas por una llama, se reunieron en torno a Jesús. Uno se sentó en su regazo y los demás se acercaron hasta donde más pudieron. Uno de los niños dijo: «¡Cuéntanos una historia!»

Jesús sonrió al círculo de rostros radiantes y dijo: «Dentro de unos días, dejaré Galilea y volveré a casa». Entonces uno de los niños preguntó, «¿Qué casa? Creía que te habías criado aquí».

Jesús respondió, «Viví aquí un tiempo. Pero antes de eso, vivía lejos. De hecho, está tan lejos que no podrías llegar en mil días, ¡ni siquiera montando el caballo más rápido!»

Los niños lo miraban con los ojos muy abiertos. «Entonces, ¿cómo podemos llegar allí?»

«Bueno», respondió. «Supongo que se podría decir que yo soy el camino para llegar hasta allí; tienen que caminar conmigo. De hecho, mi Padre quiere que vengan todos ustedes y sus familias; está preparando todo para que vengan, si así lo quieren».

«Pero ¿es un lugar divertido? ¿Qué podemos hacer allí?» preguntó un pequeñito.

Jesús miró a los niños. «¿Qué les gusta hacer?» preguntó. Las respuestas brotaron con entusiasmo.

«¡Me gusta trepar árboles!»

«¡Me gusta nadar en el mar!»

«¡Quiero jugar con mis amigos!»

«¡Me gusta *comer*!»

Jesús se rió y les prometió. «¡Donde yo vivo, pueden hacer todo eso!» Levantó la mirada y preguntó a los padres reunidos a su alrededor, «Y si ustedes pudieran ir allí, ¿qué les gustaría hacer?» Algunos de ellos parecían un poco avergonzados, como si fueran demasiado mayores para participar en un juego de fantasía infantil. Otros se quedaron pensativos mientras reflexionaban.

Finalmente, una joven madre dijo: «Me gustaría estar segura de que mis hijos tengan un lugar seguro donde crecer y donde nunca nadie les haga daño».

Un padre añadió: «Me gustaría saber que puedo proveer lo suficiente para mi familia, e incluso más».

Después de la tumba

Una mujer mayor dijo: «Me gustaría poder hacer lo que hacía cuando era más joven, ¡y no envejecer nunca más!»

Un joven dijo: «Me gustaría crear algo nuevo y sorprendente que fuera bello y útil para la gente».

Jesús escuchó sus palabras y sus corazones; la preocupación, el anhelo, la desesperación, el ansia, la pasión; y luego dijo en voz baja, «Donde yo voy, pueden tener todas esas cosas».

Ahora incluso los adultos tenían los ojos muy abiertos, aunque algunos parecían dudosos o inseguros.

Jesús continuó, «Déjenme contarles un poco sobre mi verdadero hogar. En un lugar», dijo mirando al niño que quería trepar a los árboles, «hay una montaña alta cubierta de árboles y un arroyo que baja por la ladera y desemboca en un hermoso lago. Alrededor del lago hay un valle maravilloso, con campos y prados y un bosque de árboles en los que crecen todo tipo de frutas y frutos secos. En los campos y bosques vive todo tipo de aves y animales, y en el lago hay todas las clases de peces que se puedan imaginar... ¡incluso algunos que ni conocen!

«Mi Padre vive en un palacio espléndido y enorme, en medio de una fabulosa ciudad construida sobre una montaña en el otro extremo del valle. Las murallas de la ciudad son de mármol blanco, y sus calles son de oro puro. La puerta de la ciudad es de la mejor madera de cedro, decorada con las gemas más preciosas y coloridas engastadas en plata y montadas sobre ella.

«Los que viven en el país de mi Padre están siempre felices y seguros», dijo Jesús mirando a la madre joven. «Ellos aman a mi Padre y se aman unos a otros; se cuidan mutuamente y comparten todo lo que tienen.

«En el país de mi Padre, la gente nunca se aburre; siempre hay cosas interesantes que hacer. Cada día inventan formas de hacer la ciudad más interesante o bonita; construyen casas o edificios nuevos, escriben historias o canciones, crean juegos divertidos, pintan cuadros o hacen esculturas.

«Todas las noches la gente acude al palacio para celebrar un gran banquete con las mejores comidas y exquisitos platillos. Luego se turnan para enseñarse unos a otros lo que han hecho ese día, y dejan que la gente pruebe sus nuevos inventos.

«Cuentan historias sobre lo que hicieron ese día, o sobre su paso por la tierra. O mi Padre les cuenta historias que nunca han oído sobre gente de lugares en los que nunca han estado.

«De vez en cuando, mi Padre invita a algunos ciudadanos a hacer algo totalmente nuevo». Jesús dijo sonriendo a un joven que estaba a su lado. «¿Te gustaría ayudar a mi Padre a inventar un nuevo animal que nadie haya visto nunca?»

Al muchacho le brillaron los ojos. «¿Realmente podría hacerlo? ¡Sí, claro que me gustaría!»

Luego Jesús le preguntó a la niña que tenía en su regazo. «Y a ti, ¿te gustaría volar por los aires como los pájaros, por donde quisieras?» La niña levantó la vista y asintió tímidamente mientras Jesús le sonreía.

Los adultos reían con indulgencia mientras observaban a sus hijos. Jesús repitió, «Donde yo voy, ustedes pueden tener y hacer todas estas cosas». Los niños lo miraban asombrados. Los adultos dudaban; querían que todo fuera cierto, pero parecía demasiado lejano, demasiado distinto de su realidad actual. El escepticismo y la esperanza competían en sus ojos.

Jesús les dijo con dulzura, «Si no fuera así, yo se lo habría dicho. Voy a preparar un lugar para ustedes. Si creen en mí, volveré y los llevaré a todos para que estén conmigo allí. Recuerden: Yo soy el camino al país de mi Padre. Quiero que cada uno de ustedes esté allí.

«Sé que parece que ese lugar está muy lejos en el espacio y en el tiempo. Pero si forman parte del reino del que les he hablado durante tres años, ya son ciudadanos del país de mi Padre. Han empezado a vivir en su reino, aunque todavía no lo parezca.

«Siempre que me aman a mí o a mi Padre, demuestran que forman parte de nuestro reino. Cada vez que comparten con los demás, cuando se cuidan mutuamente, se enseñan, se divierten juntos, disfrutan de una buena comida... están saboreando lo que será vivir para siempre en el país de mi Padre. Así que vivan así, hasta que vuelva para llevarlos conmigo».

Reflexiona

1. ¿Cómo entiendes los pasajes sobre el cielo en el Apocalipsis, como los capítulos 21-22? ¿Qué se puede o se debe tomar literalmente, o qué debe tomarse simbólicamente?
2. De las cosas mencionadas en esta reflexión, ¿qué es lo que más te gustaría encontrar en el cielo?

Aprende

Recomiendo encarecidamente el libro de Randy Alcorn, *Heaven* (El Cielo), por sus enseñanzas sobre cómo puede ser el cielo, incluyendo cómo serán nuestros cuerpos, qué podemos hacer, cómo pueden ser nuestras relaciones, y mucho más. Un concepto clave es el de la continuidad redentora: La idea de que Dios redimirá su creación, de modo que todo lo bueno que creó para la tierra continuará de algún modo en el cielo.

Viñeta 39
¿Les gustaría escribir un evangelio?

Juan 14:26, 15:26, 16:13-15; Marcos 12:41-44; I Reyes 17

A media mañana del lunes, Jesús estaba de regreso en Capernaúm. Fue primero a casa de Pedro y saludó a su familia, así como a Juan, que había pasado allí la noche.

Jesús le dijo a Juan, «Ven conmigo; quiero hablar de algo contigo». Juan lo siguió con anticipación fuera de la casa y calle abajo hasta la casa de Mateo, en la parte norte del pueblo. Allí Jesús repitió su invitación a Mateo, y luego los condujo a la sinagoga.

El rabí de la aldea y Jairo estaban hablando en la sala principal de la sinagoga. Después de saludarlos, Jesús preguntó: «¿Podríamos mis amigos y yo conversar en la escuela de la sinagoga? Ya nos habremos ido para cuando lleguen los alumnos esta tarde». El rabí aceptó encantado.

Los tres se reunieron en torno a una mesa, recordando cuando habían pasado cientos de horas estudiando la Torá en lugares como este: Juan en Betsaida, Mateo en Capernaúm, Jesús en Nazaret.

Jesús les preguntó: «Cuando estudiaban la Torá y los Profetas,

¿pensaron alguna vez en los hombres que escribieron esos libros, o en cómo los escribieron?»

Juan respondió: «Solía preguntarme cómo los había elegido Dios. ¿Eran los mejores alumnos o escritores? ¿O eran más rectos? ¿O tal vez fueron testigos oculares?»

Mateo añadió: «Supongo que Dios eligió a quien le pareció mejor para cada libro. Pero me preguntaba cómo decidían qué escribir. ¿Les dictaba Dios, como hacían los rabinos con nosotros a veces? ¿Escribieron sólo lo que vieron, o sus historias o ideas favoritas? ¿Hablaron con otras personas para aprender de ellas, o lo escribieron ellos solos?»

«¡Buenas preguntas!» comentó Jesús. «Mi Padre sí eligió a personas que lo amaban y se preocupaban por compartir Sus historias con otras personas. Ningún escritor era perfecto; nadie conocía todos los detalles en cuanto a todo; nadie escribía exactamente con el mismo estilo.

«Estos hombres de fe oraban a mi Padre mientras escribían, y Él les ayudaba a recordar cosas que habían visto o estudiado. Cuando un autor no había sido testigo ocular de un acontecimiento, como la creación o el diluvio, mi Padre lo guiaba hacia las fuentes que habían conservado esos relatos. Sin embargo, mi Padre permitió que cada autor mantuviera su propia perspectiva; por eso, algunos de los Escritos tales como los Libros de los Reyes, Crónicas, o Samuel, son diferentes en algunos detalles.

«Cuando la gente experimenta la Palabra de Dios, es viva y activa. Eso significa que cada persona puede entender o aplicar la Palabra de forma un poco diferente. Y puesto que las situaciones de vida y las perspectivas de las personas han cambiado a lo largo de la historia, el desafío constante es aplicar la Palabra de Dios de la manera más pertinente posible.

«Mi Padre se revela a sí mismo y revela la verdad en cada parte de las Escrituras. Como mi Padre no está limitado en el tiempo o en el espacio o en el conocimiento, siempre revelará algo nuevo en su Palabra a los que lo buscan.

«A eso se refería en parte David cuando dijo: *'Señor, hazme conocer tus caminos; y enséñame tus sendas. Encamíname en tu Verdad ... El Señor brinda su amistad a quienes le temen y les da a conocer su pacto'*.

«Entonces, mi Padre ayuda a los distintos autores a enseñar algo nuevo a quienes lo buscan. En conjunto, pintan una imagen multifacética de Él. Por eso, los que creen en mi Padre y lo siguen, no pueden hacerlo por sí solos. Nadie puede entender toda la Palabra de Dios por sí mismo. Necesita una comunidad, porque cada persona aporta algo nuevo y útil, y toda la comunidad junta crece continuamente en su comprensión de la Palabra y de mi Padre».

Hubo una pausa mientras Mateo y Juan consideraban las palabras de Jesús. Desde la puerta de al lado, oían las voces tranquilas del rabí y de Jairo, y desde afuera los sonidos de una mañana bulliciosa en el pueblo.

Jesús continuó: «Ustedes ya han considerado mucho de esto. Pero lo menciono de nuevo para preguntarles a los dos: ¿Les gustaría unirse a ellos?»

Sorprendidos, los dos hombres se miraron el uno al otro confundidos y luego volvieron a mirar a Jesús. Mateo preguntó, «¿Unirnos a quién? ¿En qué?»

Jesús sonrió. «Unirse a los autores que escribieron la Palabra que han estudiado toda su vida».

Sus rostros seguían inexpresivos; no lo estaban siguiendo para nada. Juan se aventuró a decir, «No entiendo. ¿Cómo nos uniríamos a ellos?» Miró alrededor de la habitación. «¿Están... aquí en alguna parte?»

Jesús se rió. «No; pero dentro de unos días, los que crean en mí entrarán en una nueva era en sus vidas. En el monte Sinaí, los israelitas comenzaron a vivir bajo un pacto diferente al que Dios hizo con Abraham. Del mismo modo, mis seguidores compartirán un nuevo pacto basado en mi vida, muerte, resurrección, promesas y poder.

«Tal como mi Padre proveyó la Ley en forma escrita, mis seguidores necesitarán con el tiempo un registro de lo que he hecho». Jesús examinaba los ojos de ellos. «Quiero que escriban sobre mi historia... mis buenas noticias».

Mateo y Juan se quedaron estupefactos. Toda su vida habían reverenciado la Palabra de Dios, la habían estudiado, memorizado, meditado, se habían preguntado en cuanto a los hombres que la habían escrito. Ahora Jesús les pedía que se unieran a Isaías, David, Jeremías y tantos otros para compartir la historia de salvación, una historia que ahora culminaba con el Hijo de Dios que vino a vivir con los humanos. No sólo habían vivido parte de la historia; ¡ahora también iban a escribirla!

Recuperándose poco a poco del estado de conmoción, Mateo y Juan empezaron a plantearse cómo lograrían hacer esto. Juan preguntó: «¿Nos estás diciendo que deseas que escribamos juntos la historia?»

«No», respondió Jesús. «Cada uno de ustedes es diferente. Mateo, tu trabajo te ha enseñado a ser organizado y metódico, a ser capaz de presentar un informe claro de lo que haces. Estás acostumbrado a conciliar diferentes cuentas de empresas con tu propio trabajo. Estos rasgos te servirán para contar lo que has vivido conmigo.

«Como judío fiel, sabes lo que tus hermanos y hermanas esperan de las profecías sobre el Mesías. Conciliarás sus expectativas con la realidad de mi ministerio entre ellos. Les ayudarás a entender cómo mi Padre ha cumplido las promesas hechas a lo largo de las Escrituras».

Luego Jesús se volvió hacia Juan. «Juan, uno de tus dones es tu pasión, aunque a veces esté mal dirigida hacia la ira o el orgullo. Has empezado a aprender a amar como yo les enseñé a todos. Eres perspicaz y estás abierto al Espíritu, dispuesto a creer y a actuar. Tienes un don para hacer amigos leales. Así que lo que escribas será diferente de lo que escriba Mateo y será útil para un público diferente. Mucha gente en lugares muy lejanos, tanto en distancia como en creencias, llegará a tener fe en mí gracias a lo que escribas.

«No los elijo por su fe, o sus acciones, o por su carácter perfecto, aunque tienen algo de las tres cosas. Más bien, los elijo porque creo en ustedes. Y recuerden que he prometido enviar al Espíritu para que les enseñe y les recuerde esta nueva responsabilidad, igual que mi Padre ayudó a los escritores del Tanaj. Ustedes han sido testigos oculares de gran parte de mi ministerio, pero mi Padre también les revelará detalles que no podrían haber conocido sobre algunas de esas historias.

«Otros transmitirán muchas historias, quizá incluso acontecimientos privados de mi ministerio en los que ustedes no estuvieron presentes. En los próximos años, tendrán tiempo para elegir qué historias incluirán, reflexionar sobre lo que creen que mi Padre quiere que digan, y seleccionar el público principal con el que quieren compartir sus historias.

Sonriendo a Juan, Jesús terminó diciendo, "La verdad es que, si intentaran escribir todas las historias de las personas con las que he estado, ¡probablemente no habría suficiente espacio en el mundo para todas ellas!

Reflexiona

1. ¿Cuál es el equilibrio entre el hecho de que Dios inspira a los autores bíblicos con su verdad y el hecho de que les permita escribir desde sus propias perspectivas y trasfondos? Algunos dirían que Dios permite aparentes contradicciones o errores en algunos de los escritos históricos como Reyes, Crónicas y los Evangelios. ¿Cómo responderías tú?

2. ¿Qué impacto pueden tener estas preguntas sobre tu fe o tu comprensión de la Biblia?

Aprende

Las tres divisiones principales del Antiguo Testamento judío eran la Torá (Ley), los Navim (Profetas) y los Ketuvim (Escritos). La letra K en *Ketuvim* puede ser Kh en hebreo; esta combinación crea un sonido más suave, similar al de la letra J en español. Los judíos combinaron la primera letra de cada una de estas secciones y formaron la palabra Tanaj, que es la palabra que usan para el Antiguo Testamento. De hecho, muchos judíos que no creen en Jesús como Mesías no aceptan el Nuevo Testamento como su Biblia. No tienen el Antiguo y el Nuevo Testamento, sino sólo el Tanaj. Además, algunos de los libros del Tanaj hebreo están combinados de forma diferente a nuestro Antiguo Testamento. Por ejemplo, 1 y 2 Samuel son un solo libro, al igual que 1 y 2 Reyes, y 1 y 2 Crónicas. Lo que llamamos los doce Profetas Menores son un libro del Tanaj. Este tipo de cambio da como resultado un total de 24 libros en el Tanaj hebreo, y no 39 libros como muchos aceptan. Para más información sobre la Biblia hebrea, consulta https://en.wikipedia.org/wiki/Hebrew_Bible#:~:text=In%20Tiberian%20Masoretic%20codices%2C%20including,%2C%20Esther%2C%20Daniel%2C%20Ezra.

Viñeta 40

¡Salgan de la barca!

Salmo 89:9, 107:29-30; Job 9:8; Hebreos 12:2; Juan 14:12

La mañana del martes amaneció luminosa y soleada, el aire estaba fresco y lleno del aroma de las flores nuevas, y la primavera se había establecido plenamente. Jesús se reunió con los discípulos fuera de la sinagoga después de las oraciones matutinas.

«Vamos a la barca. Hoy tengo algo especial que hacer con ustedes». Caminaron juntos hasta el muelle principal de Capernaúm, donde había una barca lista para hacerse a la mar.

Como la mañana estaba tranquila, remaron hasta la mitad del lago en dirección a Betsaida, en la orilla norte. Cuando aún estaban a cierta distancia, Jesús les dijo que dejaran de remar. El barco costeaba por el agua y luego se meció suavemente hasta detenerse.

Era un día perfecto. Las pequeñas olas golpeaban la proa del barco; los pájaros revoloteaban en el aire; los pueblos de pescadores dormitaban apaciblemente a orillas del lago que centelleaba bajo el sol de la mañana.

«Paz, estate quieto...», murmuró Juan. «Y así es...»

«Ustedes saben que mucha gente cree que este mar es un lugar donde los dioses paganos o los demonios tienen poder para provocar tormentas o hundir barcas», les declaró Jesús. «Algunos incluso lo llaman 'el abismo', creyendo que bajo este mar hay una abertura al Hades. Pero en el tiempo que hemos pasado juntos, ustedes han visto que fundamentalmente Dios sigue controlándolo todo. Después de que calmé la tempestad, se preguntaban unos a otros: '¿Quién es éste que da órdenes incluso a los vientos y a las olas?'

«Recuerden los salmos: *'Tú gobiernas sobre el mar embravecido; cuando se levantan las olas, tú las calmas'* y *'Cambió la tempestad en suave brisa: Se sosegaron las olas del mar. Ante esa calma se alegraron...'*[1] Jesús les sonrió. «¡Y sí se alegraron!

«Después, la noche en que vine a ustedes caminando sobre el agua, pensaron que era un fantasma. Pero recuerden las palabras de Job: *'Él se basta para extender los cielos; somete a su dominio las olas del mar'*».[2]

Hizo una pausa para observar sus rostros pensativos. «Aquella primera noche después de la tormenta, comenzaron a vislumbrar quién era yo. Me han visto hacer cosas que antes sólo mi Padre podía hacer. Así que están experimentando uno de mis nombres: Emmanuel. Dios con ustedes, ahora mismo en esta barca. Cuando Dios está con ustedes, todo es posible».

El silencio que siguió parecía un sueño del cual habrían de despertar, pero no era un sueño. En silencio, revivieron los acontecimientos de aquellas dos ocasiones: El miedo sustituido por el asombro, el desastre inminente convertido en milagros imposibles. Y el milagro más improbable de todos les sonreía desde la parte delantera de la barca: Dios hecho carne.

Pareciendo cambiar de tema, Jesús comentó: «A veces, mientras íbamos por el camino, los oía hablar entre ustedes sobre quién era el más importante». Ellos se miraron unos a otros un poco

---

1. Salmo 89:9; 107:29, 30 (NVI)
2. Job 9:8 (NVI)

avergonzados. Luego Jesús continuó, «Al menos una vez oí que Pedro preguntaba si alguno de ustedes había caminado alguna vez sobre el agua, como él. Aunque no les gustó esa pregunta, eso puso fin a la conversación». Pedro soltó una risita.

«Entonces», dijo Jesús enérgicamente, «¿les gustaría probar?» Los miró expectante. Ellos le devolvieron la mirada, perplejos. De repente lo entendieron, y Jesús vio que en los ojos de algunos de ellos brillaba el entusiasmo.

Aclarando la garganta, Pedro dijo suavemente, «Si alguno necesita que le enseñe a hacerlo otra vez, ¡con mucho gusto yo iré primero!»

Jesús extendió la mano con un ademán ostentoso hacia el agua por encima de la borda. «Por supuesto, Pedro. Pero déjame estar preparado, por si acaso». Con calma, Jesús bajó de la barca, caminando despreocupadamente varios pasos más allá de la barca, y luego se volvió hacia ellos. Los demás discípulos respiraban agitadamente; aunque ya lo habían visto antes, de algún modo parecía aún más irreal bajo el sol de la mañana.

Puesto en pie, Pedro se estiró. «Una mañana tranquila en lugar de una noche tormentosa. Esto debería ser bastante fácil». Dándoles una última sonrisa de satisfacción a los otros hombres, Pedro dio un gran paso sobre el borde y cayó en picada directamente bajo el agua con un gran chapuzón. Segundos después, salió a la superficie, retorciéndose, chapoteando, tratando de alcanzar la barca a ciegas. Mostrando piedad, Juan y Santiago lo tomaron de las manos y lo arrastraron de regreso a la barca entre gritos de risa y bromas.

«Pedro, la Roca... ¡se hunde hasta el fondo!»

«No tienes que bucear para pescar. ¡Para eso tenemos las redes!»

«Gracias por enseñarnos, Pedro; ¡pero ya sabemos cómo ahogarnos!»

Jesús se rió mientras observaba a sus amigos. ¿Quién iba a pensar hace tres años que este grupo llegaría a estar tan unido como lo estaba ahora?

Jesús sonrió con picardía a Pedro y exclamó, «¡Eso no va a ser difícil de superar! ¿Quién es el siguiente?»

De repente, tan quietos como las aguas, los hombres miraron a su alrededor, cada uno deseando que los demás dieran un paso adelante. Entonces, sorprendentemente, Tomás se levantó. «¡Yo lo intentaré! Pero... ¿cómo lo hago?» preguntó a Jesús.

«Da el primer paso y confía en mí. Mírame a mí, no a ellos, no al agua, no pensando que no puedes hacerlo». Bajó la voz como si fuera sólo para Tomás. «¡Ya no dudes más, y cree!»

Tomás dudó un momento, con un pie sobre el piso de la barca y otro en el borde. Por fin, fijando resueltamente los ojos en Jesús, se impulsó y dio un paso hacia fuera y hacia abajo, y su pie aterrizó segura y sólidamente sobre el agua. Era como si caminara sobre tierra firme. Sin apartar los ojos de Jesús, recorrió la distancia con confianza, caminando hacia los brazos abiertos de Jesús. Los hombres en la barca prorrumpieron en hurras, impresionados, aunque les costaba creer que Tomás, de entre todos ellos, fuera quien lo hubiera logrado.

Apartándose del abrazo, Jesús lo tomó por ambos hombros y le recordó suavemente: «¿Ves lo que pasa cuando crees? La próxima vez que el padre de la mentira te diga que algo es imposible, recuerda este momento. Nada de lo que mi Padre quiera que hagas será imposible para ti».

Luego ambos se volvieron hacia la barca. «¿Quién sigue?» gritaron juntos.

Uno a uno, empujándose ahora para responder, los hombres salieron de la barca. Algunos se hundieron por completo, como Pedro, y se les ayudó a volver a la barca para intentarlo de nuevo. Otros empezaron bien, pero poco a poco se fueron hundiendo más y más hasta ser rescatados por Tomás y Jesús. Con el tiempo, cada uno de ellos encontró sus 'piernas de mar' y se dirigió hacia Jesús.

Cuando llegó el último, el grupo se quedó parado, sin poder creerlo. ¿Cómo podía ser posible? Sacudieron la cabeza y empezaron a reír juntos de pura alegría, dándose palmadas en los hombros, abrazándose eufóricamente unos a otros y a Jesús.

Poco a poco se fueron calmando. La barca vacía se mecía plácidamente en el agua mientras ellos la contemplaban. Jesús dijo: «Les dije que harían las obras que yo he hecho. Este es sólo un pequeño ejemplo; recuerden que ya han hecho otras obras como las mías: Predicar, sanar, sanar a los leprosos y expulsar a los demonios.

«Estas son las cosas que ha hecho Dios, mi Padre. Yo soy el Hijo de Dios y he hecho lo que hace mi Padre. Aunque ustedes *no* son Dios, fueron creados a imagen de Dios. Puesto que creen en mí, Dios se complace en llamarlos hijos suyos. Puesto que el Espíritu vive en ustedes, serán capaces de hacer cualquier cosa que mi Padre quiera que hagan.

«Recuerden que la mayoría de las cosas que mi Padre los llama a hacer van a requerir de ese mismo primer paso de fe frente a la duda, a la experiencia pasada, al ridículo de los demás, a la incredulidad absoluta o el rechazo a Dios.

«Sin embargo, cuando dan el primer paso... ¡miren lo que puede pasar!» Jesús señaló la barca. «¡Están en medio de un lago mirando una barca!» Todos se echaron a reír, llenos de asombro.

«Recuerden también que el lugar más seguro para estar en una tormenta es cerca de mi Padre y de mí. Ninguna barca, ningún edificio, ninguna ciudad, ningún lugar, ningún objeto en sí mismo brinda seguridad». Hizo una pausa, mirando a cada uno para enfatizar su mensaje. «Y aunque estén conmigo, a veces seguirán sufriendo adversidades. Pero si permanecen en mí, al final estarán seguros, y serán salvos».

Ellos asintieron cuando las palabras de Jesús calaron hondo, labrándose un lugar que permanecería en sus corazones el resto de sus vidas. Nunca olvidarían ese momento y lo contarían a menudo.

Luego volvieron a mirarse unos a otros, y hacia abajo, al agua bajo sus pies, viendo los peces que nadaban de un lado a otro debajo de ellos. Las risas volvieron a sonar mientras caminaban — ¡sí, *caminaban!*— hacia la barca para terminar el viaje.

Reflexiona

1. Jesús prometió que cualquiera que tenga fe en Él hará las cosas que Él había hecho, e incluso cosas mayores (Juan 14:12). ¿Qué incluye esto? ¿Hay algo que quedaría excluido?
2. ¿Qué motivaciones personales tendrías para salir de la barca o permanecer en ella?

Aprende

Doug Ponder tiene un artículo perspicaz que conecta los acontecimientos de Juan 6 (la alimentación de los 5000 y el caminar sobre el agua) con los acontecimientos del Éxodo (la Pascua, el maná en el desierto, y el cruce el Mar Rojo). También analiza el simbolismo del mar en la Biblia. https://tabletalkmagazine.com/posts/why-did-jesus-walk-on-water-2020-03/

VIÑETA 41

UNA BODA ESPECIAL EN CESAREA DE FILIPO

Marcos 9:14-27; Mateo 15:21-28

El jueves por la mañana, Pedro, Santiago y Juan seguían de cerca a Jesús mientras caminaban por Cesarea de Filipo, intrigados por la misteriosa cita que les aguardaba. Jesús giró y se acercó a una casa en una esquina. La puerta principal estaba abierta de manera que las risas y conversaciones alegres se dejaban escuchar desde la calle. Jesús se acercó con paso seguro a la puerta, llamó enérgicamente y exclamó: «¡Aquí estamos! ¿Está listo el almuerzo?»

Las cuatro personas sentadas a la mesa se levantaron de un salto y acudieron rápidamente a saludarlos en una ráfaga de alegres abrazos y presentaciones.

«Hoy he traído a mis amigos para que los conozcan», dijo Jesús, señalando con la cabeza a cada uno de sus discípulos. «Pedro, Santiago y Juan, les presento a mis amigos Paulo y su hijo Lucas, y también a mis amigas Alara y su hija Dafne». Jesús intuía que sus discípulos se preguntaban quiénes eran estos cuatro y por qué habían venido a conocerlos.

El reconocimiento y la comprensión llegaron al rostro de Juan cuando por fin los situó entre los miles de rostros del ministerio de Jesús. «Los hemos visto aquí antes en la montaña, cuando...» mirando a Jesús, continuó, «¡vinieron a pedirle que sanara a su hijo!»

Pedro y Santiago se asombraron del cambio del muchacho. Aquel día en la montaña, los demonios habían atormentado a Lucas y lo habían tirado al suelo convulsionado, con la boca llena de espuma. Ahora estaba tranquilo, compuesto, limpio y bien vestido, con un porte agradable y un espíritu confiado.

Entonces Santiago, movido por el recuerdo de aquel encuentro, se dio cuenta de quiénes debían de ser la madre y la hija. Con una mezcla de asombro y emoción, afirmó: «¡Y tú eres la mujer que se encontró con Jesús cerca de Tiro; le pediste que sanara a tu hija!»

Alara asintió con una sonrisa ligeramente irónica. «Sí, soy yo... aunque en aquel momento ustedes no estaban tan dispuestos a recibirnos». Los tres discípulos, sintiéndose escarmentados, recordaron que habían insistido en que Jesús despidiera a la mujer.

«Tienes razón», dijo Juan con franqueza. «Me avergüenza recordar nuestra grosería. Por favor, perdónanos... a menudo dijimos cosas que no debíamos».

Alara respondió amablemente: «Jesús nos ha bendecido a cada uno de nosotros de maneras que no merecemos. Ahora no es el momento de culpas, sino de gratitud. Por favor, vengan todos; compartamos nuestras historias durante la comida».

Dieron gracias por la comida y empezaron a comer mientras Paulo les contaba su historia. «Aquí, en Cesarea de Filipo, habíamos oído hablar de un hombre que sanaba y enseñaba en Galilea. Sin embargo, esas historias eran habituales. A menudo no eran más que mentiras o ilusiones. Aunque las historias fueran ciertas, ¿quién nos recibiría en Capernaúm o Betsaida? Sabíamos que los judíos de allí nos consideran a todos los de esta montaña como paganos impuros.

«Pero llegó la noticia de que Jesús había ido a Tiro y Sidón y había sanado a una joven endemoniada. ¿Era posible que sanara a

Lucas también? Yo ya no podía más. Desesperado, lo llevé a ver si encontraba a Alara, y ella compartió su historia conmigo».

Alara retomó la narración: «Cuando te rogué que sanaras a Dafne, sabía que no tenías obligación de ayudarnos, pero había oído que eras un hombre compasivo que mostraba un gran amor por los niños».

«¡Demostraste una gran fe!» dijo Jesús afirmándola. «Aunque no eres judía, percibiste la verdad sobre la generosidad de mi Padre. No se mide en migajas sobrantes, ni considera perros a los gentiles, como podría pensarse. Más bien, es un Dios de tal abundancia que tiene bendiciones más que suficientes para compartir con todos».

Jesús se volvió hacia la hija pequeña y le tocó suavemente la mejilla. «Y me dio mucho gusto ayudarte, Dafne». Ella agachó la cabeza tímidamente, pero volvió a mirar a Jesús con confiado asombro.

Paulo continuó: «Cuando oí la historia de ellos, empecé a creer que sería posible que tú también liberaras a Lucas. Viajamos hasta aquí lo más rápido posible. La gente decía que habías estado en la ciudad pero que te habías marchado varios días antes para ir a la montaña con tus discípulos, así que me puse en camino para encontrarte.

«Encontramos a tus discípulos, pero no pudieron ayudarnos. ¡Entonces llegaste tú! Para entonces, yo ya casi estaba en pánico, pensando que mi última oportunidad de ayudar a mi hijo estaba a punto de desaparecer». Se le entrecortó la voz, recordando aun vívidamente la desesperación que le ahogaba en aquellos momentos, alimentada por los poderosos demonios que torturaban maliciosamente a su hijo.

«Sé que mi fe era pequeña. ¡Creí en ti por Alara y Dafne! Pero el sufrimiento de Lucas había durado años; parecía demasiado esperar que fuera liberado y pudiéramos volver a una vida normal.»

Jesús respondió, «Sabía que estabas luchando, y sin embargo hiciste exactamente lo que desearía que hiciera toda persona atormentada: Me pediste que te ayudara en tu debilidad. Un corazón humilde que anhela la ayuda de Dios recibirá siempre su gracia.

«Estaba tan afligido por los ataques que Lucas había sufrido durante tanto tiempo. Vivir cerca de una fortaleza del diablo lo había expuesto al peligro. Algunas personas que tienen edad suficiente para elegir su propio camino invitan al diablo a ejercer su poder en ellas, aunque rara vez se dan cuenta claramente de lo que han hecho. Pero con Lucas, sabía que aún era demasiado joven para tomar una decisión así, y yo quería protegerlo. Así que les ordené a los demonios que salieran y no volvieran a entrar en él».

Paulo retomó su relato: «Cuando volví a la ciudad, todo el mundo lo celebró conmigo y con Lucas. Envié un mensaje a Alara y Dafne y les di las gracias por ayudarme. Sólo han pasado unos meses desde que Dafne y Lucas fueron sanados. Desde entonces, Alara y yo hemos pasado tiempo juntos y nos hemos dado cuenta de lo mucho que tenemos en común».

Con una sonrisa tímida dirigida a Jesús, Alara dijo, «¡Hemos decidido casarnos! Cuando supimos que habías sido levantado de la tumba, esperábamos volver a verte».

El anuncio tomó por sorpresa a Pedro, Santiago y Juan, y entonces se les dibujó una sonrisa en la cara. «¡Eso es maravilloso!» exclamaron.

«Les dije a mis discípulos que mi Padre había organizado este encuentro», dijo Jesús sonriendo. «Me refería no sólo al día de hoy, sino también a que sus dos familias llegaran a conocerse y a amarse. ¡Me alegro por ustedes! ¡Felicidades!»

Paulo respiró hondo. «Ya que fuiste tú quien nos unió y sanó a nuestros hijos, ¿celebrarías también nuestra ceremonia matrimonial mientras estás aquí? No queremos nada grande ni lujoso; no tenemos mucha gente a quien invitar. Sólo queremos que bendigas nuestro matrimonio».

«Será un honor para mí», respondió Jesús, radiante. La tarde pasó rápidamente mientras el grupo se preparaba para una boda sencilla invitando a los vecinos y pidiendo a varias mujeres del vecindario que cocinaran una comida simple.

Hacia el atardecer, todos se reunieron en torno a una pequeña tienda para bodas. La pareja se ubicó delante del rabí Jesús, con Dafne y Lucas junto a sus padres. Los discípulos ocuparon sus puestos cerca de Paulo, mientras que varios amigos de Alara se situaron cerca de ella.

Se hizo el silencio en el grupo. Jesús cerró los ojos en silenciosa meditación, al igual que la pareja. El silencio se hizo más profundo, hasta que pareció que aun los pájaros se habían callado y los sonidos habituales de la noche habían desaparecido. Sólo una pequeña brisa susurraba entre los árboles cercanos.

Jesús respiró hondo y dijo, «Padre, en el principio creaste a Adán y Eva a tu imagen y semejanza. Los uniste para que se ayudaran mutuamente y trabajaran en el huerto. Ahora te pedimos que hagas lo mismo por Paulo y Alara. Los has rescatado a ellos y a sus hijos del daño causado por el Engañador. Ahora únelos como marido y mujer y trae tu *shalom* completa sobre ellos y el hogar que comienzan hoy. Amén».

Todos abrieron los ojos. Jesús se detuvo un momento y sonrió a Dafne y Lucas. Con los ojos muy abiertos y serios, lo miraron a él y luego a sus padres. Jesús tendió una mano a cada uno de ellos; ellos tomaron sus manos y Él volvió a orar: «Y Padre, bendice también de un modo especial a Dafne y a Lucas. Protégelos del Engañador; pon tu Espíritu en ellos, para que siempre sepan cuánto los amas y lo importantes que son».

Jesús volvió la mirada hacia la pareja. «Hoy empiezan un nuevo capítulo como familia, con todos los cambios que eso conllevará. Proclamo mi bendición a los dos mientras aprenden a vivir juntos, como el Señor quiere que lo hagan.

«También los desafío a ustedes y a todos los que han empezado a creer en mí gracias a su testimonio. Llevan años viviendo a la sombra de los templos y altares de esta ciudad. Han visto los sacrificios y las prácticas paganas; algunos de ustedes participaron en ellos. El nombre de esa cueva, las 'Puertas del Hades', es bien merecido. El Engañador ha tenido demasiada influencia y demasiadas victorias aquí.

«Mi Padre y yo derrotamos a Satanás y expulsamos sus demonios de Dafne y Lucas. Ya no tiene ningún poder sobre ellos. Mi Padre y yo hemos contraatacado a Satanás en este mismo lugar, en las puertas del infierno. He comenzado a edificar mi iglesia aquí, y las puertas del infierno no prevalecerán contra ella».

La gente murmuraba entre sí. No habían entendido la batalla espiritual que se estaba librando, ni quiénes eran los participantes, ni cómo se relacionaban las dos sanaciones con el complejo pagano en las afueras de la ciudad.

«Ahora los llamo a todos a ser testigos en esta ciudad. Acéptense unos a otros; ayúdense unos a otros; cuídense unos a otros; aprendan unos de otros; protéjanse y sírvanse unos a otros. Luego salgan y díganle al resto del pueblo lo que mi Padre y yo hemos hecho. No tengan miedo de ir incluso a los templos, los altares, la cueva, y compartir la historia con ellos también. Muchos allí están confundidos, pero me escucharán y me seguirán. Pero otros no lo harán. Se enfadarán y los atacarán.

«Cuando eso ocurra, recuerden que mi Padre y yo estaremos con ustedes, los guiaremos y los fortaleceremos. Si permanecen fieles a nosotros y se ayudan unos a otros, entonces las puertas del infierno no los vencerá».

Reflexiona

1. ¿Qué crees sobre el poder de Satanás para influir, tentar,

controlar o poseer a la gente hoy en día? ¿De qué manera concreta podría obtener ese acceso o control?
2. Suponiendo que esto sea posible para él, ¿cómo puedes protegerte de que te haga daño, o ayudar a proteger a las personas que amas?

Aprende

La confesión de Pedro sobre Jesús en Cesarea de Filipo, en Mateo 16:13-28, es un famoso relato en los evangelios. Recomiendo la excelente serie en DVD de Ray Vander Laan de Lecciones de Fe (16 volúmenes). De ellos, el volumen 4, video lección 3, narra esta historia pertinente a su contexto cultural y geográfico, con gran efecto e impacto.

Viñeta 42

Más de 500 - Los creyentes galileos

Lucas 1:76-79; Juan 15:1-25; Mateo 24:31; I Corintios 15:51-52;
Filipenses 1:6

El viernes por la mañana temprano, Jesús reunió a su alrededor a sus apóstoles y a las mujeres de su grupo de viaje. «Esta tarde será un momento especial que recordarán por el resto de sus vidas», comenzó a decirles. Los discípulos escuchaban con intriga. Aunque considerándolo bien, mucho de lo que había ocurrido en los últimos tres años entraba en esa categoría. «Quiero que recorran Capernaúm y las aldeas cercanas. Díganle a la gente que a media tarde me reuniré con todos ustedes en el monte Eremos, el lugar donde he enseñado, alimentado y sanado a muchos».

El grupo, perplejo pero entusiasmado, comenzó a dispersarse de dos en dos, unos hacia el norte y otros hacia el sur por la Vía Maris. A última hora de la mañana, el mensaje había sido transmitido, y los discípulos partieron hacia el monte que ofrecía una vista al Mar. Hacia media tarde llegaron a la colina y se estiraron agradecidos sobre la hierba verde y suave.

Un flujo constante de gente iba llegando. Desde el norte, la gente de Capernaúm y Betsaida salía del sendero y subía hasta donde estaban ellos. Otros venían de la cresta del monte en dirección a Corazín, mientras otro grupo llegaba desde las aldeas del sur del lago, desde Magdala, Genesaret y Tiberíades.

Jesús observaba cómo todos se unían al grupo de discípulos. Aunque estaban cansados por el viaje imprevisto, sonreían y se abrazaban como amigos o parientes perdidos hace tiempo en un reencuentro inesperado. Jesús caminaba entre la multitud, saludando a muchos de ellos, y ellos lo recibían con el afecto, la reverencia y el respeto reservados para un rey.

Allí estaban Jairo y Fulvia con su hija Rebeca; Daniel, el niño que compartió los panes y los peces, con su madre y sus hermanos; Marco el centurión y su criado, Teo; la suegra de Pedro, Ana; el clan de Zebedeo; y Eliab, el funcionario de Capernaúm, y su hijo Abisai. También estaban presentes muchos de los que Jesús había sanado, como el paralítico de Capernaúm y su familia; y Set, el que había sido ciego en Betsaida. Estos y muchos más habían seguido a Jesús por toda Galilea mientras enseñaba en sus sinagogas y aldeas, se alojaba en sus casas, comía en sus mesas y sanaba a sus enfermos.

Lo que Zacarías —el padre de Juan el Bautista— y Malaquías habían profetizado sobre Jesús y Juan se había cumplido con estas personas. Habían estado viviendo en la oscuridad y en la sombra de la muerte, pero el sol naciente había brillado sobre ellos, les había infundido esperanza y los había guiado por el camino de la paz. Habían venido hoy más de quinientos para escuchar una vez más a este rabí. Él había demostrado la misericordia, el perdón, la salvación y el amor del Padre de maneras tangibles que ellos nunca habían experimentado anteriormente.

Poco a poco, la multitud se calmó y las conversaciones se interrumpieron al ver a Jesús de pie ante ellos. Pronto reinó tal quietud que el único sonido que se escuchaba era el de la suave brisa que se movía entre la hierba y el lejano batir de las olas en la orilla.

«Muchos de ustedes estuvieron aquí hace tres años cuando

empecé a enseñarles en cuanto al Reino de mi Padre», dijo Jesús. «¿Recuerdan la historia que les conté al final de mi mensaje de aquel día?» Hizo una pausa y dejó que su mirada recorriera el grupo. Varios asintieron, murmurando palabras indistintamente.

Una joven tomó la palabra. «Dijiste que, si escuchamos tus palabras y las ponemos en práctica, seremos como un hombre sabio que construye su casa sobre la roca. Pero quienes no las practican son necios, como quien construye sobre la arena, donde su casa puede ser derribada».

«¡Exacto!» aprobó Jesús. «Los que están hoy aquí han demostrado ser sabios. Han elegido seguirme y aprender de mí y luego vivir lo que les enseñé. Están entre los primeros ciudadanos del Reino.

«Pronto mi Padre enviará al Espíritu para que organice y ponga en marcha un nuevo grupo de creyentes en Jerusalén, y mis apóstoles lo dirigirán. Se extenderá rápidamente por todo el país. Ustedes serán los pioneros de ese nuevo movimiento aquí en Galilea, testigos que imitarán lo que yo hice durante mi ministerio.

«Hoy quiero contarles algo de lo que compartí con mis discípulos hace cuatro semanas. Yo soy la vid, y ustedes son las ramas. El que permanece en mí, como yo en él, dará mucho fruto; separados de mí no pueden ustedes hacer nada. Si obedecen mis mandamientos, permanecerán en mi amor. Ámense los unos a los otros, como yo los he amado.

«Si ustedes hacen las mismas cosas que yo he hecho —enseñar, amar y servir— son verdaderamente mis discípulos. Algunos les creerán, como me creyeron a mí. Si obedecieron mis enseñanzas, también obedecerán las de ustedes. Pero otros los rechazarán y los perseguirán, como a mí me rechazaron y me persiguieron.

«Así que, no se desanimen; más bien, perseveren incluso en el sufrimiento. Recuerden lo que les dije antes en esta montaña: Si son perseguidos a causa de la justicia, son bienaventurados. Alégrense y regocíjense, porque grande es su recompensa en los cielos.

«No se dejen confundir por falsos líderes que surgirán para

distraerlos del verdadero reino, sino más bien aférrense a mi enseñanza. Su batalla no es contra los romanos o los zelotes, los fariseos o los saduceos, sino contra el Acusador que miente, roba, destruye y mata. Contra él, las armas más eficaces que ustedes tienen a su disposición serán la verdad, la bondad, la luz y la fidelidad. Ya han visto esas cualidades. Por lo tanto, imítenme, y el Acusador será vencido.

«Estén alerta y preparados no sólo para el fin de Jerusalén, sino también para el fin del mundo, cuando todos los enemigos de mi Padre sean destruidos. Igual que en Rosh Hashaná la trompeta anuncia el año nuevo, también sonará una trompeta cuando llegue el fin del mundo, y el Hijo del Hombre enviará a sus ángeles para reunir a sus elegidos de los cuatro vientos. Los muertos resucitarán y tendrá lugar el juicio. Los que me han sido fieles entrarán en el gozo del reino eterno de mi Padre, la herencia preparada para ellos desde la creación del mundo.

«Fíjense que se lo he dicho a ustedes de antemano. No se alarmen ni se sorprendan. Al contrario, sean vigilantes y estén preparados».

Los discípulos de Jesús y los quinientos escuchaban manteniendo la respiración, sin poder apartar los ojos de Jesús ni un momento. Con los corazones profundamente penetrados, estaban intensamente conscientes de cada sonido, palabra, color y movimiento. Los recientes acontecimientos de Jerusalén, que habían parecido el final del ministerio de Jesús, eran ahora claramente el prólogo de un futuro desconocido pero apasionante.

Entonces Jesús les presentó un desafío: «Como dije antes en esta montaña: Sean, pues, perfectos, como su Padre celestial es perfecto». Todos se miraban unos a otros; aunque obedecieran fielmente y se esforzaran al máximo, ¿era posible ser perfectos?

«Sé que esta enseñanza es muy difícil. Cuando les digo que sean perfectos, es un mandamiento, un desafío para que se parezcan cada día un poco más a mí, como hermanos y hermanas míos. Mi Padre y yo sabemos que a veces fallarán. Sin embargo, la misma frase es también una promesa. Mi Padre, que ha comenzado una buena obra en ustedes, continuará moldeándolos y fortaleciéndolos, hasta que lleguen a la plenitud y a la madurez.

«Y así, eventualmente, a través de la gracia y el refinamiento de Dios, serán perfectos».

Reflexiona

1. Existen diversas interpretaciones sobre hasta qué punto el Sermón del Monte debe ser interpretado literalmente, desde un 100 por ciento literal hasta una visión más idealista o simbólica. ¿Cuánto de estas enseñanzas crees que Jesús quiso realmente que obedeciéramos?
2. ¿En qué áreas de tu vida ves señales del progreso que Dios ha hecho para ir haciéndote perfecto y completar su obra en ti? ¿Dónde crees que aún tiene trabajo por hacer?

Aprende

En I Corintios 15:6, Pablo enumera a muchos de aquellos a quienes Jesús se apareció después de su resurrección. Se plantean preguntas en particular sobre los quinientos mencionados aquí: ¿Quiénes eran? ¿Exactamente cuándo se les apareció Jesús, y qué les dijo? Cerca de la orilla occidental del mar, justo al otro lado de la Vía Maris, se encuentra el monte Eremos, considerado tradicionalmente el lugar del Sermón del Monte. Cerca del pie de esa montaña está la Cueva de Eremos (mencionada antes con los Hijos del Trueno), que ha estado allí desde antes de la época de Jesús. Encima de esa cueva hay hoy una roca de un metro y medio de altura, con una cruz como un signo de suma, cinco letras 'C' (número romano para 500) y once marcas, una para cada apóstol, todo lo cual sugiere que esto podría marcar el lugar donde Jesús se apareció a los quinientos. Aunque nadie puede estar seguro, es un lugar posible o incluso probable para este acontecimiento.

Viñeta 43

Les doy mi mente y mi Espíritu

Mateo 13:17; I Pedro 1:10-12; Isaías 40:10-14; I Corintios 2:6-15

El sábado por la mañana, la gente se reunió de nuevo en la sinagoga para adorar y aprender más sobre el nuevo reino. No había ni un solo sitio vacío; una vez más, la multitud desbordaba el edificio. Para ese entonces, la mayoría de los habitantes de Capernaúm había puesto su fe en Jesús. Los que seguían dudando de la identidad de Jesús o lo rechazaban rotundamente eran un grupo que iba en disminución. Lo mismo ocurría con muchas de las aldeas más pequeñas de los alrededores, como Corazín, Magdala y Betsaida. Aunque habían tardado en creer, ahora estaban convencidos.

Con las enseñanzas de Jesús sobre el reino y la pronta llegada de un grupo de creyentes llamado 'la iglesia', los judíos aceptaron que su forma de adorar cambiaría. Pero muchos seguían confusos sobre lo que ocurriría con las antiguas tradiciones y prácticas. ¿Se descartarían todas o cambiarían radicalmente? ¿Qué nuevas exigencias traería consigo este reino? ¿La sinagoga sería reemplazada por la nueva iglesia?

Jesús era consciente de sus preguntas y dudas, y empezó diciendo: «Sé que estos cambios son inquietantes y que muchos de ustedes están intranquilos». Sus ojos sondeaban los rostros en todos los rincones de la sinagoga. «En parte, lo que viene será totalmente nuevo. Sin embargo, todo lo que mi Padre y yo estamos haciendo ha sido planeado desde hace mucho tiempo, incluso antes de la creación misma, y se basa en lo que Él ha hecho a lo largo de nuestra historia. Lo que está ocurriendo ahora es la culminación de su plan. Muchos desearon ver lo que ustedes ven ahora, pero murieron antes de que sucediera.

«¿Recuerdan lo que dijo Isaías en cuanto a mi Padre?» preguntó Jesús. «*'Miren, el Señor y Dios llega con poder y con su brazo gobierna ... Como un pastor que cuida su rebaño, recoge los corderos en sus brazos; los lleva junto a su pecho'.*[1]... *'Fuera de ti, desde tiempos antiguos, nadie ha escuchado ni percibido, ni ojo alguno ha visto, a un Dios que como tú actúe en favor de quienes en él esperan. Sales al encuentro de los que, alegres, practican la justicia y recuerdan tus caminos'*».[2]

La gente asentía al recordar estos versículos tan conocidos y la manera en que habían visto el carácter y la obra de Dios a lo largo de la historia.

Jesús quiso que sus siguientes palabras calaran hondo en sus corazones. «Algunas de mis ideas han sido difíciles de aceptar; pero estas ideas son el núcleo del nuevo Reino y de cómo debe funcionar». Midió cuidadosamente sus siguientes palabras, como si colocara con precisión las piedras para los cimientos de un nuevo Templo.

«Ahora mi Padre me ha concedido todo poder y autoridad para gobernar y proveer en todos los sentidos tal como lo ha hecho Él. Soy el centro de una nueva hermandad. Yo soy el canal a través del cual se les transmitirán todas las bendiciones, la fuerza y la guía. Yo soy el Buen Pastor que busca y salva a los perdidos y cuida del rebaño; nadie puede arrebatarme las ovejas de la mano. Mi Padre y yo somos

---

1. Isaías 40:10-11 (NVI)
2. Isaías 64:4-5 (NVI)

uno; nuestro trabajo es uno; nuestros objetivos son uno. Y ahora todos serán uno conmigo.

«Ahora mi Padre está haciendo algo nuevo. Isaías preguntó: *'¿Quién puede medir el alcance del Espíritu del Señor?'*[3] En tiempos de Isaías, la respuesta era que *nadie* podía comprender plenamente al Señor. Era impensable, absurdo, imposible. Pero yo les digo que el Espíritu del Señor vive ahora en mí, y lo que antes era imposible para otros, ahora será posible para ustedes».

La gente intercambiaba miradas perplejas, susurrando en voz baja. Con el aire de quien revela un gran privilegio, Jesús declaró sencillamente: «A los que crean en mí, a los que formen parte de mi nueva iglesia, les daré... mi mente».

La gente escuchaba, pero no entendía. Conteniendo la respiración esperaban sus siguientes palabras.

Jesús continuó explicando: «Sólo el espíritu de una persona conoce sus pensamientos más íntimos. Del mismo modo, nadie conoce los pensamientos de Dios sino el Espíritu de Dios. Les daré el Espíritu de Dios, y vivirá en ustedes como vive en mí. Él les dará a conocer lo que reciba de mí, revelándoles los pensamientos, la sabiduría y el conocimiento de Dios según lo necesiten.

«Entonces tendrán mi mente y mi Espíritu en ustedes».

La gente se esforzaba por asimilar este asombroso concepto.

Jesús añadió: «Estaré unido a mis discípulos, a mi Iglesia, como la cabeza está unida al cuerpo. Tendrán vida mientras estén conectados a mí. Al igual que yo, ministrarán de diferentes maneras, con los dones que el Espíritu y yo decidamos conceder a cada uno de ustedes. Y a ustedes les concedo mi poder y autoridad.

«Por tanto, si mi Cuerpo tiene mi mente y mi Espíritu, debe actuar igual que yo. Cuando esto ocurra, ¡podré seguir viviendo y ejerciendo mi ministerio en la Tierra a través de sus corazones, palabras y obras!»

---

3. Isaías 40:13 (NVI)

Reflexiona

1. ¿Cómo complementa este breve relato lo que Jesús dice sobre el Espíritu en Juan 14-16?
2. ¿Cómo podrían ser diferentes tu vida y tus acciones si la mente y el espíritu de Jesús estuvieran actuando *a través de* ti, en lugar de simplemente estar *contigo* cuando haces cosas?

Aprende

Para una descripción de la sinagoga, incluyendo la historia, la adoración, las prácticas, los usos y el diseño, así como un resumen de los relatos bíblicos que ocurren en las sinagogas, véase el video de la clase número 8 de este curso sobre la vida de Cristo: https://ibitibi.org/en/life-of-christ.

Viñeta 44

Beberán la copa que yo bebo

Mateo 24:4-51, 16:21-27, 10:5-42; Efesios 6:10-18;
Marcos 16:17-18

Jesús y los discípulos estaban en el segundo día de su viaje de cuatro días de regreso a Jerusalén. Mientras caminaban temprano el lunes por la mañana, Tomás le preguntó a Jesús: «Señor, ¿por qué tomamos este camino a través de Samaria en lugar del camino a lo largo del Jordán, como solemos hacer?»

Jesús, el rabí, evaluó la pregunta aprovechando la oportunidad para enseñar más de lo que se le había pedido. «Tomás, ¿recuerdas en el monte de Galilea, cuando dije que hay dos caminos que la gente puede tomar?»

«Creo que sí», respondió Tomás. «Dijiste que el camino estrecho conducía a la vida, y el camino ancho conducía a la muerte».

«Correcto», dijo Jesús. «Aunque hay varios caminos a Jerusalén, el objetivo del viaje suele determinar qué camino elegimos. Sé que este camino es posiblemente más peligroso y difícil de recorrer, y sin duda es uno que la mayoría de los judíos evitan. Sin embargo, durante este viaje, quiero visitar a algunas personas importantes que viven a lo largo de este camino. Justifican el esfuerzo adicional y el peligro al que nos enfrentaremos.

«Lo que yo hago, y lo que cada uno de mis seguidores tendrá que hacer, es elegir acciones basadas no en la comodidad o el beneficio personal, la conveniencia o la seguridad, sino en lo que mejor logre que se lleve a cabo la voluntad de nuestro Padre y su Reino. Hacer lo contrario conduce finalmente a servir a Satanás y a su reino.

«Necesito que a partir de ahora todos ustedes evalúen su ministerio a la luz de este conflicto espiritual: Quién influye en ustedes, adónde van, qué actividades emprenden, cómo enseñan a los demás. A partir de ahora, todo lo que ustedes son, tienen y hacen deben ponerlo al servicio del reino. Las consecuencias serán costosas y difíciles; no a todo el mundo le agradará o estará de acuerdo con lo que ustedes hagan; es posible que intenten persuadirlos para que tomen un camino diferente. Pero sus objetivos espirituales siempre deben dictar la senda que toman».

Los discípulos escuchaban atentamente, acercándose a Jesús mientras caminaban.

«Israel está compuesto de muchos grupos: Judíos, gentiles, samaritanos, romanos, zelotes, herodianos, y otros». Miró a varios de ellos mientras nombraba los grupos de los que procedían. «Cada uno tiene un objetivo o perspectiva particular que es lo más importante para ellos, ya sea el poder político, la Torá, el dinero, la libertad, o la justicia, y eso dicta sus acciones.

«Ustedes lo saben porque algunas de sus discusiones de los últimos tres años han sido sobre estas mismas cosas. Pero ahora deben dejar a un lado todos los argumentos para centrarse en la batalla espiritual entre Dios y Satanás, el bien y el mal, la verdad y la mentira, el reino de mi Padre y el reino del Acusador.

«¿Qué recuerdan de nuestra conversación el día que salimos del Templo y nos sentamos en el Monte de los Olivos para hablar de las señales del fin?»

Andrés dijo: «Dijiste que surgirían falsos maestros, falsos

profetas e incluso falsos cristos, y que tratarían de engañar a muchos, incluso a los elegidos».

Felipe añadió: «Que mucha gente se apartaría de la verdad para traicionarse y odiarse entre ellos».

Natanael continuó, «Y que debemos esperar guerras, hambrunas y terremotos, naciones y reinos enfrentados entre sí».

«¡Exacto!» exclamó Jesús. «Todas esas cosas no son más que síntomas de la lucha más profunda que se ha librado desde el principio de la creación. Sin importar el lugar, las personas, los problemas o los acontecimientos, todos surgen de las raíces de la batalla espiritual entre Dios y Satanás.

«Puesto que la raíz del problema es espiritual, la respuesta debe ser también espiritual. Las armas físicas no pueden vencer a un enemigo espiritual. El dinero no puede cubrir un déficit espiritual. El poder no puede forzar la obediencia a un amo espiritual. Los gobiernos terrenales no pueden eliminar las fuerzas demoníacas a través de leyes o políticas.

«Sólo las armas espirituales serán eficaces y triunfarán, es decir, la verdad, la justicia de Dios, el Evangelio de la paz, el amor, la fe, la salvación, la gracia, la palabra de Dios, el Espíritu de Dios y la oración.

Dirigiéndose a Pedro, le recordó: «Por eso, en Cesarea de Filipo te dije que mi sufrimiento, mi muerte y mi resurrección eran el único camino para vencer el pecado, la idolatría y la rebelión».

El grupo aminoró la marcha, se detuvo y se reunió en torno a Jesús. Ya estaban empezando a comprender; muchas veces, en los últimos tres años, habían visto cómo la compasión, la bondad y el servicio vencían al odio, el egoísmo y la maldad.

Jesús continuó hablando con una intensidad serena. «Por eso también he dicho que beberán la copa que yo bebo y serán bautizados con mi bautismo». Reflexionó un momento y dijo solemnemente: «La mayoría de ustedes incluso dará la vida por los demás».

Ellos recordaron otras palabras de Jesús que ahora parecían más urgentes y reales:

«Los envío como a ovejas entre lobos».

«Todos los odiarán por mi culpa».

«El hermano traicionará al hermano hasta la muerte».

«Los enemigos de un hombre serán los miembros de su propia casa».

«Cuando los persigan en un lugar, huyan a otro».

«No he venido a traer la paz, sino una espada».

«Cuando los arresten...»

«Cuídense de los hombres; los entregarán a los consejos locales y los azotarán en sus sinagogas».

«No teman a los que pueden matar el cuerpo».

«El que no toma su cruz y me sigue, no es digno de mí».

«Quien encuentre su vida, la perderá, y quien pierda su vida por mí, la encontrará».

Aunque habían visto a Jesús enfrentarse a la oposición, la persecución y la muerte, y aunque habían sufrido algo con él, no lo habían entendido del todo. Ahora que consideraban juntos estas advertencias, se daban cuenta de que sus nuevas vidas se caracterizarían más por el sufrimiento que por la comodidad, más por el sacrificio que por la ganancia, más por la humilde sumisión que por las posiciones de poder.

Estaban serios, inseguros. Y tenían miedo, no sólo del dolor y la pérdida, sino de no estar a la altura del desafío. Pedro fijó los ojos en el suelo. Ya le había fallado a Jesús miserable y públicamente. ¿Se desmoronaría cada vez que se enfrentara al peligro?

Jesús leyó sus corazones mientras ellos recordaban sus enseñanzas y sufrimientos y se enfrentaban a la probabilidad de que ellos también perdieran la vida si lo seguían.

Finalmente, Jesús dijo suavemente: «Sí... dije 'cuando' sean perseguidos, no 'si' son perseguidos. Les digo ahora que *sufrirán*, y muchos de ustedes morirán por mí». Sus palabras llegaron a ellos como un golpe intenso, y Jesús vio surgir más preguntas en sus mentes.

¿Cuándo moriré? ¿Quizá esta misma semana en Jerusalén?

¿Cómo moriré? ¿Seré crucificado, apedreado o decapitado?

¿Me meterán en la cárcel como a Juan, o me torturarán y sufriré durante mucho tiempo? ¿Me doblegaré ante la presión y negaré a Jesús?

¿Qué dirá mi familia? ¿Mi esposa? Tal vez ya no quieran que siga a Jesús...

Se sentían miserables y confundidos. De alguna manera, estas cosas nunca habían parecido tan reales o una amenaza tan cercana como en este momento.

Jesús comprendió y habló con profunda compasión. «No les hablé así de claro antes porque entonces no habrían podido soportarlo. Aún no habían visto mi sufrimiento final, ni mi triunfo imposible.

«Una vez más, se trata de una batalla espiritual que se ha librado desde la creación. Ahora ustedes jugarán su rol». Hizo una pausa y luego habló con rotundidad. «Puesto que mi Padre y yo les hemos encomendado esta tarea, también los equiparemos en todo para llevarla a cabo.

«Les daremos las palabras que deben decir en cualquier situación a la que se enfrenten, ya sea con el niño más pequeño o con el gobernante más poderoso. Les daremos toda la autoridad para enseñar y para atar y vencer el poder del enemigo. Les daremos poder para sanar, resucitar muertos, expulsar demonios, sanar leprosos y hablar en lenguas. Por el resto de sus vidas, podrán hacer lo que mi Padre les indique.

«Aún si sufren y mueren, estaré con ustedes en cada momento para fortalecerlos y darles lo que les falte. Después, mi Padre los llevará a la gloria, donde ya no habrá muerte, ni luto, ni llanto, ni dolor. Enjugará toda lágrima de sus ojos. Sean fieles hasta la muerte y les daré la corona de la vida».

Jesús examinó sus rostros y luego se movió en medio del grupo, tocando un hombro, dando un abrazo, mirándolos profundamente a los ojos mientras les comunicaba su comprensión, su apoyo y su amor por cada uno de ellos. Luego, lentamente, se volvió de nuevo hacia el sur y, haciendo un gesto con la cabeza, los convocó para reanudar el viaje.

Mientras el grupo se dispersaba lentamente detrás de él, en fila india o en parejas, Tomás murmuró a Mateo: «¡Yo sólo preguntaba por qué hemos tomado este camino!»

Reflexiona

1. Fíjate en la armadura espiritual descrita en Efesios 6:10-18. ¿De qué manera cada parte de la armadura está relacionada con Jesús?
2. ¿Has tenido que sufrir por Jesús? En caso afirmativo, ¿de qué manera?
3. ¿De qué manera la búsqueda de la comodidad y de la auto-gratificación son los obstáculos más peligrosos para seguir a Jesús?

Aprende

¿Cómo murieron los apóstoles? Este video de cuatro minutos da algunas ideas, según la tradición.

https://www.gotquestions.org/apostles-die.html

Viñeta 45

El testimonio de los santos resucitados

Génesis 14:17-20; Isaías 61:10; Números 6:24-26

La mañana del miércoles estaba fresca y hermosa, y las millas pasaron rápidamente. Era casi mediodía cuando Jesús y sus seguidores por fin se acercaron a Jerusalén desde el norte, llegando a Betania, a la hospitalaria casa de María, Marta y Lázaro. Tras un largo y relajado almuerzo, en el que cada uno compartió las experiencias de las tres últimas semanas, el grupo pasó la tarde descansando del viaje.

Al ponerse el sol, los discípulos volvieron a reunirse. Entonces empezó a entrar a la casa gente que llegaba desde Jerusalén. María, Marta, Lázaro, y Jesús los saludaban como a su familia. Jesús dijo a los discípulos: «Quiero que conozcan a unos viejos amigos míos, ¡algunos muy viejos!»

Jesús sonrió a Mateo y a Tomás. «¿Reconocen a alguien aquí?» Mateo vio a una pareja y exclamó: «¡Son los que vimos el día de la resurrección! Pero... dijeron que habían vuelto a la vida, ¡y que eran de la época de Ezequías!»

Jesús asintió y señaló al grupo. «La tarde en que morí, mi Padre decidió resucitar a estas personas, y entraron en la ciudad el día de mi resurrección. Ustedes fueron de los primeros en verlos y no les creyeron. Y con razón, ¡hasta a ellos mismos les costaba creerlo!»

Jesús continuó: «Todos estos son siervos de mi Padre de diferentes épocas de nuestra historia. Juntos representan al pueblo de Dios desde los tiempos de Abraham. Estuvieron presentes en acontecimientos claves de la historia de Israel y escucharon las promesas que mi Padre les hizo. A lo largo de los siglos, varios habían oído a los profetas predecir la venida del Mesías. Y hace unas semanas ¡conocieron al Mesías en persona!

«Pocos días después de mi resurrección, me reuní con ellos y les encomendé una misión: Ir todos los días a Jerusalén y a los pueblos de los alrededores y compartir sus historias. No sólo relataban hechos antiguos, sino que también eran capaces de relacionarlos con la historia del Mesías. Esta noche tenemos el privilegio de escuchar lo que ha pasado este mes».

Jesús los miró expectante y los invitó: «¡Cuéntennos su historia!»

Tras un breve silencio, un hombre comenzó: «Yo fui siervo de Abraham durante muchos años. Yo estaba con él cuando entró por primera vez en Canaán. A lo largo de los años, fui conociendo las promesas que Dios le había hecho y esperé con él durante décadas a que se cumplieran.

«Cuando Lot fue llevado con los prisioneros de Sodoma, yo ayudé a luchar para recuperar a los prisioneros y los bienes que se habían perdido. De camino a casa, nos detuvimos de nuevo cerca del monte Moria, y un hombre llamado Melquisedec salió a nuestro encuentro.

«Melquisedec trajo pan y vino para compartir con Abraham y lo bendijo. En ese momento, Abraham había recibido las promesas de Dios, pero aún no había confirmado parte de su pacto con Dios. En cierto sentido, ¡Dios se reunió con Abraham aquel día *a través de* Melquisedec!

«Por supuesto, morí sin saber nada de la ley ni de los profetas.

Solamente sabía un poco de cómo Dios cumpliría su promesa de bendecir a las naciones a través de Abraham. He aprendido más este mes que en toda mi vida con Abraham. Todas las noches mis amigos me han enseñado la historia de nuestro pueblo y las profecías del Mesías.

«Mis amigos decían que en el encuentro con Melquisedec, Dios dio un adelanto de quién sería el Mesías y qué funciones desempeñaría. Melquisedec era el rey de Salem. Su nombre significa 'rey de justicia', y Salem significa 'paz'. También se lo consideraba sacerdote de Dios. Como padre de nuestra nación, de Abraham vendrían todos aquellos a quienes Melquisedec representaba: La casa de David y de Aarón, el rey y el sacerdote.

«Entonces, cuando vino Jesús, se cumplieron en Él todas las promesas que Dios había hecho. Él es el Rey de Justicia, el Rey de Paz y el Sumo Sacerdote. Este Hijo de David combina una vez más la realeza y el sacerdocio: El rey sacerdotal y el sacerdote real.

«Cuando Jesús cumplió la alianza de Dios con Abraham, dio a sus discípulos una señal de la nueva alianza: Pan y vino, los mismos elementos que Melquisedec compartió aquel día con Abraham. En cierto modo, es como si Melquisedec hubiera regresado para dar de nuevo esta bendición al pueblo de Dios.

«Yo también estuve con Abraham en el viaje al monte Moria. Aunque aquel día no me llevó con él a la montaña, más tarde Isaac me contó lo que había sucedido, y cómo el Señor había provisto aquel día un carnero para que él no muriera». Sonrió ligeramente. «Cuando Sara se enteró de lo que había hecho Abraham, ¡no le hizo mucha gracia!

«Cuando Dios libró a Abraham de sacrificar a Isaac y proveyó un sacrificio diferente, de nuevo anunció con anticipación lo que haría más tarde. Pero esta vez Dios no perdonó a su propio hijo, sino que lo sacrificó por todos nosotros, en el mismo monte donde había estado Abraham».

Los discípulos estaban fascinados por escuchar un relato de primera mano de alguien que había sido testigo de algunos de los acontecimientos más famosos de su historia, y por comprender cómo esos acontecimientos estaban relacionados con Jesús.

A continuación, tomó la palabra una mujer. «Mi esposo y yo éramos adolescentes, aún no nos habíamos casado, cuando Moisés envió espías a explorar la tierra prometida. Cuando nuestros padres y los demás no creyeron que Dios podía darnos la tierra, pasamos los siguientes treinta y nueve años vagando por el desierto, deseando que hubieran confiado más en Dios.

«Aquellos años de desierto forjaron nuestra identidad como pueblo. Para nosotros, la palabra 'desierto' significa un lugar donde Dios habla y, de hecho, empezamos a oír las palabras de Dios con más claridad durante aquellos años largos y difíciles. El desierto era un santuario sagrado donde nos encontrábamos con Dios y llegábamos a conocerlo mejor.

«En el desierto experimentamos el cuidado que Dios tiene de nosotros, como un pastor cuida del rebaño. Nuestra ropa no se desgastó. Todos los días comíamos pan del cielo. Dios milagrosamente proveyó codornices desde el mar, y agua de una roca». Se rió entre dientes. «¡Una roca! La mayoría de la gente pensaría que las rocas son obstáculos, pero Dios las utilizó para darnos agua y sombra. Así que hasta las rocas nos hacían pensar en Él.

«Cuando Dios nos resucitó el mes pasado, también tuvimos que ponernos al día con nuestra historia. Mientras otros nos contaban historias de lo que Jesús había hecho en los últimos tres años, vimos otro ejemplo de la fidelidad y la provisión de Dios a través de Jesús, sólo que esta vez la provisión era eterna.

«Nuestras experiencias físicas en el desierto nos ayudaron a ver claramente cómo Dios había prefigurado la identidad y las acciones de Jesús. Él es el verdadero maná del cielo que da vida para siempre, no sólo un día. Él es el agua viva de Dios, la Roca que sacia la sed para siempre. Es la Piedra viva, que ahora también es Pan. Nos viste con 'vestiduras de salvación y nos reviste con túnicas de justicia'. Es Dios el Pastor que vino físicamente a cuidarnos en el desierto de la vida».

Los discípulos recordaban claramente el día en que Jesús dio de comer a los cinco mil, la discusión posterior con los judíos sobre el pan del cielo y cómo esa enseñanza había ahuyentado a muchos seguidores. Sin embargo, ahora, al escuchar el testimonio de primera mano de los que habían vivido el peregrinaje por el desierto, los discípulos se maravillaron, reconociendo una perspectiva diferente en el mensaje de Jesús.

Otra pareja intervino comentando: «Nosotros formamos parte del primer grupo de exiliados que regresó de Babilonia a Jerusalén. Al acercarnos a la ciudad, vimos que casi todas las aldeas estaban desiertas; los campos llevaban setenta años desolados y abandonados, y estaban totalmente cubiertos de maleza, tal como había profetizado Jeremías.

«Caminamos como aturdidos entre las ruinas de Jerusalén. No quedaba nada del espléndido Templo de Salomón, y el Monte del Templo estaba desierto. Apenas quedaban edificios en pie, y como las murallas estaban destruidas, la ciudad corría peligro constante de vándalos y ladrones. Los animales salvajes corrían entre los escombros y los arbustos.

«Nuestros abuelos sólo tenían diez años cuando Nabucodonosor sitió la ciudad. Recordaban y contaban historias sobre el Templo, el oro, la hermosa artesanía, los rituales y el culto del Templo, y especialmente las fiestas anuales.

«Zorobabel y Josué organizaron a los exiliados, y comenzamos a reconstruir el altar, luego el Templo. Nunca olvidaremos el día en que por fin terminamos de poner los cimientos del Templo. Los sacerdotes y los levitas dirigían al pueblo en la alabanza con sus trompetas y címbalos, cantando la bondad del Señor.

«Era extraño, porque recordábamos aquellas historias sobre el esplendor del Templo, pero este Templo a duras penas se le parecía en algo. Algunos de los ancianos que habían vuelto con nosotros lloraban, recordando la destrucción de aquella antigua gloria. Otros sólo sentían la alegría del nuevo comienzo y la confirmación de que Dios no se había olvidado de nosotros ni de sus promesas.

«Desde que el Señor nos resucitó hace un mes, hemos visto el mismo segundo Templo que construimos hace quinientos años; sin embargo, no es el mismo, después de que Herodes ampliara el Monte del Templo y lo embelleciera.

«Un día conocimos a un joven sacerdote en el Patio de la Oración. Decía que uno de sus trabajos favoritos era ayudar a encender las cuatro enormes menorás que había en el patio durante las fiestas de Pascua, Pentecostés y los Tabernáculos. Él y los otros jóvenes sacerdotes tomaban enormes mechas hechas con viejas vestiduras sacerdotales, y grandes jarras de aceite, y subían cincuenta codos hasta lo alto de la escalera, donde llenaban de aceite los cuatro cuencos de oro situados en la parte superior de cada menorá. Cuando ya todas las menorás estaban encendidas, la gente decía que no había patio en Jerusalén que no estuviera iluminado por ellas.

«Durante la fiesta de los Tabernáculos, el año anterior a la muerte de Jesús, el joven sacerdote nos contó que un sacerdote estaba celebrando la ceremonia de la extracción del agua, y Jesús y sus discípulos también estaban adorando allí. Los sacerdotes acababan de traer el agua de la tinaja de oro desde el estanque de Siloé y entraron en los atrios del Templo.

«De repente, Jesús exclamó: '¡Si alguno tiene sed, que venga a mí y beba! De aquel que cree en mí, como dice la Escritura, de su interior brotarán ríos de agua viva'.

«¡Nadie sabía qué hacer! Los sacerdotes se enfadaron con Jesús por interrumpir, porque la gente le prestaba más atención a Él que a la ceremonia. Antes de que los sacerdotes pudieran decidir qué hacer, Jesús salió del Templo.

«Al día siguiente, Jesús volvió a los atrios del Templo. Las cuatro grandes menorás ardían de nuevo, y la gente estaba adorando en el Patio de la Oración. Entonces Jesús señaló las menorás y anunció a la gente: '¡Yo soy la Luz del mundo! El que me sigue no andará en oscuridad, sino que tendrá la Luz de la vida'.

«Y por supuesto, los fariseos se enfurecieron con Él y lo desafiaron a que presentara testigos de que sus palabras eran ciertas.

«Pero el pueblo empezó a murmurar. Recordaron lo que los rabinos habían enseñado sobre el encendido de Janucá, la menorá que utilizaban para la Fiesta de la Dedicación. Cada año, en Janucá, un rabí traía de una sinagoga la vela llamada luz del siervo y encendía día a día las velas de Janucá.

«Si Jesús dijo que era la Luz del mundo, ¿podría ser que Dios hubiera enviado esta Luz desde el cielo? ¿Y podría ser la luz sirviente que enciende todas las demás luces? Ellos relacionaron estas ideas de su historia con las palabras de Jesús, y muchos pusieron su fe en él.

«¡Mi esposo y yo nos dimos cuenta de que hemos visto profecías cumplirse ante nuestros propios ojos! Nuestros abuelos habían visto el Templo original; y años después nosotros ayudamos a reconstruirlo. Ahora hemos visto el Templo de Herodes, y a Jesús, que construirá un Templo de Piedras vivas con los que creen en él. Nos maravillamos ante el esplendor de las ceremonias de luz y agua en el Templo, y ahora creemos que Jesús es el Agua Viva y la Luz Eterna».

Las historias continuaron hasta que los discípulos se sintieron abrumados por estos testimonios vivientes de cada época de la historia de Israel, y cómo cada historia o profecía apuntaba de alguna manera a Jesús.

La reunión terminó mucho después de la medianoche. Después de que todos los demás se habían retirado a descansar, Jesús invitó al grupo de siervos resucitados a seguirle una vez más. Saliendo de la casa, los condujo por un sendero, deteniéndose en una cresta del monte de los Olivos. Una suave brisa acariciaba sus rostros mientras permanecían en silencio, mirando a través del valle del Cedrón hacia la ciudad que dormía. Sus rostros brillaban suavemente, y la luz de la luna se reflejaba en sus ojos. De repente, todo se quedó quieto y los sonidos de la noche se desvanecieron.

Jesús los elogió, «¡Bien hecho, siervos buenos y fieles! Fueron obedientes a mi Padre no sólo en sus primeras vidas, sino también en sus cortas segundas vidas de este mes. Mi Padre y yo estamos complacidos con ustedes. ¡Entren en su recompensa! Esta vez, permanecerán en la casa de mi Padre para siempre. Él los bendecirá y los guardará, hará resplandecer su rostro sobre ustedes y tendrá piedad de ustedes, volverá su rostro hacia ustedes y les dará la paz… ¡comenzando *ya mismo*!»

Y con esas palabras, de repente hubo un destello de luz alrededor de todo el grupo. Los rostros de los siervos resplandecían y estaban sobrecogidos de asombro. La luz pareció dividirse en dos enormes manos que los recogieron con delicadeza, llevándolos suavemente y sin esfuerzo hacia el cielo.

Reflexiona

1. ¿Con qué persona de la historia bíblica te gustaría hablar y escuchar su historia? Si pudieras volver a un lugar determinado, o ver un acontecimiento concreto, ¿cuál sería?
2. Cada cristiano continúa la larga historia de la relación de Dios con su pueblo. ¿Qué historias podrías contar de cómo Dios ha obrado en tu vida?

Aprende

Considera estos pasajes de trasfondo de los testimonios de los santos resucitados.

1. Abraham y el monte Moria, Génesis 22
2. El rescate de Lot, Génesis 14
3. Dios no perdonó a su hijo, Romanos 8:32
4. Él es nuestra paz, Efesios 2:14
5. El pan y el vino, Mateo 26:26ss

6. Moisés envía espías, Números 13
7. El maná y las codornices, Éxodo 16
8. El agua de la roca; Éxodo 17, Números 20
9. Los conceptos del *midbar* (desierto) y todas las palabras hebreas relacionadas con él. Concordancia de Strong (palabras #4057, 1696-99); conceptos relacionados de la enseñanza de Ray Vander Laan sobre el desierto y el *midbar* en sus Lecciones de Fe, DVD #12 en cuanto el desierto.
10. Jesús es el verdadero pan del cielo; Juan 6:32, 41, 50, 51
11. Jesús como Piedra viva, que también es pan; I Pedro 2:4, Mateo 4:3
12. Jesús es agua viva; Juan 4:14, 7:37
13. Jesús como pastor; Juan 10, I Pedro 5:4
14. Setenta años en el exilio; Jeremías 25:10, 29:10
15. La reconstrucción del altar y del templo, Esdras 3
16. Grandes *menorás* en el Patio de la Oración, Mishná en Sucot 5:2-3, Garrard p. 66, https://www.sefaria.org/Mishnah_Sukkah.5.6?lang=bi
17. Jesús invitando a la gente a acercarse a él y beber, Juan 7:37
18. Jesús la luz del mundo, Juan 8:12ss
19. Muchos depositaron su fe en él, Juan 8:30

Viñeta 46
Estábamos ciegos, pero ahora vemos

Juan 9

La calle de los mercaderes del valle del Tiropeón en Jerusalén cobraba vida lentamente el viernes por la mañana al salir el sol sobre el muro oriental de los atrios del Templo. Rafael ayudó a sus padres a abrir su pequeña quesería colocando bandejas en las estanterías cercanas a la calle.

Rafael envolvió un bloque de queso y se lo entregó a una mujer, después se volvió hacia el siguiente cliente. Quedó atónito y encantado a la vez: ¡Era el hombre que lo había sanado! Entonces llamó a su madre, «¡Ven rápido! Jesús está aquí». Ella salió de la parte trasera de la tienda, secándose las manos con una toalla.

Ver a Jesús la hizo retroceder al día en que Rafael había entrado en su tienda ¡y había visto a sus padres por primera vez en su vida!

Al principio, ella pensó que había llegado temprano a casa después de pedir limosnas en el Templo, pero cuando él se acercó y la abrazó a ella y a su padre, ¡se dio cuenta de que sus ojos podían verlo todo! La alegría colisionó con la confusión; quería preguntarle por todo, pero entonces vio a la multitud que seguía a Rafael por la calle: Vecinos, amigos, clientes, y al fondo, acechándoles furiosos, ¡algunos de los principales Fariseos!

Uno de ellos se abrió paso hasta el frente de la multitud y se enfrentó bruscamente a ellos. «¿Es éste su hijo?» les preguntó.

«Sí...», vaciló el padre, y su alegría se iba transformando en un principio de temor. ¿Qué había hecho Rafael? ¿Por qué este hombre estaba tan enfadado con ellos?

«¿Nació ciego?» preguntó el hombre.

«Sí...»

«Entonces, ¿cómo es que fue sanado?» preguntó el fariseo con brusquedad.

«Sabemos que es nuestro hijo», se aventuró a decir la madre. «Pero cómo puede ver ahora, o quién le abrió los ojos, no lo sabemos».

El fariseo contenía su ira en silencio, esperando una respuesta más completa. La madre y el padre, aturdidos por el ataque, se preguntaron de repente si Rafael había hecho algo que pudiera hacerles perder su lugar en la sinagoga y en la comunidad.

Tartamudeando respondieron: «Pregúntele a él. Es mayor de edad; puede hablar por sí mismo».

El resto de la conversación no había ido bien. Rafael había insistido en defender a Jesús como hombre de Dios y profeta, desafiando y humillando a los fariseos delante de todos. Furiosos, incapaces de rebatir los argumentos de Rafael, lo habían insultado y echado de la sinagoga.

Ahora, el hombre que había sanado a su hijo estaba de pie en su tienda. «Hoy es un poco diferente a aquel día, ¿verdad?» comentó Jesús, aparentemente imperturbable por los recuerdos que inundaban la mente de la madre.

Ella decidió responderle con sinceridad. «Mi esposo y yo nos sentimos avergonzados más tarde, cuando la multitud por fin se marchó. Nuestro hijo había sido sanado y se había enfrentado a los fariseos y te había defendido, ¡y nosotros estábamos más preocupados por nuestra condición en la sinagoga!»

El padre intervino. «Cuando cenamos aquella noche con Rafael, nos contó toda la historia: Cómo lo habías tratado con compasión y no lo habías juzgado como hacían los demás, y cómo había sido sanado. Rafael fue amable con nosotros, más de lo que merecíamos», admitió.

«Ese sábado fuimos a la sinagoga, sin Rafael, por supuesto. Le habían dicho al rabí que nos preguntara qué creíamos sobre quién eras. Dijimos que no lo sabíamos con certeza, pero que nos parecía que enseñabas la Palabra de Dios y tenías el poder de Dios, y que creíamos en ti.

«El rabí estaba furioso; no podía creerlo. '¡Piensen bien su respuesta! Si creen en este hombre Jesús, ¡no tienen lugar aquí! ¿Es eso lo que quieren?'

«Estábamos temblando, pero le habíamos dicho a Rafael que le creíamos, ¡y nadie podía negar el milagro! Así que le dijimos que sí, y también nos expulsó.

«¿Adónde podíamos ir? Salimos de la sinagoga y fuimos al Templo. Allí encontramos a Rafael con un grupo de personas que decían haberte seguido a Jerusalén desde Galilea. Nos dieron la misma bienvenida que antes habían dado a Rafael. Desde ese día, nos reunimos con ellos cada sábado y nos mantenemos al tanto de las noticias sobre ti».

La mujer añadió: «Cuando supimos que te habían matado, nos sentimos desolados. Entonces oímos los rumores de tu resurrección. Pero como no te vimos, vacilamos entre la esperanza y la incertidumbre. Ahora estás aquí... ¡vivo!»

Rafael y sus padres se arrodillaron ante Jesús allí en la calle. Los que pasaban por allí los miraban con curiosidad. «Por favor, Jesús, dinos, ¿qué hacemos ahora? ¿Cómo podemos darte las gracias por sanar a nuestro hijo y cambiar nuestras vidas?»

Jesús los tocó suavemente y les hizo un gesto para que se levantaran. «Gracias por creer en mí, aunque les costara su hermandad en la sinagoga y perjudicara su negocio. Me han sido fieles y han dado testimonio de mí a muchos. Mi Padre lo ha visto y los recompensará.

«Ahora les encomiendo a ustedes tres una tarea especial. Rafael, sabes que tu nombre significa 'sanado de Dios'. ¡Sané tus ojos con barro! Ustedes están convencidos de que soy de Dios. ¿Quién mejor que ustedes tres puede dar testimonio a los ciegos de quién soy y de lo que he hecho por ustedes? Por eso los envío a buscar a los ciegos de Israel, para que compartan su historia con ellos. Poco a poco, año tras año, pueden ayudar a muchos a pasar de las sombras a la luz, de la desesperación a la esperanza.

«Como primer paso, los envío a conocer a un hombre llamado Bartimeo en Jericó y a otro llamado Set en Betsaida. La familia de ustedes y las de ellos tienen mucho en común».

Entonces Jesús extendió la mano y tomó las de ellos entre las suyas, ocho manos entrelazadas. Luego dijo: «Les concedo el poder de sanar a los ciegos que encontrarán en los próximos años. Al mismo tiempo, les concedo el conocimiento y la autoridad para enseñar acerca de la ceguera espiritual, y también para mostrar a la gente el camino para salir de esa oscuridad. Les encargo que compartan este poder y autoridad con Bartimeo y Set. Entre todos, continuarán mi ministerio de sanar a los ciegos cuando regrese a mi Padre celestial.

Jesús sonrió con tristeza. «No todo el mundo estará complacido. Algunos sentirán celos. Algunos los acusarán de sanar por el poder del diablo y cuestionarán sus motivos. A mí me dijeron lo mismo». Los miró profundamente a los ojos. «¿Lo harán?»

«¡Lo haremos!» prometieron.

Jesús les sostuvo la mirada un momento y luego sonrió. «Sé que lo harán. Y recuerden que estaré con ustedes... siempre».

Reflexiona

1. Compara la reacción de Jesús ante el ciego de Juan 9 y el paralítico de Juan 5. ¿Qué rol puede desempeñar (o no) el pecado en las cosas que nos causan sufrimiento?
2. El ciego no sanó inmediatamente; tuvo que caminar una media milla hasta el estanque de Siloé. ¿Puedes pensar en alguna ocasión en la que la respuesta de Jesús a tu necesidad exigió pasos de fe y obediencia antes de que obtuvieras lo que necesitabas?

Aprende

Un hombre de Inglaterra llamado Alec Garrard dedicó 33.000 horas a lo largo de 30 años a construir una maqueta del Monte del Templo de Herodes en el jardín de su casa. Horneó todas las baldosas y ladrillos, confeccionó y pintó 4.000 figuras con trajes históricamente correctos para colocar alrededor de la maqueta. Muchos eruditos consideran que es la representación más exacta del Templo que existe. Luego escribió un libro en el que describía con todo detalle el propio Templo y los atrios, así como sus prácticas en la vida judía, las fiestas y los sacrificios. Se trata de una herramienta extremadamente útil, llamada *The Splendor of the Temple* (El Esplendor del Templo), de Grand Rapids: Kregel Publications, 2000.

Viñeta 47

Dejó de pecar y le ocurrió algo mejor

Juan 5:1-15

Rimón había vuelto al lugar donde había pasado la mayor cantidad de tiempo en su vida: El estanque de Betzatá. Treinta y ocho largos años tumbado en una colchoneta, paralizado, esperando, deseando, intentando cada día abrirse paso hasta el estanque para que, de algún modo, un ángel pudiera sanarlo.

Muchos llevaban años allí, pero Rimón era el veterano que había sufrido más que cualquiera de los otros. A medida que otras personas más jóvenes y menos discapacitadas le ganaban la carrera día tras día, y aparentemente eran sanadas, su amargura se intensificaba y su esperanza menguaba.

Entonces Jesús había llegado. De entre todas las personas que estaban en el estanque, este desconocido había elegido hablar con él y luego sanarlo. Meses después, la sanación y las conversaciones con Jesús parecían ligeramente irreales. Durante días meditó sobre las palabras que Jesús le dijo en su segundo encuentro: «¡Deja de pecar, o te puede pasar algo peor!» Jesús no añadió nada más. ¿Qué sabía Él de la vida de Rimón?

Después de que Jesús lo sanó, Rimón volvió a sentirse atraído por el estanque. Llevaba comida, agua, ropa o alguna otra cosa a los inválidos para protegerse de los rayos del sol. Si le preguntaban —o incluso si no le preguntaban— les contaba la historia de Jesús. Al final siempre preguntaban: «Pero ¿qué fue lo que Jesús *hizo*? ¿Y qué palabras utilizó?» Como si ellos también fueran a ser liberados si tan solo pudieran descifrar la fórmula mágica.

A veces murmuraban preguntas más punzantes: «Si *a ti* te sanó aquel día, ¿por qué no *a mí*? ¿Es que yo no era lo suficientemente digno o importante? ¿No se preocupaba por mí, o no tenía tiempo para mí?» Rimón simplemente respondía: «No lo sé. Yo no me creía digno ni importante; pero por alguna razón, me sanó». Y los exhortaba: «Si Jesús vuelve, pídanle que los sane».

El día de hoy, Rimón conversaba con un amigo mientras comían una comida sencilla. Al mirar a su alrededor, su mirada se detuvo en un hombre que acababa de entrar en el edificio y caminaba decidido hacia ellos. Se puso en pie de un salto y entornó los ojos. ¿Podría ser? ¡Sí!

«¡Jesús!», gritó. «¡Ven aquí!»

«Ya voy», respondió Jesús con una sonrisa. Pronto se sentó en el suelo junto a ellos y hablaba con Rimón y su amigo, cuyos ojos se abrieron de par en par con asombro... y esperanza.

Mientras Jesús conversaba con ellos, preguntó al hombre: «Amigo, ¿qué quieres que haga por ti?»

Armándose de valor, el hombre dijo: «Sólo quiero sanarme, volver con mi familia y llevar una vida normal. ¿Puedes ayudarme?»

Entonces Jesús lo sanó.

Luego Rimón llevó a Jesús de amigo en amigo. Jesús los saludó, escuchó sus historias, les impuso las manos para bendecirlos y los sanó a todos. Al cabo de dos horas, el estanque de Betzatá estaba desierto y en silencio, pero las calles de afuera se llenaron de hombres, mujeres y niños que reían y saltaban y corrían a casa con sus familias y amigos, proclamando las noticias a quien quisiera escucharlas.

Jesús y Rimón se quedaron en la entrada del estanque, viendo cómo todos se marchaban. Entonces Jesús se volvió hacia Rimón y le preguntó con voz suave: «¿Tienes otra pregunta para mí, Rimón?»

¿Acaso Jesús había leído su mente? ¡Por supuesto! Si Jesús podía sanar su cuerpo y su corazón, también podía conocer su mente. De repente, Rimón se sintió aliviado, libre para preguntar lo que le había estado preocupando. «Sí», admitió. «Cuando aquel día me dijiste: 'No vuelvas a pecar, no sea que te ocurra algo peor…', ¿te referías a algo que yo había hecho que pudiera haber causado mi sufrimiento durante esos largos años?»

Jesús guardó silencio un momento y luego le preguntó con mirada penetrante, «Dime, Rimón, ¿cómo era tu vida familiar antes de que te lastimaras?»

Rimón se sintió avergonzado y abochornado. ¿Sabía ya Jesús lo que había ocurrido antes? Dudó un largo rato antes de contestar, y luego confesó en voz baja.

«En mi familia yo *no* era buen esposo o padre. Mis padres arreglaron un matrimonio con una mujer de nuestro pueblo, pero como no era la que yo quería, no fui feliz con ella. Vivíamos juntos, y para los de afuera éramos una pareja normal. En casa, ella intentaba ser una buena esposa, pero nada me satisfacía. Encontraba defectos en todo lo que hacía y empezaban las discusiones. Noche tras noche peleábamos, y yo salía de casa, a veces para beber. Cuando volvía, ya estaba dormida, o fingiendo estarlo.

«Sin embargo, concebimos de alguna manera, y ella me dio una hija. Eso me ayudó durante un tiempo; intenté ser mejor marido y padre. Pero con el paso de los años, volví a las andadas. Mi mujer se volvió amargada y resentida, fría y siempre enojada. Así que usé eso para justificar más tiempo lejos de ella, más bebida.

«Nuestra hija creció viendo eso. Ella se sentía confundida, asustada y cada vez más infeliz. Al ir creciendo, me respondía con rencor y frialdad, tal como lo hacía mi esposa. Sabía que no me querían ni me respetaban. Eran más felices cuando yo no estaba.

«Lo que te contaré no está bien, y no me siento orgulloso de aquello, pero decidí que, si mi propia esposa y mi hija me rechazaban, entonces buscaría la felicidad en otra parte. Así que encontré a una mujer en las afueras de Jerusalén y empecé a visitarla varias noches al mes.

«Mi esposa y mi hija sospechaban. Finalmente, una noche me descubrieron cuando volvía de casa de la mujer y me enfrentaron. Ya había bebido demasiado esa noche. Me daba vergüenza que me hubieran descubierto, y estaba furioso con ellas porque sentía que eran ellas las que me habían conducido a eso». Rimón se detuvo y se le llenaron los ojos de lágrimas.

«Empezamos a discutir y a gritarnos. Perdí el control y empecé a golpear a mi esposa en la cara y en el estómago, y ella también me golpeaba a mí. Nuestra hija corrió a detenernos, pero yo arremetí contra ella y también la golpeé. Cayó al suelo, estupefacta.

«Cuando mi mujer vio eso, dio un alarido y se abalanzó sobre mí, golpeándome con los puños, empujándome hacia la puerta, gritando: '¡Fuera! ¡Fuera! ¡No quiero volver a verte jamás!'

«Salí dando tumbos por la puerta y llegué a la calle. Justo en ese momento pasaba un carro cargado de piedras pesadas. Caí justo delante de él; el conductor intentó parar, pero ya era demasiado tarde. Me atropelló, me aplastó las piernas y me quebró la espalda».

Rimón se detuvo, respirando agitadamente y con las lágrimas corriéndole por la cara, encerrado en el recuerdo de aquella horrible noche. Jesús suspiró y le pasó un brazo por los hombros, pero permaneció callado.

Finalmente, Rimón continuó: Durante los siguientes treinta y ocho años, no tuve hogar ni familia. Rara vez veía a mi mujer y a mi hija, y sólo de lejos. Nuestros amigos se pusieron de su lado, y no los culpo.

«Me tumbaba allí a diario junto al estanque, alternando entre la esperanza de sanarme y el deseo de morir. Cuando me sanaste aquel día, me devolviste parte de mi vida, pero ¿adónde podía ir? Mi mujer ya no me volvería a aceptar. Yo ni siquiera sabía adónde había ido mi hija. Escuché que se había juntado con gente cuestionable, pero ¿quién era yo para juzgarla?

«Desde que me sanaste, he trabajado en empleos sencillos por Jerusalén y he hablado de ti a la gente de aquí. Pero todo el tiempo me he preguntado si de algún modo podría recuperar a mi familia».

Jesús dijo: «Gracias por contarme tu historia. Veo que lo tomaste en serio cuando te dije que ya no pecaras más. Has cambiado más de lo que te das cuenta, pero sé que ha sido difícil para ti.

«En cierto modo, tus pecados con tu familia *sí fueron* la causa de que te lastimaras, sobre todo lo que hiciste aquella noche. Pero cuando te sané, también te perdoné. Ahora eres libre para perdonar a los demás, y es posible que ellos te perdonen a ti. Piensa en lo que podrías hacer con esa oportunidad, incluso con tu esposa y tu hija».

Reflexiona

1. ¿Cómo podemos encontrar el equilibrio entre escuchar a los demás compartir sus problemas con empatía, sin juzgarlos, y al mismo tiempo ayudarles a aprender a evitar comportamientos perjudiciales, o a recuperarse de ellos?
2. ¿Cómo lidias con una situación en la cual parece que Dios ignora tus oraciones durante mucho tiempo, incluso años?

Aprende

El Museo de Israel en Jerusalén tiene una maqueta de Jerusalén en la época de Jesús, que ocupa unos mil metros cuadrados, a escala 50:1

de la Jerusalén real de entonces. Es útil para comprender la geografía general y las principales secciones y edificios de la Jerusalén del primer siglo. John Delancey (de Biblical Israel Ministries) tiene un breve e interesante video sobre el tema, con unas magníficas imágenes de drones a partir del minuto 3:10. https://www.google.com/search?sca_esv=aa8f44f5ee66d697&sca_upv=1&sxsrf=ADLYWII30tI8eSe3xi3hMSzdpnGZ91R91Q:1722828815801&q=second+temple+model+at+Israel+museum&source=lnms&fbs=AEQNm0DzinMFLCeqQs_J6bMti2ao9DE73y_8shzprnOrc_FfyKvHDOcXRiIRjDOLlfDRUOpZemInLakSH6Zqte2EVSfgNW3499XxemVbsMEfX7ocQkyZFdHgCBsrQgwaG376tfWTVKci6D6AXEgVTRCX2AZ_HGMrlPgXFDQw_W5vZ1v4LUitzZefeln4mYEu6lRQ0LfvStm2f_GXJUtj4vjVVnGFsMNIFA&sa=X&ved=2ahUKEwiaksy89dyHAxVvAHkGHbaJDsIQ0pQJegQICBAB&biw=1700&bih=958&dpr=0.9#fpstate=ive&vld=cid:fdcb54e3,vid:HTFcqJraHOo,st:0

Viñeta 48

Nueva vida después de ser rescatada

Juan 7:53-8:11

Desde el estanque de Betzatá, Jesús caminó hacia el sudeste por las calles de Jerusalén, llamando finalmente a la puerta de una pequeña casa de la Ciudad Baja.

Cuando una mujer abrió la puerta y vio a Jesús, su rostro se transformó en una sonrisa de bienvenida. «¡Me alegro tanto de que hayas venido a verme! Desde la mañana en que me salvaste la vida, he estado al tanto de lo que hacías».

Jesús sonrió y dijo: «Quería ver cómo has estado, Miriam. Háblame de tu vida desde aquella mañana».

Miriam invitó a Jesús a entrar a su casa. Se tomó un minuto para ordenar sus pensamientos, luego respondió lentamente, pero de buena gana. «Pensé que sería mi última mañana en la tierra. Cuando los fariseos irrumpieron en la habitación donde dormía con Hanan, me di cuenta de que me habían tendido una trampa. Si realmente hubieran querido castigar el adulterio, nos habrían llevado a las dos, pero dejaron escapar a Hanan.

«Luego me arrastraron hasta el Templo y me arrojaron al

pavimento delante de ti. De reojo, los vi recogiendo piedras. Estaban seguros de que tú tendrías que dejar que me apedrearan, y yo sabía que lo merecía. Había perdido toda esperanza».

Jesús revivió interiormente cada momento con ella.

«Pero tú fuiste más sabio que ellos y arruinaste su trampa. Después de que se hubieron alejado, yo estaba allí contigo, aún segura de que iba a recibir castigo. Apenas podía creerlo cuando me mostraste misericordia en lugar de condenarme. Huyendo, regresé a mi casa y lloré durante horas, abrumada por las emociones del día: Ira, terror y vergüenza, pero también alivio y gratitud.

«Después de aquel día, supe que debía encontrar otro trabajo, así que fui a hablar con vendedores por todo Jerusalén, buscando cualquier tipo de empleo. Pero me rechazaban; las mujeres temían que estuviera cerca de sus esposos, y los esposos despreciaban lo que yo había sido, aunque algunos habían sido clientes míos.

«Finalmente, una pareja y su hijo se apiadaron de mí. Un momento, creo que... ¡sí, tú los conoces, Rafael y sus padres! Sabían lo que se sentía ser rechazados, así que me ofrecieron un pequeño sueldo para ayudarles de vez en cuando en su tienda».

Jesús asintió. «Me alegro mucho por ti y por ellos. Sé que ustedes han sido una bendición para los demás. Estoy orgulloso de tu obediencia a lo que te pedí, aunque haya sido un cambio difícil.

«Mientras escribía en el suelo aquel día, mi Padre me reveló tu pasado. Tu padre te maltrataba y no te amaba, lo que te provocó años de miedo, resentimiento y amargura. Incluso tu nombre significa 'rebelión', una descripción acertada. Desde que te fuiste de casa muy joven, te has rebelado contra toda autoridad que veías, y has pagado las consecuencias».

Miriam bajó la mirada; estaba compungida por las palabras de Jesús, porque sabía que describían exactamente su pasado. Sin embargo, incluso en su angustia, se aferró a la esperanza. Jesús había sido el primer hombre en su vida que le mostró compasión y la puso en un nuevo camino. Tal vez él la guiaría una vez más.

Jesús dijo suavemente: «Como te dije entonces, *no* te condeno.

En cambio, vengo a redimirte, porque mi Padre y yo te amamos. Vemos en ti una gran promesa». Hizo una pausa y dejó que el silencio se prolongara hasta que ella levantó sus ojos hacia los de él. La mirada de Jesús era igual que la mirada de aquella mañana: Cálida, acogedora, tranquilizadora... ¡vivificadora!

Lágrimas calientes de alivio y gratitud corrieron por el rostro de ella, y preguntó: «¿Qué puedo hacer por ti? ¿Cómo puedo agradecértelo?» No podía imaginar cómo corresponder a su misericordia sin límites.

Jesús tomó sus preguntas al pie de la letra. «*Hay* una forma de mostrar bondad, tal como tú la has recibido. Quiero que vayas a las personas a las que has herido o engañado durante estos últimos años. Acércate al menos a una persona cada día y pregúntale si puedes compartir tu historia con ella. Luego dile que sientes haberle hecho daño y pídele perdón.

«La mayoría te escuchará, ya sea por sorpresa o por curiosidad. Algunos te perdonarán; otros no. Algunos te maldecirán y te echarán. Te sorprenderá cómo una disculpa puede sanar, y cómo este simple acto te abrirá puertas inesperadas. Mi Padre te bendecirá a ti y a los demás cuando hagas esto».

Miriam se quedó quieta, considerando el desafío. Sabía que debía hacerlo. Quería comprometerse, pero se sentía intimidada por la enorme tarea, sabiendo que muchos podrían despreciarla o rechazarla. Sin embargo, ninguna de sus elecciones anteriores le había traído bendición, sino enemistad, repugnancia y angustia.

Jesús observó su rostro y rogó a su Padre que le diera la convicción y el valor para obedecer. «Sólo una persona por vez...», le repitió.

Ella lo miró, decidida. Podía confiarle su vida a este hombre. Ya le había devuelto la vida una vez. Con este nuevo desafío le esperaba una vida más profunda.

«¡Lo haré!» declaró. «Pero ¿a quién debo acudir primero?»

Jesús la miró seriamente durante un momento. «Deberías empezar por tu padre».

Ella contuvo el aliento; no lo hubiera elegido a él para ser el primero. Pero estaba decidida, así que asintió. «Lo haré mañana a primera hora», prometió.

«Hazlo esta noche», la instó Jesús. «Acabo de dejarlo. Lo encontrarás a la puerta del estanque de Betzatá».

Reflexiona

1. ¿Qué crees que escribió Jesús en el suelo aquella mañana en Juan 8? ¿Qué hizo que los líderes judíos se marcharan? ¿Y por qué se fueron empezando por el mayor?
2. Max Lucado escribió sobre esta historia: «Los fariseos tenían la palabra de Dios en la boca y piedras en las manos». ¿Cómo podemos amar y honrar la Palabra de Dios, sin convertirla en un arma para atacar a los demás?

Aprende

El libro de Randy Alcorn, *The Grace and Truth Paradox* (La paradoja de la gracia y la verdad), se basa en las palabras de Juan 1:14: «Y el Verbo se hizo hombre y habitó entre nosotros. Y contemplamos su gloria, la gloria que corresponde al Hijo único del Padre, lleno de gracia y de verdad. El Verbo se hizo carne y habitó entre nosotros». Alcorn dice: «Es una lista de dos puntos de semejanza con Cristo. En lugar de la apatía y la tolerancia del mundo, ofrecemos gracia. En lugar del relativismo y el engaño del mundo, ofrecemos la verdad. Si minimizamos la gracia, el mundo no ve esperanza de salvación. Si minimizamos la verdad, el mundo no ve necesidad de salvación».

Viñeta 49

Palabras finales y último milagro

Lucas 24:50-52; Hechos 1:6-11

Era jueves por la mañana, el último día de Jesús en la tierra. El ambiente en casa de Lázaro era tranquilo, casi solemne, como si todos presintieran que algo trascendental estaba a punto de suceder. Después del desayuno, Jesús y todos los discípulos se dirigieron hacia la cima meridional del Monte de los Olivos, casi directamente al este del Templo, al otro lado del valle de Cedrón.

Al llegar a la cumbre, el grupo se reunió alrededor de Jesús. Por última vez en la Tierra, los miró profundamente a los ojos, amándolos, empatizando con ellos, sintiendo su curiosidad e incertidumbre. Le devolvieron la mirada en silencio, recordando sus propios momentos privados con él a lo largo de los últimos tres años, empezando por la invitación a seguirle, pasando por la amargura de la crucifixión, la asombrosa y maravillosa noticia de su resurrección, y los preciosos momentos de gozo de los últimos cuarenta días.

Simón el Zelote y Pedro, uno al lado del otro, recordaban un domingo siete semanas antes, cuando habían descendido del Monte de los Olivos formando parte de una multitud que los aclamaba, agitando ramas de palma y entonando cánticos triunfales.

Simón sabía que los métodos de Jesús eran diferentes a los suyos. Sin embargo, ¿era posible, puesto que Jesús había cumplido toda la voluntad de su Padre, que declarara hoy su reino terrenal? Una pequeña chispa de esperanza creció en él, y preguntó tímidamente a Jesús: «Señor, ¿vas a restaurar el reino a Israel en este momento?»

Jesús volvió su mirada hacia Simón, conociendo sus pensamientos, pero negó lentamente con la cabeza. «No les toca a ustedes conocer la hora ni el momento determinados por la autoridad misma del Padre». Simón recibió las palabras de Jesús con una esperanza que duró poco.

«Pero cuando venga el Espíritu Santo sobre ustedes, recibirán poder y serán mis testigos tanto en Jerusalén como en toda Judea y Samaria, hasta en los confines de la tierra. Esperen a que venga el Espíritu y mi Padre les muestre lo que deben hacer. Y recuerden todo lo que les he dicho durante estos últimos tres años juntos».

De repente, se dieron cuenta de que se estaba despidiendo. Se acercaron más a Él; los que estaban más cerca volvieron a tocar sus hombros, sus brazos y sus manos intentando aferrarse físicamente a Él durante esos últimos segundos.

Jesús sonrió a todos con ternura; el amor perfecto brillaba en sus ojos. Levantó lentamente las manos, con las manos de los demás aún apoyadas en él. Puso una mano sobre su madre María y la otra sobre Juan. Su mirada recorrió lentamente el grupo.

Luego pronunció una bendición final, bien conocida por todos ellos, la bendición sacerdotal del Sumo Sacerdote eterno. «El Señor los bendiga y los guarde; el Señor los mire con agrado y les extienda su amor; el Señor les muestre su favor y les conceda la paz».

Entonces se dieron cuenta de que los pies de Él habían abandonado el suelo. ¡Se elevaba en línea recta! Rápidamente estuvo fuera de su alcance y siguió ascendiendo por los aires hacia el cielo, y finalmente una nube lo ocultó de la vista de ellos. Se quedaron boquiabiertos. Una vez más, Jesús había hecho algo que ninguno de ellos había visto antes. Embelesados, seguían mirando al cielo, preguntándose si volvería a aparecer.

Un repentino resplandor brilló cerca de los discípulos. Bajaron la mirada del cielo y se encontraron con dos hombres de blanco que les sonreían, como si se estuvieran divirtiendo con la escena. María Magdalena y Juana, sorprendidas, dieron un grito sofocado. Eran los mismos ángeles que habían visto en el sepulcro.

«¡Galileos!» dijeron los hombres, «¿por qué están aquí parados mirando el cielo?»

Pedro respondió: «Esperábamos que Jesús volviera a nosotros», dijo riendo incrédulamente, y añadió: «¡Y nunca antes habíamos visto a nadie elevarse hacia el cielo!» Una risita entre dientes recorrió todo el grupo.

«Jesús no volverá a ustedes en este momento», les informaron los ángeles. «Ahora se ha ido al cielo; más adelante volverá de la misma manera que lo vieron irse». Sin responder a las preguntas, los ángeles desaparecieron tan repentinamente como habían aparecido.

Como si despertara de un sueño, el grupo de discípulos respiró hondo, intercambiando miradas incrédulas. Entonces se volvieron instintivamente hacia Pedro, quien guardó silencio un momento y luego dijo con determinación: «Volvamos a Jerusalén y hagamos lo que Jesús nos dijo. Vamos a orar, estudiar y hablar juntos mientras esperamos al Espíritu».

Poco a poco fueron regresando a su casa en el Barrio Esenio, algunos conversando en voz baja, otros inmersos en un revoltijo de pensamientos y emociones. Jesús se había ido y nadie sabía cuándo volvería. Se lamentaban por él, pero no como se hace por alguien a quien han perdido por la muerte.

El Espíritu estaba por llegar, y les esperaba una nueva comisión.

Reflexiona

1. Los discípulos no sabían cuándo vendría el Espíritu, sólo sabían que debían esperar a que llegara. ¿Qué crees que hicieron en los diez días entre la ascensión y Pentecostés, además de elegir al sustituto de Judas? (Hechos 1)
2. ¿Cómo puedes encarar de forma productiva los periodos de espera cuando no tienes una fecha concreta o un objetivo a la vista para la siguiente actividad?

Aprende

El relato de Mateo de la Gran Comisión casi implica que Jesús pronunció esas palabras y luego ascendió. Sin embargo, ambos relatos de la verdadera ascensión en Lucas y Hechos la sitúan en Jerusalén, en el Monte de los Olivos. No se ha confirmado que sea el lugar exacto, aunque existe un Edículo de la Ascensión en la cresta sur del Monte, en cuyo suelo hay supuestamente una 'Roca de la Ascensión' enmarcada, que contiene las últimas huellas terrestres de Jesús. Otros lugares sugeridos son la Iglesia Rusa de la Ascensión, el Monasterio Greco-ortodoxo de la Ascensión y la Iglesia Luterana de la Ascensión, que forma parte del complejo Augusta Victoria.

Otro detalle interesante es que las historias de ascensión eran bastante comunes en la época de Jesús; normalmente formaban parte de la deificación de una persona importante, como las tradiciones en torno a Augusto César, Rómulo (fundador de Roma) o el héroe griego Heracles. En el caso de Jesús, los cristianos parecían entenderlo como parte de Dios reivindicando a Jesús tras su muerte y confirmando su autoridad eterna sobre todas las cosas.

Viñeta 50

Pentecostés en el Templo - Nace la Iglesia

Hechos 2:1-41; Levítico 23:10; Éxodo 20, 32; Ezequiel 1:4-24; 2 Corintios 3:7-18

¡Pentecostés! Cincuenta días desde el fin de semana de Pascua, cuando Jesús había muerto. El grupo de ciento veinte creyentes se levantó temprano para prepararse a celebrar esta fiesta con miles de sus compatriotas judíos. Mucho antes de las ocho de la mañana, los peregrinos abarrotaban las calles, fluyendo hacia los atrios del Templo desde la ciudad y todas las carreteras que conducían a ella. Como era costumbre, los fieles se acercaban al Templo por el sur, limpiándose en los numerosos baños de purificación antes de subir por la Escalinata Sur y atravesar las Puertas Dobles hasta los atrios del Templo.

El grupo de ciento veinte discípulos se reunió finalmente en el Patio de la Oración, ya que allí se permitía a las mujeres participar en el culto. Se mezclaron con los numerosos amigos y familiares que habían acudido a Jerusalén para la fiesta, compartiendo sonrisas y abrazos.

A las nueve de la mañana, un sacerdote hacía sonar el shofar desde la esquina suroeste del Templo, muy por encima de los atrios, y comenzaba el culto con las lecturas típicas de Pentecostés, dirigidas por los sacerdotes. Mientras escuchaba, Pedro se maravilló de la multitud que se amontonaba en los atrios mientras continuaba la lectura del Éxodo.

«... *En la madrugada del tercer día hubo truenos y relámpagos, y una densa nube se posó sobre el monte. Un toque muy fuerte de trompeta puso a temblar a todos los que estaban en el campamento. Entonces Moisés sacó del campamento al pueblo para que fuera a su encuentro con Dios, y ellos se detuvieron al pie del monte Sinaí. El monte estaba cubierto de humo, porque el Señor había descendido sobre él en medio de fuego. Era tanto el humo que salía del monte, que parecía un horno; todo el monte se sacudía violentamente, y el sonido de la trompeta era cada vez más fuerte. Entonces habló Moisés y Dios le respondió en el trueno ...*» Mateo recordó cómo los rabinos enseñaban que, en el monte Sinaí, el trueno representaba la voz de Dios que traía la Ley al pueblo, y que, al sonar la voz del Señor, se dividía en setenta voces diferentes, cada una en un idioma distinto, para que todo el mundo pudiera entender la Ley.

Los sacerdotes pasaron a las siguientes lecturas. «*De pronto me fijé y vi que del norte venía un viento huracanado con una nube inmensa rodeada de un fuego fulgurante y gran resplandor. En medio del fuego se veía algo semejante a un metal refulgente. También en medio del fuego vi algo parecido a cuatro seres vivientes que tenían forma humana ...*»[1]

Estas palabras resonaron con fuerza en el interior de Juan, como si fueran una melodía que casi reconocía, o que había escuchado de lejos en algún momento de su vida.

«... *Iban adonde el espíritu los impulsaba y no se volvían al andar. Estos seres vivientes parecían carbones encendidos o antorchas que se movían de un lado a otro. El fuego resplandecía y de él se desprendían relámpagos*».[2]

La multitud escuchó absorta, como si las palabras no

---

1. Ezequiel 1:4-5 (NVI)
2. Ezequiel 1:12-13 (NVI)

describieran acontecimientos ocurridos seiscientos años antes, sino algo que les estaba sucediendo en ese mismo momento. «... *Cuando los seres vivientes avanzaban, las ruedas se movían con ellos y, cuando se levantaban del suelo, también se levantaban las ruedas. Los seres iban adonde el espíritu los impulsaba, y las ruedas se elevaban juntamente con ellos, porque el espíritu de los seres vivientes estaba en las ruedas. Cuando los seres se movían, las ruedas también se movían; cuando se detenían, las ruedas también se detenían; cuando se elevaban del suelo, las ruedas también se elevaban. Las ruedas hacían lo mismo que ellos, porque el espíritu de los seres vivientes estaba en las ruedas. Sobre las cabezas de los seres vivientes había una gran expansión, muy hermosa y reluciente como el cristal. Debajo de esa expansión, las alas de estos seres se extendían y se tocaban entre sí. Además, cada uno de ellos tenía otras dos alas con las que se cubría el cuerpo. Cuando los seres avanzaban, yo podía oír el ruido de sus alas: Era como el estruendo de muchas aguas, como la voz del Todopoderoso, como el tumultuoso ruido de un ejército*».[3]

María, la madre de Jesús, recordaba noches en las que se sentaba junto a Jesús mientras Él se iba a dormir, sintiendo que una hueste de seres celestiales invisibles, más allá de su vista, velaba por su familia.

A continuación, la lectura describía cómo el Señor encargó a Ezequiel que llevara la palabra de Dios al pueblo. «*Hijo de hombre, ve al pueblo de Israel y proclámale mis palabras*».[4]

De repente, de todas partes de los atrios del Templo llegó el sonido de un viento impetuoso que llenaba la casa del Señor. La gente miraba alrededor, por encima y por detrás, hacia las puertas de todos los lados. Entonces, como disparado por el viento invisible, el fuego corrió entre ellos, separándose en lenguas.

Los ciento veinte discípulos estaban mesmerizados, como si los relatos del Sinaí y Ezequiel se fusionaran con esta celebración de hoy: El Espíritu, el viento impetuoso, el fuego ¡y ellos estaban en el centro

---

3. Ezequiel 1:19-24 (NVI)
4. Ezequiel 3:4 (NVI)

de todo! Vieron que las lenguas se acercaban a ellos y se posaban exactamente sobre sus cabezas; sólo sobre los ciento veinte, y sobre nadie más.

Sintieron que el viento los golpeaba, pero las llamas seguían ardiendo fuertes y brillantes. Parecía que el viento los envolvía, saturando cada poro de sus cuerpos, mentes y espíritus. Con creciente euforia, estaban plenamente convencidos de que Jesús estaba cumpliendo en ese mismo momento su promesa de enviarles el Espíritu para que habitara en ellos. En ese momento comprendieron muchas cosas que antes no estaban claras, y sintieron que conocían a Jesús como nunca antes lo habían conocido.

Inspirados y dirigidos por el Espíritu, comenzaron a hablar de las maravillas de Dios a medida que el Espíritu les daba palabras, aunque las hablaban en otras lenguas. Mateo había estado pensando en cómo Dios habló en diferentes lenguas en el Sinaí, y ahora él mismo estaba hablando en una lengua que nunca había aprendido. Era como si Dios estuviera invirtiendo la confusión de Babel, concediendo a todos la capacidad de entenderse perfectamente, sin obstáculos.

La gente empezó a fluir hacia las salidas del sur, hablando animadamente, queriendo contárselo a todos los habitantes de la ciudad, pero también intentando comprender lo que estaba ocurriendo. Se esparcieron por los atrios del Templo, inundando los pasillos que conducían a la Escalinata Sur y a la Ciudad de David.

Los ciento veinte fueron llevados junto con la multitud, conversando con la gente a su alrededor. Cuando salían por las Puertas Triples, Pedro se puso a un lado y, con voz potente comenzó a decir: «¡Compatriotas judíos y todos ustedes que están en Jerusalén!»

Sorprendida, la multitud se detuvo para ver quién hablaba. La gente seguía saliendo por las puertas y empezó a desbordarse por las escaleras, llenando por completo las zonas públicas a su alrededor. Finalmente vieron a Pedro en lo alto de la escalinata, con la mano levantada con autoridad.

Aún alborotada, la multitud murmuraba entre sí, preguntándose qué significaba todo aquello. Algunos se atrevieron a decir con sarcasmo: «Quizá empezaron a beber un poco temprano antes de venir hoy.»

Sin inmutarse, Pedro habló con voz de mando: «Compatriotas judíos y todos ustedes que están en Jerusalén, déjenme explicarles lo que sucede; presten atención a lo que voy a decir. Estos no están borrachos, como suponen ustedes. ¡Apenas son las nueve de la mañana! En realidad, lo que pasa es lo que anunció el profeta Joel:

'Después de esto, derramaré mi Espíritu sobre todo ser humano. Los hijos y las hijas de ustedes profetizarán, tendrán sueños los ancianos y los jóvenes recibirán visiones. En esos días derramaré mi Espíritu aun sobre los siervos y las siervas. En el cielo y en la tierra mostraré prodigios: Sangre, fuego y columnas de humo. El sol se convertirá en tinieblas y la luna en sangre antes que llegue el día del Señor, día grande y terrible. Y todo el que invoque el nombre del Señor será salvo'.[5]

«Pueblo de Israel», continuó Pedro, «escuchen esto: Jesús de Nazaret fue un hombre acreditado por Dios ante ustedes con milagros, señales y prodigios, los cuales realizó Dios entre ustedes por medio de él, como bien lo saben. Este fue entregado según el determinado propósito y el previo conocimiento de Dios; y por medio de gente malvada, ustedes lo mataron, clavándolo en la cruz».

Caifás había quedado atrapado entre la multitud que se desplazaba inexorablemente desde los atrios del Templo hasta la Escalinata Sur. Intentó escapar a la Cámara de Piedra Labrada cuando pasaron por delante de ella, pero la multitud era demasiado fuerte. Ahora estaba atrapado entre esta gente común e ingenua. Despreciaba su sencillez; sin embargo, a medida que Pedro hablaba persuasivamente, Caifás empezó a temer que muchos creyeran a Pedro y abandonaran a Caifás. Apretó los dientes cuando la acusación de Pedro sobre los hombres malvados se hizo sentir. Ahora la gente alrededor de Caifás lo reconoció, y vio que la ira de ellos

---

5. Joel 2:28-32 (NVI)

comenzaba a encenderse contra él. Recuperando la atención de ellos, Pedro continuó: «Sin embargo, Dios lo resucitó, librándolo de las angustias de la muerte, porque era imposible que la muerte lo mantuviera bajo su dominio. En efecto, David dijo de él:

'Siempre tengo presente al Señor; con él a mi derecha, nada me hará caer. Por eso mi corazón se alegra y se regocijan mis entrañas; mi cuerpo también vivirá confiado. No me abandonarás en los dominios de la muerte; no permitirás que sufra corrupción tu siervo fiel. Me has dado a conocer el camino de la vida; me llenarás de alegría en tu presencia y de dicha eterna a tu derecha'.[6]

«Hermanos, permítanme hablarles con franqueza acerca del patriarca David, quien murió y fue sepultado, y cuyo sepulcro está entre nosotros hasta el día de hoy».

Los ojos de la multitud se desviaron hacia el oeste, donde la tumba de David brillaba bajo el sol de la mañana.

«David era profeta y sabía que Dios le había prometido bajo juramento poner en el trono a uno de sus descendientes. Fue así como previó lo que iba a suceder. Refiriéndose a la resurrección del Cristo, afirmó que Dios no dejaría que su vida terminara en los dominios de la muerte ni que su fin fuera la corrupción. A este Jesús, Dios lo resucitó y de ello todos nosotros somos testigos». Levantando aún más la voz, Pedro declaró con confianza: «Exaltado a la derecha de Dios, y habiendo recibido del Padre el Espíritu Santo prometido, ha derramado esto que ustedes ahora ven y oyen. David no subió al cielo, y sin embargo declaró:

'Así dijo el Señor a mi Señor: Siéntate a mi derecha, hasta que ponga a tus enemigos por debajo de tus pies'.[7]

«Por tanto, que todo Israel esté bien seguro de que este Jesús, a quien ustedes crucificaron, Dios lo ha hecho Señor y Cristo».

Estas palabras calaron profundo en el corazón de la gente y

---

6. Salmo 16:8-11 (NVI)
7. Salmo 110:1 (NVI)

dijeron a Pedro y a los demás apóstoles: «Hermanos, ¿qué debemos hacer?»

Pedro respondió: «Arrepiéntase y bautícese cada uno de ustedes en el nombre de Jesucristo para perdón de sus pecados, y recibirán el don del Espíritu Santo».

Pedro hizo una breve pausa y estudió sus rostros, conectándose con sus ojos y sus corazones, y luego dijo con seriedad: «En efecto, la promesa es para ustedes, para sus hijos y para todos los que están lejos».

Un silencio expectante se apoderó de la enorme multitud cuando Pedro dejó de hablar, sembrando su invitación en lo más profundo de sus fértiles corazones.

¡El perdón! ¡El don del Espíritu Santo! Parecía demasiado increíble para ser verdad. En un momento, habían sido condenados por rechazar y matar al Mesías, a quien habían esperado durante siglos. En el siguiente, se les había ofrecido la oportunidad de ser perdonados y convertirse en seguidores de Jesús, ¡ya confirmado como el Cristo!

Los ojos de Pedro recorrieron la multitud, orando para que el Espíritu hiciera su trabajo de convencer a la gente sobre el pecado, la justicia y el juicio. Los ciento veinte, dispersos entre la multitud, escudriñaron los rostros de los que tenían al lado.

¿Qué decidirán?

Algunas de estas personas habían asistido en Galilea o Judea a las enseñanzas y milagros de Jesús. Algunos lo habían celebrado con la multitud que bajaba del Monte de los Olivos y entraba en el Monte del Templo ocho semanas antes. Algunos habían formado parte de la turba que pedía a gritos la crucifixión de Jesús apenas siete semanas antes. Otros habían llegado a la fiesta de Pentecostés desde otros países, oyendo por primera vez los increíbles relatos sobre el ministerio, los poderosos milagros, la muerte y la resurrección del Galileo.

¿Qué decidirán?

¿Aprenderán del rabí? ¿Serán perdonados por el sacrificio del

Cordero? ¿Honrarán a un nuevo Rey? ¿Se convertirán en ciudadanos de un nuevo Reino? Como si respondieran a una Voz inaudible, individualmente algunos salían de entre la multitud hacia Pedro, o se acercaban a uno de los ciento veinte, a quienes oían hablar en sus propias lenguas.

Varios jóvenes sacerdotes habían escuchado a Jesús en el Templo y se compungieron de inmediato. El anciano Nasón, pastor principal de Belén, había venido a Jerusalén para la fiesta. El hombre que había prestado el burro a Jesús para su entrada triunfal en Jerusalén ofrecía ahora su propia vida.

Las familias de Salmón y Rut, y de Isaí y Débora, de Belén, que habían perdido hijos, se convertirían ahora en nuevos hijos e hijas del Rey. Salomón, un cambista de dinero, cambió su corazón. Rimón y su hija Miriam, reconciliados entre sí, anhelaban reconciliarse con Dios. Una madre y su hijo, que habían visto la ascensión de Jesús en Betania, habían subido aquel día al Templo con el padre. Los tres se unieron a los demás.

Procla, la esposa de Pilato, estaba ahora convencida de que el hombre de sus sueños procedía realmente de Dios. Aunque se arriesgaba a sufrir la ira y el posible castigo de su esposo, dio un paso al frente con resuelta confianza. Y muchos más: Jóvenes, ancianos, hombres, mujeres, ricos, pobres, fariseos, zelotes, samaritanos, herodianos, poderosos, vulnerables; todos se acercaron a Jesús, el Hijo del Hombre y de Dios, confesándolo como su nuevo Señor.

Con gran gozo, Pedro y los ciento veinte se dividieron y condujeron a la gente en grupos a los cuarenta y ocho diferentes baños de purificación esparcidos por la plaza. Bajando al agua uno a uno, fueron bautizados. Del agua salió la Iglesia redimida por el Cordero, el Rey, el Príncipe de Paz, la Piedra Angular, todo combinado en la persona de Jesús, el Mesías.

Aquel día, unas tres mil personas creyeron y obedecieron las buenas nuevas sobre Jesús. Cuando terminaron los bautismos, todos volvieron a los atrios del Templo para orar juntos y alabar a Dios por su nueva familia, planeando volver cada día al Templo para seguir aprendiendo sobre Jesús y la vida como ciudadanos del nuevo Reino.

Reflexiona

1. Repasando este libro, ¿qué otras personas crees que podría haber visitado Jesús, o a qué lugares podría haber ido, o qué ideas podría haber sembrado?
2. ¿Qué te diría Jesús si te viera después de la tumba?

Aprende

Los judíos presentes aquel día en Pentecostés, así como los judíos de hoy, probablemente habrían visto fuertes conexiones entre el primer Pentecostés, cuando los judíos recibieron la Ley en el monte Sinaí, y este Pentecostés del primer siglo. He aquí algunas conexiones notables:

Sinaí, primer Pentecostés/Jerusalén (Hechos 2)

- Cincuenta días después del Éxodo/Cincuenta días después de la cruz
- Fuego de Dios/Fuego desciende sobre los discípulos
- Trueno *(kol*, voz) con mandamientos y la ley/Pedro predica palabra de Dios en cuanto a la Palabra (Jesús)
- La ley es similar al pacto matrimonial/La Iglesia es la esposa de Cristo
- Tres mil personas mueren después de hacer el becerro de oro/Tres mil son salvos después del bautismo

Lee también estos pasajes para obtener más información sobre el sermón de Pedro.

1. Lecturas de Pentecostés en el Templo, Éxodo 19:16-19, Ezequiel 1:4-5, 12-13, 19-24; 3:4
2. Setenta voces en el Sinaí, https://www.sefaria.org/sheets/25573?lang=bi El Rabí Yojanan dijo que de esa manera

todo el mundo podría entenderlo. También, Shemot Rabbah 5:9, un midrash (comentario) sobre el libro del Éxodo.
3. Numerosas ideas en esta sección también fueron compartidas por Ray Vander Laan, mp3 12a, 12b, Shavuot, en su serie de treinta lecciones en la serie impartida en la iglesia Christ Memorial en Michigan, 1996. También mp3s 15A, 15B sobre Shavuot (Pentecostés o Fiesta de las Semanas).
4. La venida del Espíritu Santo, Hechos 2:1-4
5. Hablar en otras lenguas, Hechos 2:4-12
6. La confusión en Babel, Génesis 11:7-9
7. El discurso de Pedro, Hechos 2:14-41
8. El derramamiento del Espíritu sobre todos los pueblos, Joel 2:28-32
9. David hablando de Jesús, Salmos 16:8-11
10. El Señor dijo a mi Señor, Salmos 110:1

Apéndice A: Notas, Escrituras y Referencias

Más de 400 referencias bíblicas, además de otras notas históricas, culturales, geográficas o lingüísticas.

Viñeta 1: El centurión cree

1. La crucifixión, Juan 19:17-37
2. Jesús: Todo se ha cumplido, Juan 19:30
3. Los efectos de la muerte de Jesús, Mateo 27:51-53
4. Referencias a Jerusalén en tiempos de Jesús.
    a. Bargil Pixner. Con Jesús en Jerusalén.
    b. Leen Ritmeyer. Jerusalén en tiempos de Cristo (PowerPoint). Diseño arqueológico Ritmeyer.

Viñeta 2: José de Arimatea y Pilato

5. José pide el cuerpo, Mateo 27:57-61
6. El cuerpo de Jesús es atravesado, Juan 19:34
7. El juicio ante Pilato, Juan 18:33-38

Apéndice A: Notas, Escrituras y Referencias

Viñeta 3: Caifás celebra

8. El juicio con Caifás, Mateo 26:57-68
9. Malco, Lucas 22:50ss.
10. Jesús evita el arresto, Juan 7:45-49; 8:59

Viñeta 4: De la cruz a la tumba

11. La sepultura; Juan 19:38ss, Marcos 15:42-47
12. El salmo recitado en la tumba, Salmos 116:3, 7, 15
13. Jesús entrega a María al cuidado de Juan, Juan 19:26ss

Viñeta 5: La noche oscura de Pedro

14. La negación de Pedro, Lucas 22:31, 33, 54ss

Viñeta 6: Angustia en Betania

15. Juan invoca fuego sobre un pueblo, Lucas 9:54
16. Las palabras de Jesús en la cruz, Salmos 22:1, 16, 18, 24

Viñeta 7: La confesión de Nicodemo

17. Shabbat Shemá, Deuteronomio 6:4-9

Viñeta 8: El momento en que el mundo cambió para siempre

18. La resurrección; Mateo 27, Marcos 16, Lucas 24, Juan 20
19. Referencia a la resurrección en Cesarea de Filipo, Mateo 16:21

Apéndice A: Notas, Escrituras y Referencias

Viñeta 9: Jesús y María Magdalena

20. Jesús expulsa demonios de María Magdalena; Marcos 16:9, Lucas 8:2
21. Jesús aparece a María, Juan 20:11-18

Viñeta 10: «No nos trata conforme a nuestros pecados»

22. La Puerta de los Esenios, Ritmeyer, PowerPoint de Jerusalén en tiempos de Jesús, diapositivas 28-29
23. Los sacrificios del valle de Hinón, 2 Crónicas 33:6ss
24. La traición de Judas; Mateo 26:47-50, 27:1-10
25. Judas se ahorca; Mateo 27:5ss, Hechos 1:15-19
26. Jesús perdona a Judas, Lucas 23:34
27. Las palabras de Jesús mientras cavan, Salmo 103:8-12

Viñeta 11: La mejor lección de Torá de la historia

28. Cleofás (variante de Clopas) y María; Lucas 24:18, Juan 19:25
29. Los acontecimientos en el camino a Emaús, Lucas 24:13ss
30. Los puntos de la lección de Jesús a partir de Moisés y los profetas:
    a. Moisés habla del profeta, Deuteronomio 18:15
    b. Una virgen concebirá, Isaías 7:14
    c. El Mesías nacerá en Belén, Miqueas 5:2
    d. Los pastores de Belén, Lucas 2:8ss
    e. La matanza en Belén; Mateo 2:16ss, Jeremías 31:15
    f. La familia de Jesús enviada a Egipto, Mateo 2:13-15
    g. El segundo éxodo desde Egipto, Mateo 2:23

Apéndice A: Notas, Escrituras y Referencias

    h. La palabra hebrea para Nazaret viene de *ntzer* (Rama), Isaías 11:1
    i. El siervo sufriente, Isaías, 42:1ss
    j. Repara las cañas y aviva las llamas, Mateo 12:20
    k. Todo tipo de sanidad, Lucas 4:18-19
    l. Ciego, sordo, cojo, Isaías 35:5-6
    m. El Pan del cielo; Éxodo 16, Mateo 14:14ss
    n. Vivir del pan físico y espiritual; Mateo 4:4, Deuteronomio 8:3
    o. La roca en el desierto; 1 Corintios 10:4, Éxodo 17:1ss
    p. La palabra hebrea, *mashiach*, y la palabra griega *Christos*, ambas significan «Ungido».
    q. Rey, manso, montado en burro; Zacarías 9:9, Mateo 21:5
    r. El pastor despedido por ovejas, 30 piezas de plata; Zacarías 11:12ss, Mateo 27:5
    s. La piedra que hace tropezar; Isaías 8:14, Salmos 118:22-23
    t. El Mesías sufriente, Isaías 53
    u. El Cordero pascual cuya sangre protege al pueblo, Éxodo 12:21ss
    v. El chivo expiatorio desterrado del campamento, Levítico 16:20ss
    w. Mirando la serpiente de bronce para ser salvo, Números 21:9
    x. Angustia en la cruz, abandonado por Dios, Salmos 22
    y. Preciosa es la muerte de los santos, Salmos 116:15
    z. El Santo no vería la decadencia; Salmos 16:10, Hechos 2:27
    aa. El casi sacrificio de Isaac, Génesis 22.
31. Jesús simbolizado en las fiestas —Ray Vander Laan, material de clase sobre la Pascua judía

APÉNDICE A: NOTAS, ESCRITURAS Y REFERENCIAS

VIÑETA 12: ¿QUIÉNES SON ESTAS PERSONAS? (1ª PARTE)

32. La pareja resucitada de entre los muertos, Mateo 27:53

VIÑETA 13: CELEBRACIÓN EN BETANIA

33. Lázaro resucitado, Juan 11:31ss
34. Los sumos sacerdotes intentan matar a Lázaro, Juan 12:9-10
35. La primera vez que Jesús visita a María y Marta, Lucas 10:38-42
36. Cita de David, Salmos 27:4-14

VIÑETA 14: EL INTRIGANTE CASO DE LÁZARO

37. Jesús se entera en cuanto a la enfermedad de Lázaro; Juan 10:40, 11:4ss
38. La reacción de Marta, Juan 11:21ss
39. Vida eterna, Juan 17:3
40. Lázaro en el cielo. Algunos conceptos de <u>Bodie y Brock Thoene, Cuando Jesús lloró</u> (Crónicas de Jerusalén, libro 1, pp. 263 y ss.)
41. lías y Enoc; 2 Reyes 2:11, Génesis 5:24
42. Los santos resucitados de la muerte que van a la ciudad, Mateo 27:53

VIÑETA 15: UNA CAMINATA INOLVIDABLE HASTA BELÉN

43. El estanque de Siloé, Juan 9:7
44. José y María en el templo el octavo día, Lucas 2:22ss.
45. María atesora cosas en su corazón; Lucas 2:19, 51, Mateo 6:19-21

Apéndice A: Notas, Escrituras y Referencias

46. Sara, Abraham, Agar, Ismael e Isaac, Génesis 16, 21
47. La mujer sorprendida en adulterio, Juan 8

Viñeta 16: Reviviendo la tragedia de Belén

48. El asesinato de niños por parte de Herodes, Mateo 2:16ss
49. La visita de los Reyes Magos, Mateo 2:1-12
50. La huida a Egipto, Mateo 2:13ss

Viñeta 17: Jesús se enfrenta a Caifás

51. Estoa Real, Alec Garrard, *El esplendor del templo*, pp. 60-61
52. La Cámara de Piedra Labrada (Gazith), lugar del Sanedrín, ibíd
53. Se les paga a soldados para difundir rumores, Mateo 28:11-15
54. Los testigos de Jesús, Juan 5:31-47
55. El juicio falso, Mateo 26:59-67
56. La cortina rasgada; Mateo 27:51, Hebreos 10:19ss
57. Jerusalén acorralada, Lucas 19:41-44
58. Jesús como Sumo Sacerdote para siempre, Hebreos 7:23-28

Viñeta 18: El «hombre del sueño» visita a Pilato y Procla

59. Procla, la esposa de Pilato https://en.wikipedia.org/wiki/Pontius_Pilate%27s_wife
60. Jesús ante Pilato durante el juicio; Juan 18:33-40, Mateo 27:11-26
61. Poder sobre la muerte, Romanos 6:9-10
62. Barrabás liberado, Lucas 23:25

Apéndice A: Notas, Escrituras y Referencias

63. Jesús es la Verdad, Juan 14:6

Viñeta 19: ¿Quiénes son estas personas? (2ª parte)

64. Roda, María y la casa, Hechos 12:12-13
65. El niño que abrazó a Jesús (Marcos), Marcos 14:51
66. Los santos resucitados de entre los muertos, Mateo 27:52-53
67. Diversos periodos históricos representados: Salomón y la dedicación del templo (1 Reyes 8); Saúl ungido (1 Samuel 10:24ss); el reinado de Ezequías (2 Crónicas 32:1-5); el regreso de los exiliados (Esdras 2:1ss); el cruce del Jordán con Josué (Josué 3); el remanente fiel con Elías (1 Reyes 19:18); los adolescentes en el desierto (Números 14:29ss); el ejército de Débora (Jueces 4:14ss); la tierra de Gosén (Génesis 4:5ss); los siervos de Abraham (Génesis 14:14-24).
68. Toda promesa es un «Sí» en Jesús, 2 Corintios 1:20

Viñeta 20: Regreso al Gólgota

69. La semana de Pascua. Pixner, con Jesús en Jerusalén, pp. 180-81.
70. El Gólgota, Juan 19:17-30
71. Las Escrituras en el Gólgota, Salmos 30:3, 5
72. El alma de María atravesada, Lucas 2:35
73. ¿Longino como centurión? https://en.wikipedia.org/wiki/Longinus
74. Jesús entrega y vuelve a recibir su vida, Juan 10:17-18

Apéndice A: Notas, Escrituras y Referencias

Viñeta 21: Una nueva visión para Bartimeo

75. El Espíritu arrebata a Jesús, Hechos 8:39
76. Dos ciudades de Jericó en tiempos de Jesús (romana y antigua) https://apologeticspress.org/controversial-jericho-666/, https://www.britannica.com/place/Jericho-West-Bank
77. ¿Es Jesús el Mesías? Mateo 11:2-6
78. Dos ciegos en Capernaúm, Mateo 9:27-31.
79. Tu fe te ha sanado. La palabra griega *sozo* puede significar tanto sanado como salvado; de hecho, se traduce como «salvar» mucho más a menudo que como «sanar». (Léxico Strong, palabra #4982).

Viñeta 22: Un nuevo comienzo para Zaqueo

80. Cuatro veces más, Éxodo 22:1
81. Falsos pastores judíos; Jesús citando Ezequiel 34:1-16
82. Juan predica, Lucas 3:12ss

Viñeta 23: Una mujer transformada, un pueblo transformado

83. Sicar, la samaritana y el pozo, Juan 4
84. El hombre con el que vives, Juan 4:18
85. El templo en el monte Guerizín, Juan 4:20; Ritmeyer, https://www.ritmeyer.com/2021/01/21/the-jerusalem-temple-on-mount-gerizim/
86. El tabernáculo, Éxodo 25-30
87. El templo, 1 Reyes 5-8
88. En espíritu y en verdad, Juan 4:24

Apéndice A: Notas, Escrituras y Referencias

89. El sacrificio perfecto, Hebreos 10:12
90. El templo espiritual, y cada creyente es un sacerdote; 1 Pedro 2:4-9, Efesios 2:21-22
91. El hombre de Jerusalén, Hechos 8

Viñeta 24: El leproso agradecido

92. Los caminos de peregrinación de Galilea a Jerusalén https://www.biblicalarchaeology.org/daily/biblical-topics/new-testament/3-pilgrimage-paths-from-galilee-to-jerusalem/
93. La frontera entre Samaria y Galilea, Lucas 17:11ss; posiblemente la aldea actual de Burq'in, a una milla y media al oeste de Yenín, hoy en el norte de Samaria, parte de Cisjordania. Mapa de Burq'in https://www.google.com/maps/dir/%D8%AC%D9%86%D9%8A%D9%86%E2%80%AD%E2%80%AD/%D8%AC%D9%86%D9%8A%D9%86%E2%80%AD/@32.42059,35.1812486,11z/data=!4m14!4m13!1m5!1m1!1s0x151cfed5525459a7:0x8af2eaf8c123e9a4!2m2!1d35.2938591!2d32.4646353!1m5!1m1!1s0x151cfed5525459a7:0x8af2eaf8c123e9a4!2m2!1d35.2938591!2d32.4646353!3e0?hl=en
94. Natán, Lucas 17:11-19. Natán significa «dador» en hebreo.
95. Sebaste, nombre de la capital de Samaria bajo Herodes el Grande (antigua ciudad de Samaria)
96. Pureza e impureza, Levítico 13
97. Vence el mal con el bien, Romanos 12:21
98. Protegido de volver a enfermar, Marcos 9:25

Apéndice A: Notas, Escrituras y Referencias

Viñeta 25: Dos viajes al cielo, dos resurrecciones

APÉNDICE A: NOTAS, ESCRITURAS Y REFERENCIAS

99. El hijo de la viuda de Naín resucitado, Lucas 7:11-17
100. La hija de Jairo resucita, Lucas 8:51-56
101. Caná, Juan 2
102. La mujer de Jairo, Fulvia. Un posible nombre mencionado en este artículo, https://www.stathanasius.org/site/assets/files/4500/study_11_06_16.pdf, a partir de esta nota a pie de página: Catherine van Dyke, tr., «The Letters of Pontius Pilate and Claudia Procula, Relics of Repentance», 1ª edición, Issana Press, Lincoln, NE 68503, 1990.
103. Los ángeles llevan a Rebeca, Lucas 16:22
104. El canto de Miriam, Éxodo 15
105. El rey Josías, 2 Reyes 23:25

Viñeta 26: Confesiones durante el desayuno

106. La pesca de noche y la captura, Juan 21
107. La segunda pesca milagrosa —la primera en Lucas 5:1-11
108. Los soldados dejan ir a los apóstoles en el arresto, Juan 18:8
109. La vestimenta de Marcos, Marcos 14:51-52
110. Jesús y la restauración de Pedro, Juan 21:15ss

Viñeta 27: Día de testimonios

111. El servicio de la sinagoga en tiempos de Jesús, https://www.jstor.org/stable/3140264?seq=4#metadata_info_tab_contents.
112. Los pasajes leídos por Jesús en la sinagoga; Salmos 146:7-9, Isaías 35:5-10
113. Las señales en Capernaúm mayores que las de las ciudades extranjeras; Mateo 12:41-42, Lucas 11:20-24

Apéndice A: Notas, Escrituras y Referencias

114. Los testimonios del ministerio de Jesús: El niño de los panes y los peces; Juan 6:8, la mujer con flujo de sangre, Lucas 8:43ss; el centurión romano y siervo, Lucas 7:1-10; dos ciegos, Mateo 9:27ss; el hombre endemoniado y mudo, Mateo 9:32ss; el paralítico, Lucas 5:15ss
115. El requisito legal de dos o tres testigos establece algo: 91 versículos de la Biblia lo mencionan. Consulte este enlace: https://www.openbible.info/topics/two_or_three_witnesses
116. El Reino de Dios sufre violencia, Mateo 11:12
117. El Reino es el camino estrecho, Mateo 7:14
118. Considerando el costo, Lucas 14:28-33
119. El reino lo cuesta todo, Mateo 13:44-46

Viñeta 28: Cena en casa de Mateo

120. La cena en casa de Mateo, Mateo 9:10-13.
121. La moneda que huele a pescado, Mateo 17:27
122. Jael, Lucas 15:2
123. Rajab, Josué 2, 6
124. El primer banquete en el cielo, Mateo 8:11ss
125. «Apartar»; Deuteronomio 24:1, Mateo 1:19
126. Comida de la nada; Mateo 14:13ss, Mateo 15:29ss
127. Pacificadoras e hijas de Dios, Mateo 5:9
128. Vender posesiones para ayudar; Hechos 2:45, 4:34-35, Proverbios 19:17, Mateo 6:4
129. Grabado en los corazones, 2 Corintios 3:3
130. Las historias nunca escritas, Juan 21:25

Viñeta 29: Una nueva celebración

131. Shemá, Deuteronomio 6:4-5
132. La creación y nuevo shalom, Génesis 1

Apéndice A: Notas, Escrituras y Referencias

133. El pan en las manos de Jesús, Mateo 14, 15
134. No volveré a beber de este fruto, Mateo 26:29

Viñeta 30: La solemne entrega de José de Arimatea

135. Usar cualquier cosa para el bien, Romanos 8:28
136. El Mesías cargó con nuestros pecados y sufrimientos, Isaías 53:4-12
137. Lo que Caifás tuvo como intención para el mal, Génesis 50:20
138. Jesús murió a pesar del pecado, Romanos 5:8
139. Los que han recibido una confianza deben demostrar su fidelidad, 1 Corintios 4:2

Viñeta 31: Domando a los Hijos del Trueno

140. Pedro encuentra a Jesús, Marcos 1:36
141. Las multitudes y los discípulos despedidos, Mateo 14:22ss
142. Nuestros cuerpos como Jesús; 1 Juan 3:2, Filipenses 3:21. Crédito a Randy Alcorn, *Cielo*, por ampliar esta idea.
143. Juan no muere, Juan 21:21-23
144. Lugares lejanos, Éfeso y 1, 2, 3 Juan
145. Lugares inesperados, Apocalipsis 1
146. Sitios maravillosos y pequeños manjares, Mateo 17:1ss
147. Los hijos del Trueno, Marcos 3:17
148. Santiago y Juan llamados a seguir, Mateo 4:21
149. En busca de honores especiales, Marcos 10:35
150. Servir o ser servido, Marcos 10:45
151. El lavado de pies, Juan 13
152. Fuego del cielo; Lucas 9:52-55, 1 Reyes 18:37-38
153. La hija de Jairo, Lucas 8:53ss
154. La transfiguración, Mateo 17

Apéndice A: Notas, Escrituras y Referencias

155. Orando en el huerto, Mateo 26:37
156. El Padre que comenzó esta obra, Filipenses 1:6

Viñeta 32: La vida en Caná después de la boda

157. Las represalias de los romanos contra los judíos en Galilea, https://en.wikipedia.org/wiki/Siege_of_Yodfat
158. Los enemigos, Mateo 5:44-46
159. El milagro de Caná, Juan 2:1-11
160. El significado de la conversión del agua en vino, Doug Ponder, https://tabletalkmagazine.com/posts/why-did-jesus-turn-water-into-wine/

Viñeta 33: La hora de la verdad para Antipas

161. ¿Cuál de los Herodes es este? Herodes Antipas, https://en.wikipedia.org/wiki/Herod_Antipas, https://www.catholicweekly.com.au/which-herod-was-which-sorting-out-the-five-herods/4/
162. La historia de Séforis https://www.land-of-the-bible.com/Sepphoris_The_Forgotten_City
163. Chuza, el administrador de Herodes, Lucas 8:1-3
164. Primera visita de Antipas y Jesús, Lucas 23:8-12
165. La matanza de bebés, Mateo 2:16ss
166. Herodes arresta y mata a Juan el Bautista, Marcos 6:17-29
167. Vivía en el lujo, Santiago 5:1-6
168. Lo que Antipas debería haber hecho —basado en Isaías 58:6-14
169. Tiempos de refrigerio, Hechos 3:19
170. Elige la vida, Deuteronomio 30:19

Apéndice A: Notas, Escrituras y Referencias

Viñeta 34: Una segunda oportunidad de seguir

171. El joven rico, Marcos 10:17-22
172. La perla, Mateo 13:45-46
173. El Padre cuida de ti, Mateo 6:31-33
174. Entierro a mi padre, Mateo 8:21
175. Otras excusas, Lucas 14:18ss
176. Odio hacia la familia, Lucas 14:25-33
177. La aldea samaritana que rechaza a Jesús, Lucas 9:52ss
178. Ojo por ojo, Éxodo 21:24
179. Tratar a los extraños como Jesús, Mateo 25:40ss
180. Calcular el costo, Lucas 14:25ss

Viñeta 35: El endemoniado de Decápolis liberado

181. Susita, ciudad en Decápolis https://www.youtube.com/watch?v=3Ey7cV5p_vE
182. Kursi https://www.biblewalks.com/kursi
183. Expulsando a los demonios del endemoniado de la región de los gerasenos; Mateo 8:28-34, Marcos 5:1-20, Lucas 8:26-39.
184. Abisúa significa «mi padre es rescate» (seguridad), o «mi padre es opulencia»
185. Jesús expulsado, Juan 1:11
186. La alimentación de los cuatro mil, Mateo 15:29ss
187. La ciudad situada en una colina, Mateo 5:14

Viñeta 36: El círculo se cierra: Acercándose de nuevo a Dios

188. Primera lectura, Génesis 3:22-24
189. Segunda lectura, Éxodo 33:7-11

Apéndice A: Notas, Escrituras y Referencias

190. Tercera lectura, Éxodo 40:34-39
191. Cuarta lectura, 1 Reyes 8, 6-11
192. La reconstrucción del templo y de Jerusalén, Esdras y Nehemías
193. El Creador a lo creado, Juan 1:10ss
194. Has visto a Dios, Juan 14:9ss
195. Cómo vivir en el Reino de los cielos; Mateo 5-7, 13, otros pasajes
196. Sumo Sacerdote para siempre; Hebreos 7:16-17, 21-22
197. Cambio de sacerdocio, cambio de ley, Hebreos 7:12
198. El Sacrificio perfecto una vez y para siempre; Hebreos 7:27-28, 9:11-14, 23-26
199. Todos los alimentos son limpios, Marcos 7:19
200. Formas de adoración; Salmos 66, 95, 149, 150
201. La promesa de Jeremías, Jeremías 31:33-34
202. Emmanuel, Mateo 1:23, Dios se acercó

Viñeta 37: Almuerzo con el rabí de Nazaret

203. El árbol de la vida, Salmos 1
204. La historia del Éxodo, Pascua, Éxodo 11-12
205. Jesús en Jerusalén, doce años, Lucas 2:41-52.
206. Obediente en el sufrimiento; Hebreos 5:8-9, Filipenses 2:8
207. El servicio de la sinagoga de Nazaret, Lucas 4:16ss
208. *Ntzer* es la palabra hebrea para «rama» (Isaías 11:11), uno de los términos para designar al Mesías, sobre quien reposaría el Espíritu del Señor. El nombre de la ciudad de Nazaret proviene de esta palabra, lo que refleja su creencia de que el Mesías vendría de su pueblo. Así, en lugar de llamar a Jesús «nazareno» por ser de allí, la ciudad de Nazaret recibió el nombre del Mesías esperado; ¡se llamó así por Jesús!

209. Algunos que siempre dudaron, Marcos 6:5-6
210. El velo sobre sus ojos, o no; 2 Corintios 3:14-16, Lucas 7:8-10

Viñeta 38: Historias bajo el olivo

211. Yo soy el camino, Juan 14:2-6
212. Dios nos cuida en el cielo, Apocalipsis 21:1-7
213. La ciudad de Dios, Apocalipsis 21:9-27
214. Compartiendo todo, Hechos. 4:32-35
215. Si no fuera así, se lo habría dicho, Juan 14:2-6

Viñeta 39: ¿Les gustaría escribir un evangelio?

216. Las tres divisiones principales del Antiguo Testamento judío eran la Torá (Ley), los Navim (Profetas) y los Ketuvim (Escritos). Los judíos combinaron la primera letra de cada una de estas secciones y formaron la palabra Tanaj, que es su palabra para el Antiguo Testamento. De hecho, para muchos judíos que no creen en Jesús como Mesías, no aceptan el Nuevo Testamento como su Biblia. Así que no tienen el Antiguo y el Nuevo Testamento, sino sólo el Tanaj. Además, algunos de los libros del Tanaj hebreo están combinados de forma diferente a nuestro Antiguo Testamento. Por ejemplo, 1-2 Samuel son un solo libro, al igual que 1-2 Reyes y 1-2 Crónicas. Lo que llamamos los 12 Profetas Menores son un libro del Tanaj. Este tipo de cambio da como resultado un total de 24 libros en el Tanaj hebreo, y no 39 libros como muchos aceptan. Para más información sobre la Biblia hebrea, consulte https://en.wikipedia.org/wiki/Hebrew_Bible#:~:text=In%20Tiberian%20Masoretic%20codi-

Apéndice A: Notas, Escrituras y Referencias

    ces%2C%20including,%2C%20Esther%2C%20Daniel%2C%20Ezra.
217. Las palabras de David, Salmos 25:4, 5, 14
218. El papel del Espíritu Santo en la Escritura; Juan 14:26, 15:26, 16:13-15
219. Buenas noticias... de la palabra griega para evangelio, *euaggelio*
220. Demasiadas historias, Juan 21:25

Viñeta 40: ¡Salgan de la barca!

221. Paz, estate quieto, Marcos 4:39
222. Salmos... 89:9, 107:29-30
223. Caminar sobre el agua, Job 9:8
224. Todo es posible para Dios, Marcos 10:27
225. Fija tus ojos en Jesús, Hebreos 12:2
226. Tierra firme; Éxodo 14:21, Josué 3:17
227. Ellos harán las cosas que Jesús hizo, Juan 14:12
228. Predicación, curación, expulsión de demonios; Mateo 10:1,8; Lucas 10:17

Viñeta 41: Una boda especial en Cesarea de Filipo

229. Paulo y Lucas, Marcos 9:14ss
230. Alara y Dafne, Mateo 15:21ss
231. A imagen de Dios, Génesis 1:27, 5:1
232. Las puertas del Hades en Cesarea de Filipo, Mateo 16:13-20

Viñeta 42: Más de 500 - Los creyentes galileos

233. Apareció a 500 al mismo tiempo, 1 Corintios 15:4-8

Apéndice A: Notas, Escrituras y Referencias

234. La profecía de Malaquías, Malaquías 4:2
235. La profecía de Zacarías, Lucas 1:76-79
236. Sabios y necios, Mateo 7:24-27
237. Vid, seguir, Juan 15:1-25
238. Alégrate en la persecución, Mateo 5:10-12
239. Las acciones del acusador; Juan 8:44, 10:10
240. El toque de trompeta; Mateo 24:31, 1 Corintios 15:51-52
241. El Reino y la herencia, Mateo 25:34
242. Te lo dije de antemano, Mateo 24:25
243. Sean perfectos, Mateo 5:48
244. El Padre continuará su obra en ustedes, Filipenses 1:6

Viñeta 43: Les doy mi mente y mi Espíritu

245. Muchos deseaban ver lo que ustedes ven; Mateo 13:17, 1 Pedro 1:10-12
246. El Señor Soberano, Isaías 40:10
247. Cuida el rebaño, Isaías 40:11
248. Yo soy el buen pastor, Juan 10:11
249. No podrán arrebatármelos de la mano, Juan 10:28
250. ¿Quién puede comprender el Espíritu, Isaías 40:13
251. Ni ojos, ni oídos, ni mentes ... Isaías 64:4, 1 Corintios 2:9
252. Sólo el Espíritu lo sabe, 1 Corintios 2:10-12
253. El Espíritu dará a conocer, Juan 16:15
254. Jesús es la cabeza de la Iglesia, Efesios 5:23
255. Ustedes son el cuerpo de Cristo, 1 Corintios 12:27

Viñeta 44: Beberán la copa que yo bebo

256. De dos maneras, Mateo 7:13-14
257. La conversación en el Monte de los Olivos, Mateo 24:4-51
258. Cesarea de Filipo, las armas de Jesús, Mateo 16:21-27
259. Copa, bautismo, dar la vida, Marcos 10:39, 45

Apéndice A: Notas, Escrituras y Referencias

260. Las palabras de Jesús sobre el sufrimiento, Mateo 10:5-42
261. Darles palabras, Mateo 10:19
262. El Espíritu para enseñar y recordar, Juan 14:26
263. La autoridad; Mateo 28:18-20, 16:19, Lucas 10:19
264. El poder para hacer muchas cosas; Mateo 10:8-9, Marcos 16:17-18
265. Las armas espirituales para una guerra espiritual, Efesios 6:10-16
266. Hagan lo que mi Padre les muestre, Juan 5:19
267. Llevarlos a la gloria, Salmos 73:24
268. Para consultar fuentes sobre las posibles muertes de los apóstoles, véanse estos enlaces y muchos otros sitios.

- https://amazingbibletimeline.com/blog/q6_apostles_die/
- https://www.gotquestions.org/apostles-die.html
- https://overviewbible.com/how-did-the-apostles-die/

Viñeta 45: El testimonio de los santos resucitados

269. Abraham y el monte Moria, Génesis 22
270. El rescate de Lot, Génesis 14
271. Melquisedec y Abraham, Génesis 14:17ss
272. Dios no escatimó a su hijo, Romanos 8:32
273. Él es nuestra paz, Efesios 2:14
274. El pan y el vino, Mateo 26:26ss
275. Moisés envía espías, Números 13
276. El maná y las codornices, Éxodo 16
277. El agua de la roca; Éxodo 17, Números 20
278. La palabra en hebreo para desierto (o literalmente, «lugar de habla») en hebreo es *midbar*. Las tres consonantes principales de la raíz son d, b (o v suave) y r. Otras palabras que utilizan esa raíz son *debir* (Lugar Santísimo),

Apéndice A: Notas, Escrituras y Referencias

Dober (pasto), *davar* (palabra o hablar) y *deber* (plaga o peste). Concordancia de Strong (palabras #4057, 1696-99). Es posible que al ver esta raíz, los judíos recordaran todos estos significados, y conectaran los significados, tal vez de esta manera: «El desierto *(midbar)* es el Lugar Santo *(debir)* donde Dios lleva a pastar a sus ovejas *(dober)*, para hablarles *(davar)*». ¡Y también sufrieron plagas en el desierto! Este concepto también fue mencionado por Ray Vander Laan.

279. Jesús es el verdadero pan del cielo; Juan 6:32, 41, 50, 51
280. Jesús como Piedra viva, que también es pan; 1 Pedro 2:4, Mateo 4:3
281. Jesús es agua viva; Juan 4:14, 7:37
282. Las vestiduras de justicia, Isaías 61:10
283. Jesús como pastor; Juan 10, 1 Pedro 5:4
284. Setenta años en el exilio; Jeremías 25:10, 29:10
285. La reconstrucción del altar y del templo, Esdras 3.
286. Gran *menorot* en la Corte de Oración, Mishná en Sucot 5:2-3, Garrard p. 66, https://www.sefaria.org/Mishnah_Sukkah.5.6?lang=bi
287. Jesús invita a la gente a acercarse a él y beber, Juan 7:37
288. Jesús la luz del mundo, Juan 8:12ss
289. Muchos depositaron su fe en él, Juan 8:30
290. La bendición final, Números 6:24-26

Viñeta 46: Estábamos ciegos, pero ahora vemos

291. El ciego y el estanque de Siloé, Juan 9

Viñeta 47: Dejó de pecar y le ocurrió algo mejor

292. El paralítico de Betzatá, Juan 5
293. Algo peor, Juan 5:14

Apéndice A: Notas, Escrituras y Referencias

Viñeta 48: Nueva vida después de ser rescatada

294. La mujer sorprendida en adulterio, Juan 7:53-8:11

Viñeta 49: Palabras finales y último milagro

295. La ascensión; Lucas 24:50-52, Hechos 1:6-11
296. La bendición sacerdotal, Números 6:23-26
297. Los comentarios del ángel, Hechos 1:11

Viñeta 50: Pentecostés en el templo - Nace la Iglesia

298. La palabra para baños de purificación en hebreo es *Mikva'oth*. Son como los bautisterios que utilizaban los judíos para sumergirse completamente a fin de estar puros antes de adorar a Dios en lugares como el Templo o la sinagoga.
299. Las lecturas de Pentecostés en el Templo; Éxodo 19:16-19, Ezequiel 1:4-5, 12-13, 19-24; 3:4
300. Setenta voces en el Sinaí, https://www.sefaria.org/sheets/25573?lang=bi Rabí Yojanan dijo que de esa manera todo el mundo podría entenderlo. También, Shemot Rabbah 5:9, un midrash (comentario) sobre el libro del Éxodo.
301. Numerosas ideas en esta sección sobre las similitudes y contrastes entre el primer Pentecostés en el Monte Sinaí, y este Pentecostés en Hechos 2, también fueron compartidas por Ray Vander Laan, mp3 12a, 12b, Shavuot, en su serie de 30 lecciones en Christ Memorial, 1996. Similitudes de Hechos 2 con el Sinaí, Éxodo 19-20, 32. Véase también 2 Corintios 3:7-18.
302. La venida del Espíritu Santo, Hechos 2:1-4

303. Hablando en otras lenguas, Hechos 2:4-12
304. La confusión de Babel, Génesis 11:7-9
305. El discurso de Pedro, Hechos 2:14-41
306. El derramamiento del Espíritu sobre todos los pueblos, Joel 2:28-32
307. David hablando de Jesús, Salmos 16:8-11
308. El Señor dijo a mi Señor, Salmos 110:1

Apéndice B: Recursos consultados

Libros

- Alcorn, R. (2011). *Heaven* [El Cielo]. Carol Stream, Ill: Tyndale House Publishing.
- Bahat, D. (2011. The Carta Jerusalem Atlas. [El Atlas Carta de Jerusalén]. Jerusalén: CARTA Jerusalén.
- Bateman IV, H.W., Bock, D.L., y Johnston, G. H. (2012). *Jesus the Messiah: Tracing the Promises, Expectations, and Coming of Israel's King* [Jesús el Mesías: Rastreando las promesas, expectativas y llegada del rey de Israel]. Grand Rapids: Kregel Academic.
- Bishop, J. (1957). *The Day Christ Died* [El día que Cristo murió]. Harper and Brothers, pp. 219-224.
- Bolen, T. Pictorial Library of Bible Lands [Biblioteca fotográfica de tierras bíblicas]. https://www.bibleplaces.com/pictorial-library-of-bible-lands/
- Bolen, T. Photo Companion to the Bible [Complemento

fotográfico de la Biblia]. https://www.bibleplaces.com/photo-companion-to-the-bible/
- Garrard, A. (2000). *Splendor of the Temple* [Esplendor del Templo]. Grand Rapids: Kregel Publications.
- Isbouts, J.P. (2012). *In the Footsteps of Jesus: A Chronicle of his Life and the Origins of Christianity* [Tras las huellas de Jesús: Crónica de su vida y de los orígenes del cristianismo]. Washington: National Geographic Society.
- Logos (software bíblico), editorial Faithlife, www.logos.com.
- May, H.G. (1974), editor, en consulta con Hunt, G.N.S y Hamilton, R.W. Oxford Bible Atlas [Atlas Bíblico Oxford] (2^a ed.). Londres: Oxford University Press.
- Pixner, B. (2005). *With Jesus in Jerusalem: His first and last days in Judea* [Con Jesús en Jerusalén: sus primeros y últimos días en Judea]. Rosh Pina: Corazin Publishing.
- Pixner, B. (1992). *With Jesus through Galilee, according to the fifth Gospel* [Con Jesús por Galilea, según el quinto Evangelio]. Rosh Pina: Corazin Publishing.
- Ritmeyer, L. «Jerusalem in the time of Christ» [Jerusalén en tiempos de Cristo] (PowerPoint), Ritmeyer archaeological design. diseño arqueológico de Ritmeyer.
- Ritmeyer, L. y Ritmeyer, K. (2015). *Jerusalem in the year 30 A.D.* [Jerusalén en el año 30 d.C.]. Carol Stream, Ill: Tyndale House Publishers.
- Strong, J. Enhanced Strong's Lexicon [Léxico Strong mejorado], en la biblioteca Logos.
- Strong, J. (2009). *Strong's Exhaustive Concordance of the Bible* [Concordancia bíblica exhaustiva de Strong]. Henderson: Henderson Academic Publishing.
- Thoene, Brock y Thoene, Bodie. (2013). *When Jesus Wept* [Cuando Jesús lloró]. (Crónicas de Jerusalén, libro 1) Grand Rapids: Zondervan Publishing.

Apéndice B: Recursos consultados

- Vander Laan, R. Serie de casetes en la iglesia Christ Memorial, Holland, MI.

Sitios de Internet

Acontecimientos del ministerio de Jesús (229)

- https://interactivelifeofjesus.com/a-complete-list-of-events-in-the-life-of-jesus/
- https://www.biblewalks.com/jesusfootsteps

Acontecimientos en el sepulcro el domingo de Resurrección

- https://answersingenesis.org/jesus/resurrection/christs-resurrection-four-accounts-one-reality/

Ascensión

- https://en.wikipedia.org/wiki/Ascension_of_Jesus#cite_note-FOOTNOTEMcDonald200422-25
- https://dannythedigger.com/8-ascension-sites-jerusalem/#:~:text=Shortly%20after%20the%20completion%20of,rock%20indentations%20as%20Jesus'%20huellas

Costumbres funerarias y especias

- http://www.bibleresearch.org/observancebook5/b5w79.html

De agua a vino, Doug Ponder

- https://tabletalkmagazine.com/posts/why-did-jesus-turn-water-into-wine/

Decápolis

- https://www.jw.org/en/library/books/Insight-on-the-Scriptures/Decapolis/

Discípulos de Emaús

- El discípulo anónimo de Emaús: ¿María, esposa de Cleofas? Jones, Victoria Emily. https://artandtheology.org/2017/04/28/the-unnamed-emmaus-disciple-mary-wife-of-cleopas/
- ¿Quiénes eran los discípulos de Emaús? Boice, James. https://www.christianity.com/jesus/death-and-resurrection/resurrection/who-were-the-disciples-on-the-road-to-emmaus.html
- https://en.wikipedia.org/wiki/Road_to_Emmaus_appearance

APÉNDICE B: RECURSOS CONSULTADOS

Diseño arqueológico de Ritmeyer

- www.ritmeyer.com

Distancias en las carreteras utilizadas en el siglo I

- http://www.ctlibrary.com/ch/1998/issue59/59h028.htmlCentury

Echar suertes

- https://bibletruthpublishers.com/casting-lots/ljm21467
- https://en.wikipedia.org/wiki/Cleromancy

Educación en tiempos de Jesús

- https://www.thattheworldmayknow.com/rabbi-and-talmidim

Esenios

- https://en.wikipedia.org/wiki/Essenes
- https://www.wm.edu/offices/auxiliary/osher/course-info/classnotes/whitedeadseascrollsthefirstfollowers.pdf
- https://bibleinterp.arizona.edu/articles/mcnamer

Familia de Jesús

- https://en.wikipedia.org/wiki/History_of_Joseph_the_Carpenter
- https://www.baslibrary.org/biblical-archaeology-review/28/6/13

Felipe tetrarca

Apéndice B: Recursos consultados

- https://en.wikipedia.org/wiki/Philip_the_Tetrarch

Fulvia, la mujer de Jairo.

- Un posible nombre mencionado en este artículo, https://www.stathanasius.org/site/assets/files/4500/study_11_06_16.pdf, a partir de esta nota a pie de página: Catherine van Dyke, tr., «The Letters of Pontius Pilate and Claudia Procula», Relics of Repentance, 1ª edición, Issana Press, Lincoln, NE 68503, 1990.

Gruta de Eleona

- https://aleteia.org/2019/01/26/the-three-mystical-grottoes-of-the-holy-land/

Herodes: ¿Cuál de los Herodes es este? Herodes Antipas

- https://en.wikipedia.org/wiki/Herod_Antipas, https://www.catholicweekly.com.au/which-herod-was-which-sorting-out-the-five-herods/4/

Jericó en los tiempos de Jesús (romana y antigua)

- https://apologeticspress.org/controversial-jericho-666/, https://www.britannica.com/place/Jericho-West-Bank

Jesús en el Antiguo Testamento

- https://www.gordonconwell.edu/blog/jesus-in-the-old-testament/
- https://www.wordsoffaithhopelove.com/jesus-in-the-old-testament-types/

- https://en.wikipedia.org/wiki/Old_Testament_messianic_prophecies_quoted_in_tthe_New_Testament
- https://www.jesusfilm.org/blog-and-stories/old-testament-prophecies.html

José de Arimatea

- https://www.researchgate.net/publication/347096428_What_You_May_Not_Know_About_Joseph_of_Arimathea
- https://d.lib.rochester.edu/camelot/text/history-of-that-holy-disciple-joseph-of-arimathea#:~:text=But%20now%2C%20though%20Joseph%20of,in%20private%3A%20insomuch%20that%20he

Kursi

- https://www.biblewalks.com/kursi

Llaves del Reino

- https://en.wikipedia.org/wiki/Power_of_the_Keys; https://torahportions.ffoz.org/disciples/matthew/keys-to-heaven.html; https://www.jerusalemperspective.com/2766/

Apéndice B: Recursos consultados

Longino como centurión

- https://en.wikipedia.org/wiki/Longinus

Lugares que visitó Jesús

- http://www.about-jesus.org/jesus-places-mApocalipsishtm

Mapas

- https://www.biblewalks.com/jesusfootsteps
- https://www.biblewalks.com/jesus_maps

Menorás en la Corte de Oración,

- Mishná en Sucot 5:2-3, Garrard p. 66,
- https://www.sefaria.org/Mishnah_Sukkah.5.6?lang=bi

Milagros del ministerio de Jesús (37)

- https://www.christianity.com/jesus/life-of-jesus/miracles/what-miracles-did-jesus-perform.html

Muerte de los apóstoles

- https://amazingbibletimeline.com/blog/q6_apostles_die/
- https://www.gotquestions.org/apostles-die.html
- https://overviewbible.com/how-did-the-apostles-die/

Omer

- https://en.wikipedia.org/wiki/Counting_of_the_Omer

Apéndice B: Recursos consultados

- https://www.hebrew4christians.com/Holidays/Spring_Holidays/Sefirat_HaOmer/sefirat_haomer.html

Pentecostés (Shavuot)

- https://www.myjewishlearning.com/article/shavuot-history-from-the-bible-to-Temple-times/

Personas en los evangelios

- https://en.wikipedia.org/wiki/Category:People_in_the_canonical_gospels

Procla, la esposa de Pilato

- https://en.wikipedia.org/wiki/Pontius_Pilate%27s_wife

Quenitas

- https://www.jewishencyclopedia.com/articles/9279-kenites

Remez

- https://www.thattheworldmayknow.com/remez)

Apéndice B: Recursos consultados

Represalias de los romanos contra los judíos en Galilea

- https://en.wikipedia.org/wiki/Siege_of_Yodfat

Santiago, medio hermano de Jesús

- https://www.newworldencyclopedia.org/entry/James_the_Just
- https://www.wm.edu/offices/auxiliary/osher/course-info/classnotes/whitedeadseascrollsthefirstfollowers.pdf
- https://en.wikipedia.org/wiki/Gospel_of_the_Hebrews, Jerome, De viris illustribus 2

Séforis

- https://www.land-of-the-bible.com/Sepphoris_The_Forgotten_City

Sinagoga en tiempos de Jesús

- https://www.jstor.org/stable/3140264?seq=4#metadata_info_tab_contents.

Susita

- https://www.youtube.com/watch?v=3Ey7cV5p_vE

Tanaj (Antiguo Testamento judío)

- https://en.wikipedia.org/wiki/Hebrew_Bible#:~:text=In%20Tiberian%20Masoretic%20codices%2C%20including,%2C%20Esther%2C%20Daniel%2C%20Ezra.

Apéndice B: Recursos consultados

Templo en el monte Guerizín, Juan 4:20

- Ritmeyer, https://www.ritmeyer.com/2021/01/21/the-jerusalem-Temple-on-mount-gerizim/

Testigos para dar evidencia

- https://www.openbible.info/topics/two_or_three_witnesses

Agradecimientos

Doy gracias al Señor por darme tanto la idea para escribir este libro como las experiencias, conocimientos, y cualidades que me ayudaron a completarlo. También agradezco a muchos que me han ayudado a expandir mi conocimiento del texto bíblico, la geografía, la historia y la cultura: John Walker (quien me llevó por primera vez a Israel); Nedal Juneidi (nuestro guía en Israel); Ray Vander Laan (trasfondos judíos); Todd Bolen (fotografías de tierras bíblicas); Leen Ritmeyer (arqueología de Jerusalén y del Monte del Templo); y muchos autores de literatura y ficción bíblica, como Max Lucado, Bodie Thoene, Francine Rivers y Randy Alcorn.

Agradezco también a Carolina Archer por su destacado trabajo de traducir meticulosamente este libro de inglés a español. Gracias por bendecir a cada lector con conocimiento, experiencia y profesionalismo, y por hacer posible que este libro esté disponible para un público completamente nuevo.

En Cuanto Al Autor

Stephen Austin es originalmente de la ciudad de Abilene, Texas. Ha recibido títulos de licenciatura, maestría y doctorado en Estudios Bíblicos y Ministerio de la Universidad Cristiana de Abilene (*Abilene Christian University*). Junto con su esposa y su familia sirvió en la iglesia en Buenos Aires, Argentina, por 7 años, y también como ministro bilingüe en la Iglesia de Cristo Impact en barrios marginados de Houston por 7 años. Stephen también sirve como director fundador del Instituto Bíblico Internacional de Texas (IBIT) [*Texas International Bible Institute (TIBI)*] a tiempo completo desde el año 2005. Ha editado un himnario de adoración y música de alabanza e himnos clásicos en español, *Cantos del Camino,* el cual ha sido distribuido en todos los estados de los Estados Unidos y en todos los países de América Latina. Stephen ha viajado extensivamente por América Latina dando seminarios y conferencias, exhortando y entrenando a iglesias y líderes. Él y su esposa, Lynette, disfrutan de pasar tiempo con sus hijos ya casados y una nieta maravillosa, como también de viajar con amigos a diferentes países. Stephen también disfruta de la enseñanza, la lectura, el canto, los deportes de raqueta, y el golf.

En cuanto a la traductora: Carolina Archer es traductora profesional nativa de Argentina. Con más de 30 años de experiencia en traducción formal e informal, se especializa en textos literarios y académicos, y documentos legales y médicos. Obtuvo el grado de Doctora en Lingüística Española en la Universidad Texas Tech, en Texas, EE. UU. Su trabajo se distingue por la fidelidad al contenido, el respeto por el contexto y una gran atención al detalle lingüístico y cultural.

www.ingramcontent.com/pod-product-compliance
Lightning Source LLC
Chambersburg PA
CBHW052131070526
44585CB00017B/1787